历史视角下的经济与金融
(中篇)
——金融改革开放与发展

盛松成◎著

Witnessing China's Economic &
Financial Reform and Development

中国金融出版社

责任编辑：张菊香
责任校对：孙　蕊
责任印制：陈晓川

图书在版编目（CIP）数据

历史视角下的经济与金融．中篇，金融改革开放与发展/盛松成著．
—北京：中国金融出版社，2021.7
ISBN 978 - 7 - 5220 - 1187 - 5

Ⅰ.①历…　Ⅱ.①盛…　Ⅲ.①中国经济—文集②金融—改革—中国—
文集　Ⅳ.①F832.97

中国版本图书馆 CIP 数据核字（2021）第 102969 号

历史视角下的经济与金融（中篇）——金融改革开放与发展
LISHI SHIJIAO XIA DE JINGJI YU JINRONG（ZHONGPIAN）：JINRONG GAIGE
KAIFANG YU FAZHAN

出版
发行　中国金融出版社

社址　北京市丰台区益泽路 2 号
市场开发部　（010）66024766，63805472，63439533（传真）
网 上 书 店　www.cfph.cn
　　　　　　（010）66024766，63372837（传真）
读者服务部　（010）66070833，62568380
邮编　100071
经销　新华书店
印刷　北京九州迅驰传媒文化有限公司
尺寸　170 毫米 × 240 毫米
印张　13.75
字数　225 千
版次　2021 年 11 月第 1 版
印次　2024 年 3 月第 6 次印刷
定价　58.00 元
ISBN 978 - 7 - 5220 - 1187 - 5
如出现印装错误本社负责调换　联系电话（010）63263947
编辑部邮箱：jiaocaiyibu@126.com

前言

呈现给读者的这套三卷本的《历史视角下的经济与金融》，是我从已公开发表的 130 多篇文章和采访稿中选取的 89 篇。我在硕士研究生学习期间，就在《金融研究》发表了十余篇关于西方货币金融学说的述评文章。从 1984 年起，我连续三年被《金融研究》聘为特约撰稿人，1985 年又在该刊主持了整整一年的《国外货币金融学说评介》专栏。我的博士论文《现代货币供给理论与实践》1993 年由中国金融出版社出版。这是我国最早研究西方货币供给理论和政策的专著。所以，我的学术生涯是从研究西方经济思想尤其是西方货币金融学说开始的。

1995 年末，我从上海财经大学调到中国人民银行工作，开始直接接触我国金融宏观调控和金融改革开放，研究方向也转为国内实际经济金融问题为主，这是我研究工作的一个转折点。第二个转折点是 2010 年 9 月我被任命为人民银行调查统计司司长，直至 2016 年 9 月离任。在这 6 年中，我开阔了宏观经济视野，熟悉了国家经济调控尤其是货币金融调控的政策和措施，我的理论研究也更贴近实际了。

我在人民银行多个岗位工作过，也去过不同城市和地区，工作一直比较繁忙，做研究主要是业余时间的个人爱好，所以并不连贯，也不系统，更不全面，实际上是断断续续的。但我比较喜欢思考，也有些独立的见解，研究的兴趣又比较广泛，除了货币金融，还包括宏观经济运行和房地产调控等。

出版这样一套论文集，我是很犹豫的，既不愿意自己几十年的心血散落在过去的纸堆里，以至于自己都难以找到，又担心以前的文章是否符合现在读者的需要；出版后会受到何种评价，我也是没有把握的。所以，我就一直拖着，直到出版社一再催促，才开始写这篇前言。实际上，文章的收集工作 2020 年 8 月就已完成，因此最近一年来发表的文章都没有收录。

我自以为我的文章的一个特点是观点鲜明，不模棱两可，也不人云亦云。我不轻易下结论，也很少改变自己的观点。我发表的文章都是我当时实际想说的。我也有过不正确的看法，但还感到比较欣慰的是，当时发表的文章绝大多数并没有被后来实际情况的发展所证伪。

我在研究工作中的一个体会，并努力遵循的原则是，经济研究应该依据中国的实际情况和改革的实际需要，而不能照搬国外的理论和经验。我国经济学的概念几乎都是从国外引入的，但引入以后往往"变异"，所以很多概念的内涵，甚至有些统计指标的范围也与西方国家不完全一致，正所谓"淮南为橘、淮北为枳"。如美国的狭义货币供应量 M_1 包含流通中现金和各项活期存款，而我国 M_1 只包括流通中现金和企事业单位的活期存款，并不包括个人活期存款（因为 M_1 是商品交换的媒介和支付手段。西方国家个人活期存款和企业活期存款一样，可以据此开立支票以实现支付，于是成为一种流通手段，而我国只有企业活期存款能够开立支票，个人活期存款一般不能开支票，所以个人活期存款就不包括在 M_1 中，而作为 M_2 的组成部分）。因此，我国 M_1 和 M_2 的剪刀差与西方国家的这一剪刀差的含义并不一样。前者在很大程度上反映了企业的流动性状况，后者则体现了整个社会的流动性。我在讲课中经常提到这一点。

再举个例子，曾经风靡一时的 P2P 平台，其概念和运营模式一开始是从西方国家引入的，但很快就偏离了 P2P 的本源，即从仅仅承担信息中介职能的服务平台，滑向同时承担信用中介职能的机构，这也是我国 P2P 平台历史结局的根本原因。2016 年 5 月，当时我国 P2P 正处在兴盛时期，我就在一次论坛上发表了题为《绝大部分 P2P 平台已偏离信息中介方向》的演讲，首次提出信息中介与信用中介的区别，P2P 平台应坚持信息中介的方向。收录于本书中篇第四章的《绝大部分 P2P 平台已偏离信息中介方向，网贷应回归普惠金融本源》一文，就是那次发言的主要内容。

西方经济学的一些基本理论和结论，很少受人怀疑，也往往被用来解释分析中国的经济运行和经济改革。例如，蒙代尔不可能三角理论几乎已成为国际经济学的基本原理之一，即固定汇率、资本自由流动和货币政策独立性三者只能选其二。有学者沿用不可能三角理论以及利率平价理论等，推演出利率、汇率改革和资本账户开放须遵循"先内后外"的改革次序。事实上，不可能三角理论和利率平价理论具有局限性，并不完全适合我国的实际情况。我国的各项金融改革并不存在严格的时间先后，而是成熟一项、推进一项，并相互创造条件。

收录于本书中篇第二章的《协调推进利率汇率改革和资本账户开放》，是2012 年 4 月，我担任人民银行调查统计司司长时，领衔发表的研究报告。该报告第一次明确提出，利率、汇率的市场化改革与资本账户开放是循序渐进、协调配合、相互促进的关系，提出了金融改革协调推进的理论。2015 年，我又和同事刘西合著出版了《金融改革协调推进论》一书。协调推进论对传统的次序论是一个认知上的颠覆。我相信，中国未来的金融改革开放也会是一个协调推进的过程。这一协调推进的经验值得总结，并有必要上升到理论高度，作出理论创新。

现已成为我国金融宏观调控两大指标之一的社会融资规模（另一指标是广义货币供应量 M_2 ），是我国的独创，是一项从零到一的工作。在我担任人民银行调查统计司司长的 6 年时间里，组织全司同志创设、编制、改进并积极宣传推广社会融资规模指标是领导交代给我的最为重要、费时最多，也是感受最深的工作之一。10 多年来，社会融资规模能成为国家重要指标，并且受到各方面的广泛关注和重视，自有它的内在逻辑和原因，主要就是它不仅从各个侧面反映了社会整体流动性，而且体现了金融与实体经济的关系及对实体经济的资金支持，后者恰恰是我国体制下金融的使命所在，所以，社会融资规模是符合我国实际需要的宏观金融监测和调控指标。多年来，我不仅组织编写了《社会融资规模理论与实践》一书，该书至 2016 年出了第三版，还在各种刊物和媒体发表了一系列关于社会融资规模的文章。我挑选了其中有代表性的文章收入本书上篇第五章，供读者参考，其中一篇还获"2020 浦山政策研究奖"。

我的研究工作是从西方货币金融学说开始的，曾与两位同门学弟合著出版

《现代货币经济学》一书（1992 年、2001 年、2012 年分别出了第一、第二、第三版）。我后又侧重研究中央银行与货币供给，是我国最早系统研究货币供给的学者之一，1993 年出版拙著《现代货币供给理论与实践》，2015 年与我的同事翟春合著出版《中央银行与货币供给》（2016 年做了较多修订并补充了新的内容，出了第二版）。因此，我对货币、货币供给和货币政策的本源还比较熟悉，也有自己的独立见解和观点。我大概是第一个明确提出并深入论述虚拟货币成不了真正货币的研究者，我早在 2014 年 1 月和 4 月就先后发表了《虚拟货币本质上不是货币——以比特币为例》和《货币非国家化理念与比特币的乌托邦》两篇文章。2019 年，天秤币 Libra 产生之初，我就撰文指出它难以获得成功。虚拟货币成不了真正货币的根本原因，在于它们不具备现代货币的基本属性，并与国家货币政策和宏观经济调控相冲突，也不可能解决当前世界货币体系面临的一系列问题。

与此同时，对于任何形式的数字货币，我们都应该深入思考，其如何与现代货币金融制度相契合，如何实现货币政策的有效传导；还应该思考，其经济和社会基础及创设的目的和意义。从几千年人类货币史的演变发展可以看出，任何货币制度和货币形式的诞生都是经济发展的需要和伴随物，也是一个自然的过程。现代货币与传统货币的一个很大区别是前者越来越紧密地与国家宏观经济调控结合在一起，因此不能只是从自然形态去分析货币的使用和功能，而应该更多地从国家调控经济的需要去分析。我们还应该认识到，货币金融的强弱是国家整体实力及各种体制机制的综合体现，不可能通过一项两项技术来实现赶超或改变世界货币格局。历史经验告诉我们，世界货币体系的变革和新体系的形成往往是一个漫长的过程，不可能一蹴而就。我的以上思考是否正确，有待时间检验。数字货币还在演变中，可能需要较长时间，并通过反复的社会实践，人们才能对它获得正确的认识、作出正确的判断。我认为，对于新生事物，我们应该多问几个为什么，多一些独立思考。

还有一篇文章也值得一提，这就是我们 2019 年 6 月发表在《清华金融评论》上的《各国央行盯住 2% 的通胀目标是刻舟求剑——对中长期通胀的思考》一文（收录于本书上篇第三章）。我们在该文中较早提出和分析了西方国家 2% 通胀目标的问题。自 20 世纪 90 年代起，主要国家央行不仅制定、而且长期追求 2% 的通胀目标，但始终未能如愿，原因在于全球经济、科技、社会等方面都发生了深刻变化。所以我们在文中提出，"可以尝试在货币政策目标函数中采用广义价格指数涨幅来替代 CPI 涨幅。当然，如何定义广义价格指数的难度与其重要性一样大"。

新冠肺炎疫情后，主要国家物价高涨，美国 CPI 甚至一度超过 5%。为了容忍高通胀，美联储也开始引入"平均通胀目标制"，主动将短期通胀目标定在 2% 以上。更重要的是，我观察到美联储货币政策目标的重心已经发生了转变，更加侧重于实现充分就业而非物价稳定。这与美国当前面临的国内外形势有关。由于贫富差距与民粹主义日益凸显，美国需要通过增加就业、提高收入来弥合社会分裂。尽快恢复和保持经济增长也是美国应对国际竞争、维持全球领先地位的急迫选择。而市场对美联储货币政策目标的理解还停留在过去的思维，担心通胀形势会引发货币政策提前收紧。实际上，"一切以经济增长为重"已在美国政策制定者中达成共识，体现了美国的国家意志，美国宽松的财政、货币政策已深度捆绑。2021 年 4 月 27 日，我就在《经济参考报》上发表了《美联储货币政策目标重心已发生实质性变化》一文，深入分析了上述现象，该观点也是我第一个提出的。尽管这篇文章没有收录在本书中，但我认为这是最近一年我所发表的最重要的一篇文章，在此将该文推荐给读者，以供参考。

在研究中，我感觉到，货币似乎并不容易被人理解，因为我看到更多的是对货币表象的解释。例如，总是有人提出，货币发行多了是房价上涨的主要原因。但我一直认为，高房价主要并非源于货币因素，而是由于房地产供需失衡使货币之"水"不断流入房地产市场。实际上，任何一种商品需求大于供给都会引致货币流入而使其价格上涨。所以，我始终坚持房地产供需调控相结合的理念，而在不同时期、不同地区可以有不同的侧重点。

本书下篇的第二部分收录了历年来我发表的关于房地产调控的主要文章。我觉得比较重要的一篇是 2017 年 12 月撰写的《高度警惕房地产泡沫出现在三、四线城市　应加快制定房地产市场长效调控机制》。该文较早提出应关注

三、四线城市房地产泡沫问题。2018年2月，该文被某一国家级内参采用并获得党和国家主要领导及有关领导的批示。该文还获2019年度上海市决策咨询研究成果一等奖。我记得，我国从2018年5月开始了对三、四线城市房地产的调控。该文经修订后发表于华尔街见闻（2018-09-06），题目为《三、四线城市库存风险已经显露，到了该调整的时候》。

此外，我还与人合著，出版了50多万字的《房地产与中国经济》一书（中信出版集团2021年1月第2版），有兴趣的读者也可参阅。

本书分为上、中、下三篇，每一篇又分为若干章，下篇还分为第一部分和第二部分，并不是按照文章发表的时间先后，而是以专题来编排的，目的是便于读者阅读，一目了然，读者也可以根据自己感兴趣的内容选择阅读。我还为每一篇加写了导言，主要是介绍当初触发我写这些文章的动因以及我的主要观点。读者也能从导言中对这些文章的经济金融背景略窥一二。

借书稿最终交付之际，我要特别感谢责任编辑王效端和张菊香，她们对时间跨度逾30年的旧文一遍又一遍细致地编排和校核，令我感动。我也要感谢我的学生和同事们在文章的收集和校对等工作中给我的帮助。因为是多年来文章的收录，这些文章又是发表在很多刊物中的，疏漏和不当恐难避免，恳请读者不吝批评指正。

盛松成

2021年10月

目录

导言

我国金融部门从高度管制到日益市场化，经历了艰难的改革与发展历程。我国在金融改革中，既借鉴了国际经验，更立足本国国情，总结和探索出了适合中国自身的道路。我在人民银行任职期间，有幸见证了我国利率、汇率市场化改革和资本账户稳步开放的进程，以及我国金融基础设施的不断完善和商业银行的改革。2012 年关于利率、汇率市场化改革和资本账户开放的讨论如火如荼，我本人是这场讨论的发起者与主要参与者之一。经过讨论，基本统一了思想，也推动了接下来几年我国金融的改革与开放。

首先是利率市场化改革。

20 世纪七八十年代，由于通货膨胀较高和金融市场快速发展，利率市场化成为世界性潮流。美、英、日、法等发达国家和众多新兴市场国家先后进行了利率市场化改革。在 2012 年以前，中国利率市场化进程已经完成了两个关键步骤。第一步是 2004 年，人民银行放开存款利率的下限管理、贷款利率的上限管理，并允许贷款利率一定幅度的下浮。第二步是 2012 年，人民银行分别于 2012 年 6 月 8 日和 7 月 6 日两次调整金融机构人民币存贷款基准利率及其浮动区间，即在下调存贷款基准利率的同时，放宽金融机构存款利率上浮区间和贷款利率下浮区间。这两次利率调整是我国利率市场化的重要步骤。

各国利率市场化的完成均以存款利率上限放开为标志，而存款利率上限的放开改革难度较大，因为可能导致银行过度竞争，引发风险。我国存在高利率与高货币余额并存的现象，利率变动难以改变货币需求，同时刚性的高利率意味着实体经济融资成本居高不下，这给我国放开利率上限管制带来较大压力。我在 2014 年第 16 期的《财经》杂志发表了《投资软约束与高利率的形成》一文，提出地方政府融资平台与国企投资软约束是高利率的根源——非市场化的投资主体广泛存在于日益市场化的资金市场，地方经济中持续存在"投资饥渴"，举债往往不计成本，投资的利率敏感性较低，从而推高了整体利率水平。这一研究对我国利率市场化改革的启示在于，虽然利率形成机制改革是利率市场化改革的核心，但同时还需要一系列的配套措施，以改变我国金融资源分配的二元结构，减少利率敏感性低的投资需求，提高货币需求的利率敏感度。在这篇文章中，我提出了多方协同治理以提高货币需求的利率敏感度、降低整体利率水平和社会融资成本的政策建议，比如将地方政府债务纳入考核体系、发展直接融资、实施统一的市场准入制度、建设多层次的资本市场、疏通企业和居民投融资渠道等。

2013—2015 年，我国依次放开贷款、存款利率上下限。为改变我国存贷款利率和金融市场利率双轨制的局面，贷款基础利率（LPR）报价由 2013 年集中报价改为 2019 年按照公开市场操作利率加点形成，市场利率向实体经济的传导效率明显提高。在 LPR 改革推行伊始，即 2019 年 8 月，我发表了《新LPR 形成机制：引导贷款利率下行，谁更受益？》一文，详细分析了改革完善贷款市场报价利率（LPR）形成机制的核心内容。当时这篇文章被中国人民银行官方微信公众号全文转载。

我国汇率市场化改革中也有很多在理论和实践方面值得明辨和探讨的问题。

人民币汇率从单边升值/贬值到双向浮动的转变并不容易，这也从一个侧面反映出我国经济发展所处阶段和经济发展要求的变迁，因此需要客观、理性看待与人民币汇率有关的现象，避免似是而非的言论误导民众、妨碍我国货币政策的正确制定和落实。

2008 年 7 月，我在《金融研究》发表《"人民币升值中国损失论"是一种似是而非的理论——兼论我国外汇储备币种结构调整的问题》，指出不应该让错误的"人民币升值中国损失论"来影响甚至左右我国的外汇政策。在实际经济运行中，不管我国的美元外汇储备如何使用，无论是用于购买商品，还是以美元资产形式存在，抑或是投资，人民币升值都不会造成我国外汇储备的实际损失，因为外汇储备的使用往往都是以美元支付，不涉及币种兑换。除非美元在美国国内贬值（即美元实际购买力出现了下降），才可能对我国以美元资产持有的外汇储备价值产生实质性的影响。而美国国内通胀与人民币升值是两回事。

2014 年上半年前，人民币升值预期较强，我国外汇储备达到了历史峰值，人民银行通过提高存款准备金率和发行央票对冲外汇占款激增带来的被动货币增发。这段时期，人民币呈现对外升值、对内贬值的特点。当时有人提出

"人民币对不起人民"这种片面的、违反经济学常识的观点。我发表《人民币"外升内贬"是我国经济发展的阶段性现象》①一文进行了辨析。一方面，人民币对外升值是对以往人民币对外价值长期低估的市场校正，且我国国际收支顺差仍然较大。我国经济一枝独秀，不仅好于发达国家，也好于其他新兴市场国家，而美国等国家出现金融危机，美联储通过量化宽松政策大量增发货币，美元疲软也加大了人民币升值压力。另一方面，从历史数据和国际比较看，当时我国通胀都处于较低水平，我国居民消费价格指数（CPI）中食品权重较高是导致 CPI 涨幅相对较高的主要原因，而食品价格上涨与货币供应量并没有直接的关系。

目前，我国汇率市场化改革已取得长足进步。在汇率形成机制方面，2015 年"8·11"汇改后，人民币汇率形成机制逐步过渡到由做市商参考"上一交易日收盘价 + 一篮子货币汇率变化"提供中间价报价，汇率弹性明显增强。2017 年 5 月起，人民银行又在中间价报价制度中加入了"逆周期调节因子"。当汇率出现超调和"羊群效应"时，人民银行就可以运用"逆周期调节因子"，适当稳定中间价，避免汇率的短期大幅波动。从 2018 年至今，人民币对美元中间价基本由外汇市场供求关系决定。外汇储备也一直稳定在 3.2 万亿美元的水平。我国也已经有较长时期基本不运用"逆周期调节因子"的手段了，并于 2020 年 10 月 27 日宣布逆周期因子"淡出使用"。这些都表明我国已基本退出对汇率的常态化干预。因此可以说，我国已在一定程度上实现了汇率的清洁浮动。

回过头来看，我国的各项金融改革，往往是根据当时的经济金融形势，协调推进、交替进行的。我国协调推进金融改革的经验值得总结。

早在 2012 年，我担任人民银行调查统计司司长时，就领衔发表了《协调推进利率汇率改革和资本账户开放》的研究报告，第一次明确提出，利率、汇率的市场化改革与资本账户开放是循序渐进、协调配合、相互促进的关系，提出了金融改革协调推进的理论。2015 年，我又和同事刘西合著出版了《金融改革协调推进论》一书，阐述了我国各项金融改革并不存在严格的时间先后，而是"成熟一项、推进一项"，互相创造条件。这对传统的"次序论"是一个认知上的颠覆。基于西方经济学理论，有学者提出我国金融改革需符合

---

① 《金融时报》，2014 年 1 月 3 日。

"先内后外"的次序，即首先实现国内利率市场化和汇率自由浮动，才能开放资本账户，否则就会遭受严重的外部冲击。

这一"次序论"完全是西方的理论，但在国外也只是一家之言，并受到很多批评，更不符合我国国情。而实际上，即使是在西方国家，利率、汇率改革和资本账户开放也没有固定的先后顺序。例如，美国的利率市场化改革，不仅没有像"次序论"所主张的那样在各项金融自由化改革中率先完成，反而是最后才进行的。在20世纪70年代中期，美国先是废除了一系列资本管制措施（包括1964年的"利息平衡税"、1965年美联储要求国内金融机构自愿限制在国外的贷款和投资等），开放资本账户。直至1978年，美国接受国际货币基金组织条款，实行浮动汇率制度。1980年，美国开始利率市场化改革，废除《Q条例》，但直到80年代中期才真正实现利率市场化。可见，美国的金融市场化改革恰恰是"先外后内"的。

"次序论"不适合我国国情的根本原因在于，大国的利率和汇率形成并不由套利资金决定，而是分别取决于国内经济金融环境和国际贸易条件，大国的货币政策还会对其他国家产生影响，也就是所谓"溢出效应"。不仅如此，固定顺序的金融改革还可能引起利率、汇率超调，导致金融指标频繁波动，影响金融稳定。我国实践也证明，改革开放40多年来，我国金融改革整体上是协调推进的，尤其是2012年后，利率、汇率改革与资本账户开放相辅相成。在资本账户开放上，我国实行的是渐进推进，即"先流入后流出、先长期后短期、先直接后间接、先机构后个人"。2011年起，重点提高了"资本市场证券交易"、"直接投资"和"金融信贷"三大类项目的可兑换程度，各类资本市场互通业务成为境外市场主体进行人民币投资和资产配置的主要渠道。尽管2015年后由于国内外形势的变化，资金从流入为主转向流出为主，我国在推进资本账户开放方面更加审慎，但从历史的角度看，2012年至2015年这段时间的金融改革开放仍然成果丰硕。2018—2019年，我国A股和国债等主要证券产品相继被纳入MSCI、彭博巴克莱、富时罗素等国际主流投资指数，这些都是对近十年来我国协调推进各项金融改革成果的认可。2021年9月10日，粤港澳三地同时发布《粤港澳大湾区"跨境理财通"业务试点实施细则》，标志着"跨境理财通"业务试点正式启动。"跨境理财通"的启动将加快跨境资本市场流动，进一步加深我国金融市场开放的广度和深度。

目前我国可能再次迎来资本账户双向开放的较好时机，需要面对新情况、研究新问题。2020 年以来，由于受新冠肺炎疫情的冲击，全球经济深度衰退，西方发达国家普遍实行宽松货币政策并将长期处于低利率的宏观环境。而我国经济总体平稳，货币政策稳健，中外利差较大。一段时间以来，我国面临较大规模的资本持续流入。短期资金大量流入将推高国内资产价格，并推升人民币汇率。在这样的情况下，适度的资本流出有利于人民币汇率及我国金融市场的稳定，提高我国货币政策有效性，所以应推动以直接投资为主导的资本账户双向开放。同时，自 2018 年以来，部分发达国家对我国高科技产业的海外直接投资和并购施加多重制约，意欲在贸易、投资、金融等领域与我国全面脱钩。在这样的国际环境下，我国应当支持中资企业"走出去"，进行海外直接投资、并购及收购资源能源，支持人民币的国际使用，避免实体经济脱钩的风险。同时，我国利率、汇率市场化改革已经为未来稳步推动资本账户开放奠定了扎实的基础，这和过去也已有较大区别。2020 年 8 月起，我连续发文和接受采访，讨论了稳步推进我国资本账户双向开放的机遇和挑战，提出应继续协调推进我国金融改革与开放，这与防范资本流动风险并不矛盾。这些发文引起较大反响和讨论。①

金融基础设施建设和商业银行的改革，也是我国金融改革的重要组成部分。

我在《上海金融业征信体系现状与建议》② 一文中，总结了上海金融业征信体系从分散到相对统一的过程和征信体系发展的不同阶段，以及上海金融业征信体系试点中的问题与不足，并提出了改进我国征信体系建设的基本思路。在全国征信体系建设与发展进程中，人民银行上海分行率先进行了试点和探索。早在 20 世纪 90 年代初期，上海就与深圳等几个城市试点建立了信贷咨询系统，并对有一定贷款规模的企业信用试行评级制度。90 年代后期，随着个人信贷业务的开拓发展，上海又率先试点成立了个人征信公司，对个人信贷业务和信用状况进行联合征信的试点探索，为人民银行建立和发展全方位信用体系发挥了排头兵的作用。

---

① 详见《中欧国际工商学院教授、央行调查统计司原司长盛松成：推进资本账户双向开放迎来较好时机》，《中国证券报》，2020 – 08 – 10；《推动资本账户双向开放，避免实体经济脱钩》，第一财经，2020 – 08 – 20；《专访盛松成：当前是稳步推动资本账户双向开放的较好时机》，《经济观察报》，2020 – 08 – 24；《资本账户双向开放与防范资本流动风险并不矛盾》，第一财经，2020 – 08 – 26；《利率汇率改革与资本账户双向开放》，《中国金融》，2020 – 10。

② 《中国金融》，2002 年第 9 期。

我国商业银行的改革则经历了从计划经济和不完全的计划经济条件下的专业银行向自主经营的商业银行的转变，并建立了股份制银行。此外，我国经济结构的变化，需要建立能满足多种所有制形式和不同经济规模需要的多层次、多样化商业银行体系。拙文《对我国股份制中小银行发展若干问题的思考》①较早地讨论了有关发展股份制中小银行的路径选择，对中小银行自身发展及如何支持我国中小企业融资提出了意见建议。

对于不断涌现的金融新现象、新模式，我们需要冷静思考，理性看待，辩证分析。2016 年最冲击人们思维的金融新现象大概是 P2P 等网络借贷。当时甚至有观点认为 P2P 会替代传统信贷，有颠覆传统金融的可能。2016 年 5 月，我在"中国金融创新论坛暨 2016 中国金融创新奖颁奖典礼"上做题为"绝大部分 P2P 平台已偏离信息中介方向"的发言，首次提出信息中介与信用中介的区别，P2P 平台应坚持信息中介的方向。金融的本质是资金融通，金融机构在其中起中介桥梁作用。这个中介作用可划分为两类：一是信息中介，二是信用中介。信息中介就是为资金供需双方提供信息，解决信息不对称问题。信用中介就是金融中介机构在资金融通过程中，以自身作为信用的担保，保证出资人的本金和利息安全，承担起控制贷款风险的职责。P2P 等网贷的优势仅仅在于其信息中介职能方面，而在信用中介职能方面，P2P 远远不如传统金融。在 P2P 的原产地——英美等西方国家，P2P 就是摆脱信用中介职能，仅仅承担信息中介职能的纯粹中介机构，是专注于信息撮合的服务平台。但我国的绝大部分 P2P 已经偏离了这个方向，而向信用中介发展，这也是造成 P2P 平台大量停业跑路的主要原因。

全面推动长江经济带发展是关系国家发展全局的重大战略，而金融的协调、支持是重要的保障。早在 1997 年，我们就在《金融研究》发表了《创建长江金融合作带的研究报告》一文。

2007 年 8 月至 2010 年 9 月，我任中国人民银行沈阳分行（东北大区行）党委书记、行长，同时担任第十一届全国人大代表。在此期间，我发表了多篇有关东北经济的文章，本书收录其中的一篇《金融支持资源型城市经济转型的政策取向及措施》，因为资源型城市是东北的一大特点，而随着资源逐渐枯竭，如何实现经济转型，是东北面临的重大问题。

---

① 《金融研究》，2000 年第 10 期。

第一章

利率市场化改革

◎商业银行存贷利差：扩大还是缩小？

◎存款利率市场化第一跳

◎为什么存款利率上限放宽会使贷款利率上升

◎投资软约束与高利率的形成

◎专访：利率并轨还需考虑四个问题

◎新LPR形成机制：引导贷款利率下行，谁更受益？

商业银行存贷利差：扩大还是缩小？[①]

摘要：存贷利差的合理水平是一个动态的概念。在我国管制利率的背景下，存贷利差的调整，既要考虑微观经济主体的经营状况，也要考虑宏观经济的运行态势。当前，我国商业银行的存贷利差处于 2002 年来的最高水平，并处于国际中偏上水平。随着商业银行的经营状况明显改善，如不良贷款率的降低、资本充足率的提高和利润的大幅增长等，继续保持高存贷利差的必要性大大降低。继续保持较高的存贷利差，既不利于商业银行的业务转型，也不利于宏观调控。当前的经济金融形势显示，应当适当缩小存贷利差。建议通过稳步推进利率市场化适当缩小存贷利差。

在成熟市场经济国家，金融机构存贷款利率水平主要由市场资金供求状况与竞争状况等决定，是金融市场竞争均衡的结果。而在我国管制利率的背景下，存贷利差主要由央行调控决定，存贷利差水平直接影响微观经济主体的经营行为、经营状况与宏观调控效应。因此，研究管制利率背景下的存贷利差水平和利差调控具有更为重要的理论意义和现实意义。近年来，关于我国存贷利差是应进一步扩大还是缩小引起了一定关注。一些研究认为（如李波，2005a；张彦，2005），从我国商业银行的实际经营水平和国际比较来看，我国商业银行的存贷利差不算高，因而，应该提高存贷利差水平。应该承认，我国在相当长的时间内存贷利差偏低甚至过低，这是以前我国商业银行经营状况不佳的重要原因之一。前几年，较大的存贷利差加快了商业银行核销不良贷款进度，有助于商业银行提高资本充足率水平，具有一定的合理性。但是，我国商业银行在经历了持续几年的利润高增长和不良贷款"双降"之后，不良贷款率已显著降低，资本充足率也显著提高，继续保持较大存贷利差的历史性因素已不存

---

① 本文作者盛松成、童士清，发表于《金融研究》，2007 年第 11 期。

在。在新的经济金融形势下，需要重新思考我国存贷利差的调整问题。

一、关于存贷利差及其合理水平

利差包括商业银行存贷利差、中央银行贷款与商业银行贷款的利差、国内与国际金融市场利差三个层次（李成，2004）。三个层次的利差反映了不同市场的资金供求状况、竞争态势以及利益关系。就影响来看，第一个层次的利差最为重要。存贷利差直接影响投资和储蓄规模的变化，进而影响微观和宏观经济的运行，因而，保持合理的存贷利差非常重要。

银行存贷利差通常用净利差和毛利差两类数据衡量（李波，2005b）。从准确性的角度看，净利差应为净利息收入（贷款利息收入减去存款利息支出）除以银行平均贷款余额。由于贷款利息收入和存款利息支出的数据不容易收集，因此，通常净利差是指银行的净利息收入（利息收入减去利息支出）除以银行总资产或利息类资产。毛利差为平均贷款利率减去平均存款利率。毫无疑问，净利差更能反映银行的经营管理水平和实际利差水平。

银行业作为媒介储蓄与投资的机构，合理的存贷利差，应具备两个基本条件：一是能合理调节储蓄、投资的规模，促进金融资源的合理配置，实现经济的稳健运行；二是能保持银行业一定的利润水平，使银行具有媒介储蓄和投资的积极性，从而保证银行能获得社会平均利润率。前一个条件偏重从宏观角度看存贷利差水平，不容易验证和测度；后一个条件侧重从微观角度探讨存贷利差水平，相对可以量化、检验。同时由于在成熟市场经济条件下，存贷利差是市场竞争的结果，因此，西方主流经济理论不太关注利差问题，少有的一些理论文献也主要从银行业利润等微观角度来讨论利差水平。例如，Asli 和 Harry（1999）从利润来源角度剖析了利差结构，认为银行利差主要受营业费用、贷款损失准备、银行税收、总资产报酬率和非利差收益影响，除了非利差收益与利差负相关外，其他因素皆与利差正相关。实质上，Asli 和 Harry 所谓的利差是指利差收入。张彦（2005）利用 Asli 和 Harry 的模型对我国银行的利差进行了分解，认为较高的贷款损失准备金和较低的非利差收益是影响我国银行利差收益的重要因素。

我们认为，存贷利差的合理水平很难一概而论，它是一个动态的、变化的概念。存贷利差水平是商业银行体系自身发展和外部经济环境综合平衡的结果。在利率市场化的条件下，存贷利差主要取决于商业银行的竞争状况、社会资金的供求情况、银行体系的运行效率和贷款风险的高低等，其中，竞争状况是决定存贷利差的主要因素。而在我国管制利率的背景下，存贷利差相当程度上受中央银行的利率政策影响。存贷利差的调整既要考虑微观主体的经营状况，也要考虑宏观经济的运行态势。在经济尤其是资本市场趋于过热时，可考虑缩小利差；反之，则可扩大利差。存贷款利率水平反映的是储蓄者和投资者的绝对收益与成本；而存贷利差则反映了储蓄者和投资者的相对收益与成本，并直接影响银行中介机构的收益水平。在一定程度上，存贷利差对储蓄和投资规模变化的影响更大。在管制利率的背景下，利率对宏观经济的影响，不仅通过利率的绝对水平，而且还可以通过存贷利差的调整发挥作用，而后者往往容易被忽视。通过存贷利差的合理调节，可以更好地发挥利率政策的调控作用。

二、继续保持较大存贷利差的历史性因素已不存在

目前在我国，由于利率主要由中央银行决定，因此利差的大小主要受中央银行政策影响。中央银行在调整利差时，主要考虑商业银行的经营状况和经济运行状况，只是在不同的阶段考虑的侧重点不同。在 1996 年以前，我国社会资金供不应求，国有企业经营普遍存在困难。为支持国有企业解困，一直实行较低的存贷利差，多数年份的一年期存贷毛利差小于 1%，这也是商业银行体系经营状况不佳的一个重要原因。20 世纪 90 年代后，商业银行体系聚集的不良贷款已威胁到金融体系的稳定，降低不良贷款成为我国金融改革的重要任务。除政策性不良贷款剥离和财政注资外，商业银行通过其他外部渠道降低不良贷款率和提高资本充足率的手段有限，客观上需要保持较大存贷利差以通过银行自身利润积累来降低不良贷款率和提高资本充足率。同时，由于受管制等多种因素影响，我国商业银行业务一直较为单一，利润主要来源于存贷利差收入，要提高商业银行的盈利能力，简单有效的方法就是提高存贷利差。因此，在 1996 年后，我国逐步提高了商业银行的存贷利差，最近 8 年来我国一年期存贷毛利差一直在 3% 左右。

2002 年 2 月 12 日至 2007 年 4 月末，我国一直将活期存款利率维持在 0.72% 的水平，而同期贷款利率上调了 5 次。由于活期存款占我国金融机构各项存款的 40% 左右，因此，最近几年银行实际的存贷毛利差一直趋于上升。表 1 显示了我国部分商业银行的净利差和毛利差水平。与 2005 年相比，2006 年多数商业银行的净利差与毛利差均有所增加，净利差在 2.5% 左右，毛利差多在 3.6% 以上，个别商业银行的毛利差达到 4% 以上。考虑到外币的利差比

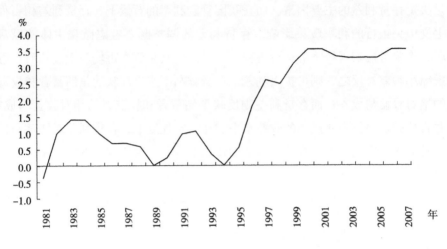

图1　1981—2007 年我国一年期存贷毛利差水平变动情况

（资料来源：中国人民银行，《中国金融年鉴》各年）

较小，各行的人民币存贷利差实际更高。近两年，我国多数商业银行的净利润增长率在 30% 以上，这与银行经营机制改革、管理水平提高密切相关，也与存贷利差提高存在极大关系。

表1　　　　　　　　　　　**我国部分商业银行利差水平和经营状况**

银行	工商银行		中国银行		招商银行		民生银行		浦发银行		华夏银行	
年份	2006	2005	2006	2005	2006	2005	2006	2005	2006	2005	2006	2005
净利差（百分点）	2.39	2.55	2.44	2.32	2.57	2.51	2.57	2.46	2.81	2.70	1.84	1.70
毛利差（百分点）	3.76	3.64	3.49	3.43	3.62	3.32	3.63	3.58	4.20	4.12	3.43	3.34
利润增长率（%）	30.2	21.6	52.4	31.3	87.7	25.0	43.4	32.6	28.8	30.1	13.9	26.7
资本充足率（%）	14.1	9.89	13.6	10.4	11.4	9.01	8.12	8.26	9.27	8.04	8.28	8.27
不良贷款率（%）	3.79	4.69	4.04	4.62	2.12	2.58	1.23	1.28	1.83	1.97	2.73	3.05

注：净利差＝净利息收入/生息资产平均余额（相当于部分上市银行所谓的净息差），其中招商银行、民生银行、浦发银行和华夏银行生息资产平均余额用总资产平均余额［（本年末总资产余额＋上年末总资产余额）/2］替代；毛利差＝客户贷款平均利率－客户存款平均利率；资本充足率和不良贷款率为年末数。

资料来源：根据各商业银行 2006 年和 2005 年年报整理计算。

从国际上看，我国目前商业银行的存贷利差也不低。无论以毛利差还是净利差衡量，我国商业银行的存贷利差均处于中等甚至偏上的水平（见表2）。

表2　　　　　　　　部分国家和地区存贷利差水平比较　　　　单位：百分点

国家/地区	中国	美国	加拿大	瑞士	日本	中国香港	新加坡	韩国	泰国
存贷毛利差	3.60	2.92	4.00	1.47	0.94	5.23	4.76	1.44	2.75
净利差	2.49	3.66	2.58	—	1.25	2.18	1.91	2.82	2.46

注：1. 本表存贷毛利差为一年期存贷款毛利差，为2006年10月数据，其中韩国为2006年9月数据。数据来源于 IMF，International Financial Statistics，2007 January。

2. 净利差为各国主要商业银行2003年加权平均净利差。中国数据为本文表1各商业银行净利差的加权平均，其他国家数据转引自李波（2005a）表4。

经过多年的努力，我国商业银行的不良贷款率已经降至历史最低水平。2006年末，我国商业银行不良贷款率降至7.1%，上市商业银行的不良贷款率基本在5%以下，达到了国际水准。我国现有2/3以上商业银行的资本充足率达到监管要求。更重要的是，我国商业银行已初步建立起多元化的补充资本金的外部渠道，通过自身利润积累来降低不良贷款和提高资本充足率的重要性已明显降低。例如，在2006年以前，我国商业银行特别是国有商业银行引入境外战略投资者需要给予各种各样的承诺或优惠。但是，通过近几年的改革和发展，我国商业银行已成为境外资金争相入股的对象。工商银行H股发行获得了数十倍的超额认购。此外，尽管我国商业银行不良贷款率总体仍在7.1%的水平，但除农业银行外的各商业银行降低不良贷款率的紧迫性已大大降低。因此，我国保持较大存贷利差的历史性因素已不存在。商业银行经营状况的好转，为适当缩小存贷利差提供了前提条件。

三、较大的存贷利差不利于商业银行业务转型

由于历史的原因，我国商业银行一直以经营存贷款业务为主，利息收入是商业银行的主要收入来源，存贷利差也是商业银行的主要利润来源。近几年，无论是金融宏观调控部门、金融监管部门还是商业银行管理层，都在大力推进和发展中间业务，努力提高非利息收入比例，但实际收效甚微。2006年，我国商业银行利息收入占全部收入的比例达59.4%，银行净利差收入与营业利润的比例更是高达341%。

商业银行盈利渠道单一，其中一个重要的原因是目前的存贷利差水平较高。无论是商业银行管理层还是客户经理，在利润考核目标约束下，通过发展存贷款业务完成利润目标远比发展中间业务容易得多。相应地，商业银行发展中间业务的积极性不高，而发展存贷款业务特别是发放贷款的积极性很高。继

续实行较大的存贷利差，不利于推动商业银行的业务转型，同时也将保护银行垄断，不利于银行改革和效率提高，也不利于从根本上提高我国银行的国际竞争力和抵御风险的能力。

较高的存贷利差也是造成我国外资银行贷款高速增长的重要原因。从国际上看，商业银行贷款资产在总资产中的占比一般低于50%，非利息收入在全部收入中的占比一般超过50%。2001年，我国加入世界贸易组织后，国际国内绝大多数专家预测外资银行业务重点会集中在非存款业务上。但是，近几年外资银行业务发展的实际结果却同预测相差很大，贷款业务高速增长，贷款资产占比持续上升，而非利息收入占比却呈现下降趋势，其贷款市场份额不断上升。上海市外资银行占上海市的贷款市场份额由2003年末的7.5%上升至2006年末的14.2%，三年来贷款市场份额上升了近1倍。从行为学角度看，在利润目标的约束下，外资银行重点发展贷款业务，也是其合理和最优的选择。2006年，上海市外资银行人民币利率下浮贷款的比例高达80.1%，超过平均下浮比例近28个百分点。人民币贷款利率下浮比例高，说明当前的存贷利差仍较高，进而使银行能获得较高的利润。

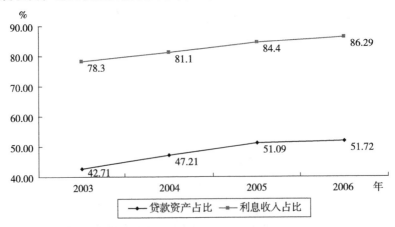

图2　上海市外资银行贷款资产占比和利息收入占比的变化

（资料来源：中国人民银行上海总部）

保持较高的存贷利差也不利于商业银行适应未来利率市场化的竞争环境。从理论上讲，利率市场化后，存贷利差可能会呈V形变化，即在利率市场化初期，竞争压力致使存贷利差急剧下降。由于目前利差较高，商业银行将主要精力放在存贷款业务上，而一旦利率完全市场化后存贷利差大幅下降，商业银行的经营将面临较大困境。因此，在利率未完全市场化之前，适当缩小存贷利差，促使商业银行逐步进行业务转型，减小对贷款业务的依赖，有利于商业银行的长期稳定发展。

四、较大的存贷利差不利于宏观调控

存贷利差较高，导致商业银行贷款扩张冲动强烈，从而对宏观调控和宏观经济产生不利影响：一是降低了宏观调控的效果。由于贷款利润率较高，无论央行采取什么政策措施，银行都不愿意减少贷款发放。商业银行管理层和客户经理为了能够多放贷款，会采取各种各样规避宏观调控的手段，出现了"早贷款、早收益"、中长期贷款占比持续上升等情况，由此降低了金融宏观调控的有效性。从2003年以来，我国已经9次上调了本、外币存款准备金率，但贷款仍快速增长。二是刺激投资高增长。由于多数贷款会进入投资领域，贷款的高增长往往预示投资的高增长，进而对资源、环境、物价等造成压力。三是不利于融资结构的改善。由于企业很容易从银行获取贷款，企业通过发债等方式融资的积极性不高，不利于直接融资的发展，也导致经济金融风险高度集中于银行。

存贷利差水平反映了资本剩余者与资本短缺者的利益关系。较大的存贷利差，主要靠两种情况来维持，一种是存款利率相对较低，另一种是贷款利率相对较高。近几年，我国较高的存贷利差主要靠相对较低的存款利率来维持。近几个月，由于消费物价上涨，实际存款利率接近或已为负值。较大的存贷利差意味着，相对于资本剩余者的储蓄收益，资本短缺者投资的机会成本较低。当经济处于繁荣时期，投资机会成本低，容易产生两个不良后果，一是投资膨胀，二是资产价格过快上涨。

在我国当前的经济金融形势下，存贷利差不宜继续扩大，而应适当缩小。2007年第一季度，全国各项本外币贷款增加1.43万亿元，同比多增1500亿元，第一季度贷款增加额相当于2006年全年的一半。贷款的快速上涨预示我国投资反弹的压力再次加大。第一季度，全国城镇固定资产投资同比增长23.7%，增长仍较快。近年来，我国房地产和股票等主要资产市场价格较快上涨。2003—2006年全国房屋销售价格分别上涨5.1%、10.8%、6.5%和5.5%，4年时间内上涨幅度超过30%，局部地区更是上涨了1倍以上。2006年末，上证指数和深圳成指同比分别上涨130.4%和

312.1%。资产价格上涨过快将引起投机盛行，潜在风险逐渐加大，不利于实体经济的稳定发展。近期，我国消费物价水平呈上升态势。2007年3月，CPI上升至3.3%，工业品出厂价格上涨2.7%，原材料、燃料、动力购进价格上涨3.7%。当前，我国正处于经济高速发展期，社会对资金的需求旺盛。近年来，我国企业利润大幅提高（见表3），企业对贷款利率的承受力大大提高，企业贷款需求的利率弹性远远小于银行贷款供给的利率弹性。由于我国银行相对垄断等因素，我国贷款市场基本属于卖方市场，信贷的主动权主要在银行方面而不在企业方面。因此，存贷利差适当缩小会降低银行的贷款冲动，并有助于抑制资产价格的过快上升，防止物价从结构性上涨走向全面上涨，从而保持国民经济的平稳运行。

表3　　　　　全国国有及规模以上非国有工业企业效益情况　　　单位：%

年份	2006	2005	2004	2003	2002	2001	2000	1999	1998
资产利润率	6.57	6.05	5.54	4.94	4.28	3.50	3.28	1.96	1.34
资本利润率	15.5	14.4	13.2	12.1	9.6	8.54	8.04	5.12	3.69
成本费用利润率	—	6.42	6.52	6.25	5.62	5.35	5.56	3.42	2.35

资料来源：根据国家统计局网站（http://www.stats.gov.cn）公布的有关数据计算。

五、继续推进利率市场化改革，适当降低存贷利差水平

如上所述，从国际上看，我国目前的存贷利差处于中偏上水平。从历史上看，我国目前的存贷利差是20年来的最高水平。最近，我国通过了《企业所得税法》，银行等企业的所得税将由33%下降为25%，这为降低存贷利差创造了条件。在所得税降低后，适当缩小存贷利差不会大幅影响商业银行的净利润水平。因此，存贷利差适当缩小具有基础。而要防止经济增长从偏快走向过热、防止资本市场出现泡沫，适当缩小存贷利差很有必要。

缩小存贷利差可以有两个途径：一是中央银行在利率政策调整时，实行不同的存贷款利率调整幅度，逐步缩小存贷利差，最终将一年期毛利差由目前的3.6%缩小至3%左右。二是通过继续推进利率市场化逐步降低存贷利差水平。首先，进一步扩大贷款利率下浮幅度，提高商业银行贷款利率下浮空间，从而降低商业银行的实际利差水平。其次，加快推进大额长期存款利率市场化步伐，允许大额长期存款利率由商业银行和客户协商定价，同样可降低商业银行的实际利差水平。通过利率市场化缩小存贷利差的好处是可以发挥市场竞争的作用。

参考文献

［1］李波．银行存贷利差的比较经济分析［J］．比较，2005a（18）．

［2］李波．银行存贷利差与金融生态［J］．中国金融，2005b（18）．

［3］李成．利差演进、利差层次与我国利差结构分析［J］．金融论坛，2004（6）．

［4］张彦．我国银行利差水平及其影响因素分析［J］．西南金融，2005（12）．

［5］Asli Demirguc – kunt and Harry Huizinga，1999，"Determinants of Cmmercial Bank Interest Margins and Profitability：Some Intenrnational Evidence"，*World Bank Economic Review*，1999．

存款利率市场化第一跳[①]

十八大报告指出，要"稳步推进利率和汇率市场化改革"。中国利率市场化进程最关键有两步。

第一步是 2004 年，人民银行放开存款利率的下限管理；放开除城乡信用社以外金融机构贷款利率的上限管理，允许贷款利率下浮至基准利率的 0.9 倍。这一步改革最大的亮点是允许贷款利率下浮。

第二步是 2012 年的两次利率调整。2012 年 6 月 8 日和 7 月 6 日，中国人民银行两次调整金融机构人民币存贷款基准利率及其浮动区间。一年期存款基准利率累计下降 0.5 个百分点，上浮区间扩大到基准利率的 1.1 倍；一年期贷款基准利率累计下降 0.56 个百分点，下浮区间扩大到基准利率的 0.7 倍。这两次利率调整是我国利率市场化的重要步骤，其意义甚至超过 2004 年的利率改革。

经过这两次调整，我国贷款利率市场化接近完成。除城乡信用社外的金融机构贷款利率已不设上限管理，在基准利率以下具有 30% 的自主定价空间，实际执行利率由银行根据资金成本、风险状况及盈利目标等与客户议价决定，基本反映了市场资金供求状况。

更重要的是，允许存款利率上浮，完成了存款利率市场化改革"三级跳"中的"第一跳"。

存款利率上限的放开可能导致银行过度竞争，引发风险，改革难度较大，各国利率市场化的完成均以存款利率上限放开为标志。此次允许存款利率上浮是改革存款利率上限管理的突破性尝试，是本次利率调整的最大亮点，是我国利率市场化的关键步骤，具有重大意义。

---

① 本文作者盛松成，发表于财新《新世纪》，2012 年第 52 期，后收录于财新《中国改革》年度特刊 2013 年第 1 期以及《中国经济报告》2013 年第 2 期。本文部分内容与《协调推进金融改革》略有重复，重复部分予以删除。

我们初步监测和分析了两次利率调整后金融机构的反应，得出以下启示。

一、先长期后短期，先大额后小额，渐进式推进存款利率市场化

利率调整后，商业银行对不同期限、不同额度的存款定价差别较大。

从期限来看，短期存款对利率上浮区间的放开比较敏感，长期存款定价较为稳定。除工商银行、农业银行、中国银行、建设银行、交通银行、邮储银行等6家大型银行外，其他银行活期存款利率上浮到顶（基准利率的1.1倍）；所有银行一年期（含）以内定期存款利率均上浮，其中中小型银行上浮到顶。相反，对一年期以上定期存款，市场份额占比75%以上的大、中型银行均未上浮，有的外资银行挂牌利率甚至低至年利率1%左右。从额度来看，对于一些大额的单位存款，商业银行往往通过协议存款形式与客户协商确定利率，以保持客户和存款的稳定。

国际上大多数利率市场化成功的国家均是逐步、渐进式放开存款利率上限的。如1965年的西德开始利率市场化改革，先是解除2.5年以上的定期存款利率管制，再解除三个月以上、100万马克以上的大额定期存款利率管制，两年后存款利率才全部放开。而阿根廷、智利、乌拉圭等拉美国家均在很短的时间内取消了所有利率管制，市场化方式过于激进，最终导致改革失败。

我国存款利率的放开宜按照"先长期后短期，先大额后小额"的思路渐进式推进。下一步可进一步扩大甚至放开中长期定期存款的上浮区间，待时机成熟后再逐步扩大短期和小额存款利率上浮区间，直至最终放开上浮限制。

二、选择合适的改革时机，在宏观环境相对稳定时推进利率市场化

两次调息之后，商业银行竞争虽有所加剧，但存贷款市场运行有序，整体情况好于预期。

目前，存款利率未上浮到顶的6家大型银行存款余额占全部金融机构的比重，与第一次调息前相比变化较小，这表明没有出现恶性竞争而导致大规模存贷款搬家的现象。这些都得益于我国当前相对稳定的经济金融环境。近期，一度高企的CPI持续回落，通胀压力明显减轻；资产价格相对稳定，房地产价格得到有效控制；银行间市场利率下行，流动性总体比较宽裕。宏观经济稳定有助于维持银行和企业间的稳定关系，降低利率波动幅度，为利率市场化创造有

利条件。

英国和德国在利率市场化改革时，都避免选择经济过热时期，改革得以顺利实施。而拉美国家都在宏观经济极不稳定、通货膨胀严重、财政赤字巨大、经济负增长的条件下放开利率管制，于是这些国家利率自由化后都出现不同程度的金融危机。

三、重视发挥大型银行的引领作用，避免资金价格过度波动

成功完成股份制改革的大型银行在资产规模、经营管理水平、机构网点设置、盈利能力等方面与中小金融机构相比具有明显优势。

对于本轮调息，大型银行均能理性应对。两次调息后第一个工作日，6家中资大型银行均迅速公布了一致的存款利率，且保持稳定，利率上浮幅度也低于中小银行。

下一步利率市场化改革要重视发挥大型银行对市场利率的引领作用。中央银行可以通过对大型银行的窗口指导引导市场利率，最大限度地避免资金价格过度波动，也可以借鉴欧美国家的经验。

在德国，由金融同业组织相互协商确定合理的资金价格竞争区间，并向其成员机构建议，这种机制被称为"标准利率制"。

在美国，以10家银行报价为基础确定"最优贷款利率"，商业银行实际进行贷款定价时，在该利率的基础上综合考虑期限、额度、借款人资信状况、抵押品等因素。货币当局利用这种形式，使金融机构对市场利率水平达成共识，以防止无序竞争。

四、高度关注中小金融机构风险

两次调息后，中小金融机构存款定价普遍高于大型银行，且缺少稳定性。第一次调息之初，12家中资中型银行（不含政策性银行）存款定价策略有所分化，有的按基准利率执行，有的与大型银行保持相同浮动水平，有的直接上浮10%，有的则根据客户贡献度实施差别化定价，经过一段时间的调整适应后基本趋于一致。而小型城商行、农信社、农商行等为了争取存款，大部分将所有期限存款利率上浮到顶。

中小金融机构利率定价能力和风险管理能力相对较弱。利率管制放开后，这些机构往往通过提高存款利率来解决资金来源问题，同时为了维持盈利水

平，可能扩大发放高风险高收益的贷款。即使在利率市场化取得成功的美国，中小金融机构失去利率管制的保护后，也存在较大风险隐患。1987 年美国倒闭 184 家中小型银行，是 1978 年利率市场化开始时的 26 倍。

因此，我国要关注中小金融机构，特别是小型城商行、农信社、农商行的风险。一是要进一步强化财务硬约束；二是放开利率管制要坚持渐进原则，使中小金融机构有一个调整和适应的过程。

五、加快建立存款保险制度

从国际实践来看，很多发达国家利率市场化过程都伴随着存款保险制度的完善。日本 1971 年通过《存款保险法》，引入存款保险制度。1986 年予以修改，扩大了存款保险机构的职能和资金的使用范围，以应对利率市场化过程中金融机构面临的倒闭风险。而英国在实施利率自由化之前，未实行存款保险制度。金融危机发生后，英国花费了很高的成本来挽救。目前，除南非、沙特阿拉伯和中国外，大多数金融稳定理事会（FSB）成员国（地区）都建立了统一的存款保险制度。

随着我国利率市场化改革的深入，在市场竞争中，个别金融机构可能会出现存款下降、业务萎缩或经营亏损等情况。为了有效应对存款利率进一步放开后可能出现的市场动荡，促进金融机构稳健经营，保护存款人利益，我国应结合国情，尽快推出功能完善、权责统一、运行有效的存款保险制度。

六、利率市场化与扩大民间资本进入银行业相结合

两次调息后，商业银行存款利率整体上浮幅度低于预期，其中，6 家大型银行活期存款均执行基准利率，而这些活期存款占金融机构全部存款余额的比重超过 1/4。贷款实际执行利率由银行与客户协商确定。

对此，可以说是喜忧参半。上述情况既表明银行已有较强的自主定价能力，又反映了长期以来，我国银行信贷基本处于卖方市场，银行掌握贷款定价主导权，特别是中小企业和个人客户议价能力较弱。这与银行业市场准入条件较高、民间资本难以进入有关。

利率是资金这种特殊商品的价格，而银行业的市场准入是这种特殊商品的生产条件。

在市场经济条件下，商品价格机制只有与合适的商品生产条件相结合才能

有效调节商品生产的资源配置。可见，要实现利率政策向实体经济的有效传导，仅仅进行价格改革、放开利率管制是不够的，还应在利率市场化的同时推进市场准入改革，扩大民间资本进入银行业，增加金融供给。这样才能真正形成充分、良性的市场竞争，改善信贷供需关系，使利率政策的调整充分、顺畅地传导到实体经济。

七、完善央行货币政策调控方式，提高间接调控水平

当前我国货币政策调控方式和手段已有很大改进，开始以多种金融工具开展公开市场操作。但在利率市场化推进过程中，货币政策有效性仍遇到了挑战：一是市场化定价的存款替代产品迅速发展，突破了货币供应量的范围，宏观调控可能出现"按下葫芦浮起瓢"的现象；二是随着存贷款利率浮动区间的扩大，基准利率的作用将进一步弱化。

从国际经验来看，美国从 20 世纪 80 年代开始就将货币政策中间目标由货币供应量增长率调整为联邦基金利率，英格兰银行也不规定最低存贷款利率。

我国应进一步完善货币政策传导机制，形成市场化的央行目标利率，使公开市场操作有的放矢。

目前我国金融市场上 Shibor、Chibor、短期国债利率等都在利率产品定价方面发挥了重要作用。特别是 Shibor，在浮（固）息债券、利率互换、远期利率协议、同业存款、贴现和转贴现等各类产品定价中得到了广泛的应用。但这些市场利率的中长期报价较少，难以形成完整的利率价格曲线，而真正影响总需求的恰是长期利率。随着利率市场化改革的深入，我国需要选择、培养一种能够被央行公开市场操作有效调控，又具有广泛市场影响力的利率作为央行目标利率。

为什么存款利率上限放宽会使贷款利率上升[①]

十八届三中全会提出要"加快推进利率市场化",利率市场化改革再次成为关注的焦点。有人认为存款利率上限放开后,存款利率会上升,贷款利率会下降,银行存贷利差会明显缩窄。实际上,无论从国际经验还是从我国实践看,存款利率上限放开后,存贷款利率可能同时上升,存贷利差会小幅缩窄,银行将让利于社会,但中小企业融资贵问题仍可能存在。

一、利率市场化影响利率水平的国际经验

20世纪七八十年代,由于通货膨胀较高和金融市场快速发展,利率市场化成为世界性潮流。美、英、日、法等发达国家和众多新兴市场国家和地区先后进行了利率市场化改革。我们对主要国家和地区利率市场化前后存贷款利率和利差变化进行了研究。

(一)多数国家和地区存贷款利率同时上升

利率市场化初期,无论是发达国家还是发展中国家和地区,利率水平普遍上升。根据世界银行的统计数据,在名义利率比较齐全的20个国家和地区(既有美、日、英、法、德等发达国家,也有印度、巴西、马来西亚、印度尼西亚等发展中国家和地区)中,15个国家和地区名义利率上升,5个国家和地区名义利率下降;实际利率比较齐全的18个国家和地区中,17个国家和地区实际利率上升,仅1个地区实际利率下降。

美国利率管制放松初期,存贷款利率齐升。1978年存贷款名义利率分别为8.2%和9.06%,之后逐步上升,1981年达到15.91%和18.87%的高位,随后回落并趋于稳定。存贷款实际利率也从1978年的0.6%和1.46%,上升至1981年的5.61%和8.57%。

---

① 本文作者盛松成、潘曾云,发表于《中国金融》,2013年第24期。

英国 1971 年废除利率协定后，存款名义利率从 1970 年的 5.21% 上升至 1974 的 9.5%，之后迅速回落；贷款名义利率从 1970 年的 7.25% 持续上升至 1976 年的 11.26%，之后小幅回落（见图 1）。

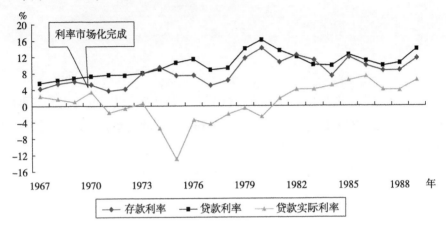

图 1　英国利率市场化前后利率变动

（资料来源：世界银行）

韩国存款名义利率和贷款名义利率在 1993 年初均为 8.5%，到 1996 年分别上升至 9.81% 和 11.1%；同期存款实际利率从 3.8% 上升到 4.91%，贷款实际利率从 3.8% 上升至 6.2%（见图 2）。

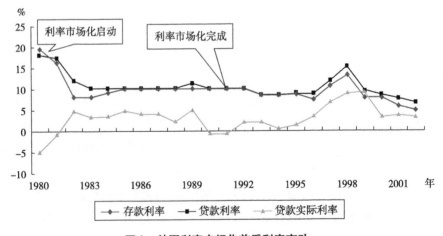

图 2　韩国利率市场化前后利率变动

（资料来源：世界银行）

中国台湾地区存贷款名义利率分别从 1985 年末的 5.96% 和 9.18% 上升至 1990 年末的 7.22% 和 10.5%，存贷款实际利率分别从 1985 年末的 5.99% 和

9.21%下降至 1990 年末的 3.12% 和 6.4%。

拉美三国（智利、阿根廷和乌拉圭）是利率市场化激进改革的典型，三国在短短几年间放开了对利率的管制。改革之后利率飙升。智利 1974 年开始改革，1975 年取消所有利率管制。在随后的几年间，存贷款名义利率迅速上升至 50% 左右。阿根廷和乌拉圭则因为利率市场化后利率上升过快、外资大量涌入而导致改革失败。

（二）大部分国家和地区利率市场化初期存贷利差缩小

利率市场化后大部分国家和地区存贷利差都不同程度地缩减，仅澳大利亚等少数国家和地区存贷利差不减反增。

利率市场化初期，由于竞争加剧，金融机构为争取资金而纷纷提高存款利率，但短期内却无法调整贷款结构，贷款利率上升空间有限。存款利率比贷款利率上升得更快，银行存贷利差缩窄。不仅美国、英国、日本、法国等发达国家是这样，巴西、印度尼西亚、马来西亚等发展中国家和地区也是如此。

美国 1980—1985 年的平均存贷利差为 2.17 个百分点，1986—1990 年则为 1.63 个百分点。英国 1971 年废除利率协定，之后存贷利差由当年的 3.35 个百分点降至 1974 年的 -0.5 个百分点，1981 年取消最低贷款利率，之后存贷利差由当年的 2.58 个百分点降至 1983 年的 -1.4 个百分点。日本利率市场化后存贷利差持续缩窄，平均存贷利差由 1984 年的 3.15 个百分点降至 1994 年的 2.33 个百分点（见图 3）。法国利率市场化后存贷利差出现缩小趋势，20 世纪 90 年代存贷利差较 80 年代下降约 1 个百分点。中国台湾地区存贷利差在利率市场化后逐渐缩小，80 年代初达到 4 个百分点左右，80 年代后期下降到不足 3 个百分点，2002 年以后更是呈现持续下滑趋势。

韩国利率市场化从 1981 年启动，可分为两个阶段（见图 4）。在利率市场化初期，存贷利差较大，随之下降到接近零的水平。第一阶段利率市场化改革宣告失败后，存贷利差又出现扩大态势，随后再次趋近于零，近几年基本在 1.5 个百分点上下波动。

与美国、日本等国不同，澳大利亚利率市场化以后，存贷利差呈缓慢扩大趋势。1975—1985 年平均存贷利差为 0.56 个百分点，1986—1990 年平均为 1.07 个百分点，1991—2000 年上升至 3.5 个百分点左右。

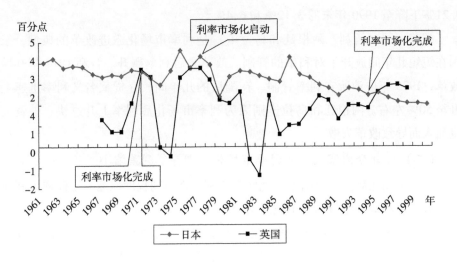

图3　英国和日本利率市场化前后存贷利差变动

（资料来源：世界银行）

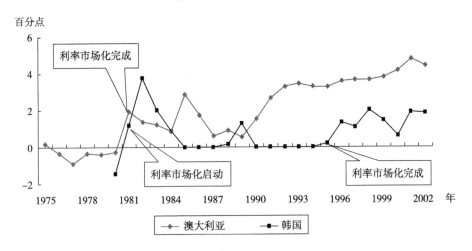

图4　韩国和澳大利亚利率市场化前后存贷利差变动

（资料来源：世界银行）

二、我国存款利率上限放宽后利率和利差变动

近几年我国不断推进利率市场化改革。为及时、准确、全面反映我国存贷款的总量、结构及利率水平等情况，我们于 2013 年初上线了标准化存贷款综合抽样统计系统，逐笔采集金融机构的存贷款明细数据。目前抽样统计覆盖全国 11 个省份，样本机构包括 143 家法人金融机构的 1400 余家支行，样本机构

存贷款总额占全国存贷款总额的 5% 左右。2014 年试点省份将扩大到 20 个，样本机构存贷款占全国存贷款的比例将提高到 10% 左右。我国于 2012 年 6 月将存款利率上限放宽至基准利率的 1.1 倍。为评估这一政策对存贷款利率和存贷利差的影响，我们利用标准化存贷款综合抽样统计系统的数据进行了初步测算。

（一）存款利率上限放宽后存贷款利率和利差变动

1. 存款利率略有上升

2013 年 9 月末，存款利率比 2012 年 6 月末上升 2 个基点。2012 年 6 月和 7 月人民银行两次下调存款基准利率，活期存款基准利率共下调 15 个基点，影响整体存款利率下降约 5 个基点；各期限定期存款基准利率共下调 50～75 个基点不等，影响整体存款利率下降约 20 个基点。两部分合计共影响存款利率下降约 25 个基点。剔除基准利率下调的影响，存款利率实际上升约 27 个基点。

2. 贷款利率实际有所上升

2013 年 9 月末，贷款利率比 2012 年 6 月末下降 19 个基点。2012 年 6 月和 7 月人民银行两次下调贷款基准利率，共下调约 50 个基点。由于各家银行贷款定价策略不尽相同，贷款基准利率下调对贷款实际利率的影响也不相同，平均下降 60 个基点左右。剔除基准利率下调的影响，贷款利率实际上升约 41 个基点。

3. 存贷利差小幅缩窄

2013 年 9 月末，金融机构存贷利差比 2012 年 6 月末下降 21 个基点，这主要是因为基准利率下调对贷款利率的影响大于对存款利率的影响。

（二）部分已经市场化定价的金融产品利率变动情况

目前大家普遍关心的是存款利率上限何时放开。实际上，随着利率市场化的深入，市场化定价的金融产品不断增加，特别是理财产品和信托计划，一定程度上形成对存贷款的替代，其收益率可作为利率市场化后存贷款利率的合理参照。

1. 利率市场化后存款利率将逐步趋近理财收益率

2012 年 6 月、7 月两次下调存款基准利率后，理财产品预期收益率一路走低，到 2012 年 10 月降至 3.99%，之后稳步回升。2013 年 10 月末较上年同期上升 75 个基点。目前 3 个月期限理财产品预期收益率约为 4.6%，3 个月定期存款利率约为 2.8%，二者相差 1.8 个百分点。2011 年以来银行存款理财化趋势愈加明显。由于存款利率明显低于理财产品收益率，利率市场化后存款利率将会走高，逐步趋近理财收益率。

2. 利率市场化后贷款利率将和信托计划收益率趋同

信托计划收益率同样呈现先降后升走势。2012 年 10 月信托计划收益率降至 7.33% 的最低点，随后稳步走高，2013 年 10 月末比上年同期上升 46 个基点。信托计划和贷款都是金融机构的资金运用，同时信托计划一半以上的资金投向信贷产品，因此可将信托计划收益率近似看做利率完全市场化后的贷款利率。

从监测数据看，1 年期信托计划预期收益率约为 7.2%，1 年期贷款利率约为 6.7%，二者相差约 50 个基点。利率市场化后，预计二者将逐步趋同，贷款利率会上升，但上升幅度不会太大。

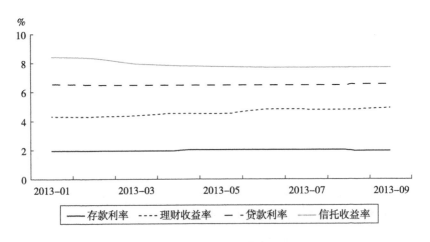

图 5　我国存贷款利率和理财信托收益率比较

三、对利率市场化后我国金融运行的初步判断及建议

未来我国可能逐步放宽直至取消对存款利率上限的管制。这一进程将对我国金融体系产生巨大而深远的影响。

第一，存贷款利率会同时上升。

取消利率管制后，存贷款利率会同时上升，但出现大范围恶性价格竞争的可能性较小。一是我国信贷市场基本仍是卖方市场。从资金供给看，银行在金融体系中仍占主导地位，银行信贷资源相对稀缺。截至 2013 年 9 月末，我国银行业总资产达到 147 万亿元，占全国金融总资产的 90% 以上。目前我国社会融资规模中 80% 以上由银行通过其表内外业务投放。从资金需求看，我国仍处于经济发展上升期，工业化、城镇化还在推进过程中，投资需求巨大。2009—2012 年我国投资对经济增长的平均贡献率约为 60%。未来一段时期，投资仍将在经济增长中发挥重要作用。根据利率决定理论和相关实证研究，利率和投资正相关，而与储蓄负相关，且贷款利率对固定资产投资更为敏感，巨大的投资需求将推动贷款利率继续高企。二是银行利润增长的压力。2011 年以来银行业利润增速不断下降。2011 年银行业利润增速达到 36%，2012 年降至 19%，今年可能降到 15% 以下，未来几年都可能只有个位数。盈利是目前我国银行业补充资本金的主要渠道。假定我国 2013 年新增 9 万亿元贷款，按 12% 的资本充足率估算，不考虑其他表内外风险资产增长，仅此一项就需增加约 9000 亿元资本金。因此，银行需要维持一个适度的、可持续发展的利润水平。

目前我国银行业资金价格的内在形成机制，主要还是在既定筹资成本（存款利率）基础上，按照成本加成定价原则来确定贷款利率。银行成本主要是经营成本和闲置资金的机会成本。经营成本包括利息支出、手续费支出、营业费用、税费支出等，一般占银行收入的 50% ~ 80%，平均约为 60%。这部分成本要求贷款利率至少为存款利率的 1.67 倍。闲置资金的机会成本包括准备金和存贷比要求等，闲置成本的数量一般占到存款的 20% ~ 30%。这部分成本要求贷款利率达到存款利率的 1.54 倍。由此可见，以上两项因素使贷款利率至少为存款利率的 2.57 倍（1.67 × 1.54）。考虑银行利润这一因素，贷款利率还要上浮约 1.3 个百分点。据此推算，假定存款利率为 2%，那么贷款利率就将达到 6.44% 上下。随着存款利率的上升，银行经营压力也会从存款端传导至贷款端，推动贷款利率上升。

第二，存贷利差不会大幅收窄。

利率市场化会从两个方面影响存贷利差：一是存款市场的竞争将使存款利率上升，资金成本增加；二是贷款市场的竞争会使优质客户贷款利率下降，贷款收益减少。银行存贷利差因此将缩窄。但利率市场化也会对银行有利。在利率管制情况下，商业银行只是利率的执行者，没有利率的制定权；利率市场化以后，商业银行有了价格的制定权，对资产负债结构的管理会更加主动，可能增加中小企业贷款。这些贷款利率较高，能改善银行财务状况，但也会提高贷款利率的整体水平。因此，利率市场化后存贷利差会缩小，但大幅收窄的可能性较小。

第三，部分中小金融机构可能出现经营困难。

从国际或地区经验来看，利率市场化进程中或完成后，商业银行不能适应环境变化而面临经营困难的事例很多，即使在金融市场较为发达、金融监管较为完善的国家也不例外。例如，美国20世纪80年代发生的储贷协会危机就与利率市场化密切相关。1980—1994年15年间，共有1617家小银行和1295家储贷协会破产倒闭或接受援助，这些机构资产规模总额达到9240亿美元。中国台湾地区的信用合作机构也曾在利率市场化进程中出现信贷危机。1994—1998年间，中国台湾地区爆发的83起挤兑事件中74起发生在农村信用合作机构。这74家机构占当时台湾地区农村信用合作机构总数的21%。

存款利率放开后，中小金融机构竞争压力将明显加大。为了生存和发展，中小金融机构存款利率可能高于平均水平，贷款利率可能低于平均水平，由此导致成本增加、收益减少。同时，由于在技术水平、机构网点、产品创新和市场影响力等方面处于劣势，中小金融机构拓展中间业务的能力较弱，业务范围相对较窄，利差缩窄将对其经营产生较大冲击，个别中小金融机构甚至可能出现比较严重的经营困难。因此，我国需加快实行存款保险制度。

第四，中小企业融资贵问题仍可能存在。

利率市场化改革的主要作用在于改善利率形成机制，促进金融资源合理配置，提高资源配置效率，对中小企业融资难、融资贵等结构性问题作用有限。国际货币基金组织和世界银行的研究也表明，即便在已经实现利率市场化的泰国、印度、印度尼西亚等国家，小微企业仍普遍存在融资难、融资贵的问题。我国利率市场化以后，银行为提高经营效益，可能增加中小企业贷款，但也会收取较高的贷款利率，以弥补其较高的信贷风险。因此，利率市场化后中小企业融资难问题会有所改善，但融资贵的问题仍可能存在。

第五，利率市场化要与扩大民间资本进入银行业相结合。

两次调息后，商业银行存款利率整体上浮幅度低于预期，大型银行活期存款均执行基准利率，同时商业银行贷款利率下浮的占比较小。这与银行业准入条件较高、民间资本难以进入有关。利率是资金这种特殊商品的价格，而银行业的市场准入是这种特殊商品的生产条件。在市场经济条件下，商品价格机制只有与合适的商品生产条件相结合才能有效调节商品生产的资源配置。可见，要实现利率政策向实体经济的有效传导，仅仅进行价格改革、放开利率管制是不够的，还应在利率市场化的同时推进市场准入改革，扩大民间资本进入银行业，增加金融供给。这样才能真正形成充分、良性的市场竞争，改善信贷供需关系，使利率政策的调整充分、顺畅地传导到实体经济。

第六，利率市场化要与投资体制改革相配合。

投资需求直接影响利率。若投资对利率不敏感，有限的资金供给将面对无限的资金需求，利率将快速上升。因此，一方面要减少政府干预，确立企业投资主体地位，实行统一的市场准入制度。企业根据成本收益安排投资计划，能提高投资的利率敏感度，形成合理的资金需求。另一方面还要避免高风险行业挤占有限的金融资源，抬高整体利率水平。总之，深化投资体制改革，能避免利率过快上升，减轻利率市场化改革过程中的震荡。

投资软约束与高利率的形成[①]

2012 年，我国 M_2/GDP 为 188%，比全球平均水平高 59.9 个百分点。2013 年，我国 M_2/GDP 上升至 195%。2013 年，我国固定资产投资的实际利率（固定资产投资实际利率 = 五年期贷款基准利率 − 固定资产投资价格指数）为 6.25%，分别比 2012 年、2011 年和 2010 年提高 0.57 个、5.99 个和 3.84 个百分点。

关于我国高利率与高货币余额并存的现象，大部分研究主要从经济金融的微观层面（如银行表外业务及影子银行发展、互联网金融、利率市场化改革的影响等）去分析，但是这些因素都不是决定利率上升的最根本原因。利率是资金的价格，最终由资金供求关系决定，所以需要从整体资金供求状况入手，分析利率上升的宏观层面的深层次原因。我们认为，实物资本供给有限而投资需求相对无限、货币供给有限而货币需求相对无限，这两对供需矛盾从根本上导致了我国目前高利率与高货币余额并存的局面。

投资需求的相对无限主要来自地方政府融资平台和国有企业，因此融资平台与国企投资软约束是高利率的根源。非市场化的投资主体广泛存在于日益市场化的资金市场，投资的利率敏感性较低推高了整体利率水平。同时，由于我国金融深化程度低、直接融资不发达、投资渠道狭窄，货币需求的利率弹性较低，利率上升并不能有效降低货币需求，致使货币余额较高。

一、宏观理论分析

利率决定理论是货币金融学说史上最丰富的理论之一。凯恩斯前的古典利率理论认为实物资本的供求决定利率，即利率取决于储蓄与投资的均衡关系。凯恩斯的货币利率理论则认为利率取决于货币需求与货币供给的均衡关系。希

---

① 本文作者盛松成、闫先东、刘西，发表于《财经》，2014 年第 16 期。

克斯创设 IS - LM 分析，将古典利率理论与货币利率理论有机结合起来，认为利率取决于实物资本的供给与需求以及货币供给与货币需求。IS - LM 分析方法也同样适用于我国。

（一）从实物资本供需看，投资需求过高是利率上升的根源

目前，我国实物资本需求（主要是投资需求）很高，而实物资本供给（国民储蓄）有限。我国投资需求有两类，一类对利率不敏感，另一类对利率敏感。利率不敏感的投资需求旺盛，比如地方政府融资平台、国有企业、部分房地产企业以及一些投资过程中资金链出现问题的企业。这类投资需求的约束因素往往不是利率，而是实物资本供给。多数利率敏感的企业是发展健康的民营企业。这些企业是市场化的主体，它们根据成本—收益决定投资与否、融资与否。

利率敏感企业投资的利率弹性高，当利率上升到一定程度，高于其投资收益率时，利率敏感企业的投资需求甚至可以为零。而利率不敏感企业投资的利率弹性低，利率上升对其投资需求影响很小。我国的投资很大一部分是利率不敏感的地方政府投资、房地产投资、国有企业投资，特别是地方政府投资软约束，受利率影响较小。在某种程度上，这些投资需求几乎无穷大，投资需求并不随利率上升而下降，相反，旺盛的投融资需求促使利率不断上升。

（二）从货币供需看，货币需求的低利率弹性推高货币余额

我国高利率与类似的流动性陷阱并存，利率变动难以改变货币需求。通常所说的流动性陷阱是指，当利率降至某一很低水平时，人们都预期利率会迅速上升，而此时持有货币的机会成本很低，于是货币需求变得无穷大，从而使 "M_2 可能无限制地增加"，使 "流动性偏好几乎是绝对的"[①]。根据 IS - LM 模型，扩张性货币政策通过降低利率和刺激投资来发生作用，紧缩性货币政策通过提升利率和减少投资来发生作用。但是，如果利率降至零以下时，人们与其以负的名义利率持有其他金融资产，还不如持有货币。此时，货币需求变得无穷大，货币供给无论如何增加都难以满足货币需求的上升，也难以促使利率下降。

目前，我国以间接融资为主，投资渠道狭窄，企业和居民不得不主要以货币（广义货币，包括现金和银行存款）储存金融资产。我国货币需求对利率

---

① 凯恩斯. 就业、利息和货币通论［M］. 英文版. 世界图书出版公司，2010：196.

的弹性较低，出现了类似的流动性陷阱，只是这种流动性陷阱更大程度上是由于金融市场不发达而形成的。人们不能根据利率水平高低来选择资产组合，只能被动投资银行存款。金融市场利率提高，货币储蓄需求不会明显减少；金融市场利率降低，货币储蓄需求也不会明显增加。由于货币需求高、货币供给有限，利率就较高，而由于货币需求的利率弹性低，利率上升也很难明显降低货币需求、缓解货币供需矛盾。需要指出的是，一般意义上的流动性陷阱是指利率很低情况下的货币需求很高，而我国目前利率较高，货币需求也很高。

二、实物资本供给增速趋于下降

我国国民储蓄率已经开始下降。2008—2012 年，我国国民储蓄率从 53% 降至 50.1%。伴随着人口结构的变化，我国国民储蓄率还将进一步下降。我国住户部门储蓄率在 2010 年达到高点（42.1%），2011 年降至 40.9%。政府部门储蓄率在 2008 年达到最高值（31%），2009 年快速降至 27%，2011 年又迅速回升至 30%。

一是我国居民储蓄率将继续下降。人口结构变动是居民储蓄率下降的重要原因。2012 年我国 15～59 岁人口为 9.37 亿人，比 2011 年少 300 万人。2011 年是我国该年龄段人口数量最多的年份。未来 5 年劳动力增速将不断下降，劳动力短缺可能进一步加剧。劳动人口是储蓄的提供者。劳动力人口减少，不利于储蓄的增加。

二是我国收入分配结构变化，推动了国民储蓄率的下降。企业部门储蓄率为 100%。分配到企业部门的国民收入越少、居民部门的国民收入越多，国民储蓄率就越低。近年来，我国劳动力市场持续改善，劳动者素质不断提高，劳动收入增速快于企业盈余增速。2010 年第三季度以来，我国劳动力市场求人倍率均大于 1，劳动力整体供小于求。伴随人口老龄化，更多老年人领取养老金，居民获得的转移支付也将较快增长。这些都会导致储蓄率下降。

三是我国政府储蓄率将下降。2000—2011 年，政府可支配收入占国民收入的比重从 14.5% 上升至 19.2%。2012 年和 2013 年，政府财政收入分别同比增长 12.9% 和 10.1%，均高于同期名义 GDP 增长速度，但增速差明显收窄。未来政府转移支付将继续增加，政府可支配收入增速将放缓。2000—2011 年，政府储蓄率从 -9.4% 上升至 30%。随着政府职能的转变，经济建设职能逐渐缩减，公共服务职能日益强化，政府的储蓄率将呈现下降趋势。

三、非市场化投资需求旺盛

首先，我国投资率处于世界前列。

我国资本形成对 GDP 的贡献率多数时间在 50% 以上。国际货币基金组织（IMF）世界经济展望数据显示，无论从同一时点比，还是与其他国家相同经济阶段比，我国投资率均远高于其他国家。2013 年，我国的投资率接近 50%，比同期新兴经济体平均水平高 20 个百分点以上。而发达国家的投资率普遍在 25% 以内。在 20 世纪 80 年代，"亚洲四小龙"经济增长较快，投资率也仅为 35% 左右。

投资占比高，则在建工程量多，对资金的需求也大，由此拉高了融资成本。在 2008 年国际金融危机前，以 2004—2008 年数据计算，固定资产投资增速与 3 年期国债收益率的相关系数达到 0.37，即投资增速上升，利率也相应提高。国际危机后，由于货币政策逆向操作，这种关系有所减弱。2013 年，固定资产投资 48.04 万亿元，资金直接来自贷款的比重达 12.2%。假定对应全年 7% 左右的 GDP 增速，2014—2016 年固定资产投资增速年均 18% 左右，则 3 年的投资总额将达到 200 万亿元，超过 1997—2012 年 16 年的总和。仅此一项需要的新增贷款将达到 24.5 万亿元，平均每年新增贷款达 8.2 万亿元。考虑到企业自筹资金相当部分也间接来自贷款，贷款需求将更高。

其次，利率不敏感行业投资需求高，占用金融资源较多。

一是我国利率不敏感行业投资需求较高。2004 年以来，我国基础设施投资占比均在 20% 以上，房地产开发投资占比均在 18% 左右。2013 年，我国基础设施投资占比为 21.4%，比 2012 年高 0.5 个百分点。2013 年，我国房地产开发投资占比为 19.7%，与 2012 年持平，比 2009 年提高 1 个百分点。

二是从固定资产投资资金来源看，房地产、基建等行业贷款占比较高。2004—2012 年，城市市政公用设施建设固定资产投资资金来源中，贷款占比均在 25% 以上。其中，2012 年贷款占比为 28.6%，比全行业平均贷款占比（固定资产投资贷款/固定资产投资资金来源合计）高 15.8 个百分点。2006 年以来，房地产业城镇固定资产投资贷款占比（房地产业城镇固定资产投资贷款/房地产业城镇固定资产投资资金来源，简称房地产业投资贷款占比）均高于全行业平均贷款占比。其中，2012 年，房地产业投资贷款占比为 13.9%，比全行业平均贷款占比高 1.1 个百分点。

三是我国国有企业融资较多，负债率较高。2013 年末，国有工业企业资产负债率为 65.1%，比规模以上工业企业平均资产负债率高 7.3 个百分点。2013 年，国有工业企业资产负债率比 2012 年提高 0.63 个百分点，而规模以上工业企业资产负债率比 2012 年下降 0.03 个百分点。2013 年末，我国国有企业贷款余额占全部企业贷款余额的比例为 46.5%，占用了大量贷款资源。

四是考虑到社会融资规模中人民币贷款只占 50% 左右，基础设施行业和房地产行业实际占用的金融资源更多。据审计署数据，截至 2013 年 6 月底，各级地方政府对 7170 个融资平台公司负有偿还责任的债务为 40756 亿元，负有担保责任的债务为 8833 亿元，可能承担一定救助责任的债务为 20116 亿元，分别比 2010 年末增长 29.9%、8.5% 和 97.4%。2013 年末，资金信托余额 10.3 万亿元，其中投向房地产的为 1.04 万亿元，占比为 10.0%。信政合作金额为 9607 亿元，占比为 8.81%，比 2011 年、2012 年分别提高 3.5 个和 2.1 个百分点。

最后，资金投向与经济贡献不匹配。

一是总体看，贷款对经济增长的贡献下降。2008 年国际金融危机前后，我国经济结构发生了较大改变，信贷资源更多流向效率较低的行业和部门，导致贷款对经济的拉动力下降。2003—2007 年，我国贷款的经济增长弹性为 0.73，即人民币贷款增速提高 1 个百分点，经济增速提高 0.73 个百分点。2008—2013 年，我国贷款的经济增长弹性为 0.47，即人民币贷款增速提高 1 个百分点，经济增速提高 0.47 个百分点。

二是以基建、房地产等为主的第三产业，市场垄断程度较高，效率较低，单位产出的资金密度远高于自由竞争的私营部门。2013 年，第三产业新增贷款占企业新增贷款（第一、第二、第三产业贷款合计）比例为 66.1%，比上年高 14.6 个百分点，比第三产业增加值占 GDP 比例高 20 个百分点。2009—2013 年，基础设施行业和房地产开发新增贷款占各项贷款新增额之比分别为 14.2% 和 22.4%，分别比同期基础设施行业和房地产业增加值与 GDP 之比高 6.6 个和 16.7 个百分点。

三是国有企业单位贷款产生的利润额下降。2010—2013 年，国有工业企业利润总额占工业企业利润总额比例低于国有企业贷款占全部企业贷款比例。两者差距从 5.7 个百分点扩大到 8.2 个百分点。2013 年，国有工业企业利润总额占工业企业利润总额比例为 38.3%，而国有企业贷款占全部企业贷款比例达 46.5%。

四、融资渠道以银行为主

（一）我国间接融资比重高，主要依赖银行提供国内信用

间接融资比重高、银行融资占比大的经济体，其货币总量一般也会相对较多，货币总量/GDP（或国内信用/GDP）会比较高，由此形成的旺盛的信贷需求会推高整个社会的融资成本；相反，若直接融资发达，货币总量相对就会少一些，货币总量/GDP（或国内信用/GDP）较低，社会的融资成本也较低。

亚洲经济体普遍依赖银行体系提供国内信用，同时银行体系购买外汇也投放了大量货币。银行融资占比高导致这些经济体货币总量/GDP也较高，如2012年日本和韩国的货币总量/GDP分别达到238.7%和144.3%，这显然与它们的融资结构有很大关系。实证研究表明，负债率与利率正相关。国内信用与GDP之比提高10个百分点，则1年期国债收益率提高0.34个百分点。2012年我国国内信用与GDP之比为152.7%，高于俄罗斯、印度和巴西，略低于发生债务危机的意大利。

（二）股票市场不发达，多层次资本市场知易行难

我国的股票市场从无到有，30多年来，已经有了很大发展。但目前我国的资本市场仍然很不成熟。一是股票市场规模较小。截至2013年底，我国股票市价总值为239077亿元，占我国当年GDP的42.0%，仅与美国纳斯达克（NASDAQ）市场市值占美国GDP的比例相当。二是虽然多层次资本市场的体系基本形成，但主板市场以外的其他市场远未成长起来。以美国为例，美国场外柜台交易系统（OTCCB）市场交易股票个数远高于NASDAQ，而NASDAQ又高于纽约证券交易所，三大市场形成一种明显的"金字塔"结构体系。我国则相反，呈现"倒金字塔"的形态。

资本市场的不发达使得我国企业从股票市场的融资占全部外部融资的比例非常低。2012年，我国非金融企业部门通过股票市场的筹资余额占全部外部融资（贷款、股票、债券融资）的比例仅为6.1%，远远低于其他国家50%左右的水平。

（三）债券市场不成熟，企业使用债券融资较少

近年来，我国债券市场快速扩大，在我国金融体系中的地位大幅提升。

2013 年末，我国债券融资余额达到了 30 万亿元，相当于同期人民币贷款余额的 42%，比 2003 年末提高了 19.6 个百分点。但我国债券市场仍欠发达。2013 年，我国债券融资余额与 GDP 之比为 52.7%，远低于发达国家 100% ~200% 的水平。

阻碍债券市场快速发展的原因主要有：一是企业债、公司债等依然遵循核准制、审批制等行政色彩较浓的发行模式，不利于债券市场规模的扩大。二是目前我国债券市场的投资者结构单一，机构投资者中，商业银行占据了主体地位，持有的债券占据了债券存量的半壁江山，保险和基金公司次之，证券公司以及其他非银行金融机构等占比很小。同时，我国债券市场中的投资理念和行为趋同，投资者投资债券主要是为了配置资产而非交易，由此影响市场的活跃程度。三是除短期融资券、中期票据外，其他信用债券整体流动性较差。

债券市场不发达，导致企业主要通过银行贷款满足债务融资需求。2012 年，我国非金融企业部门信用类债券融资余额与贷款余额之比为 15.6%，明显低于美国、英国、法国、韩国等的水平。

五、高地价推高名义利率

2010 年 1 月 3 日，美联储前主席伯南克发表了著名的演讲——"房地产价格泡沫和货币政策"。伯南克指出，房地产价格上扬将导致整个经济体的成本上升。一个例子是，1989 年日本东京皇宫的地价超过整个纽约地价的总和，紧随其后，日本经济的融资成本也达到最高点。

在企业的资金投入中，一般占比较大的三个要素投入分别是土地、劳动力及原材料设备。我国住房制度改革以来，伴随着城镇化的快速发展，房地产价格迅猛上涨。与此相应的房地产贷款、土地储备贷款、个人按揭贷款以及厂房设备贷款需求大幅增加。

一是从国际上看，我国土地价格处于较高水平。2013 年我国一线城市土地出让均价为 5100 元/平方米，其中北京土地出让均价为 7800 元/平方米[①]。同年，日本国土交通省土地建设产业局地价调查课数据显示，东京、京都和大阪地价分别为 4.66 万日元/平方米、3.3 万日元/平方米和 4.21 万日元/平方米，折合人民币分别为 2700 元/平方米、1900 元/平方米和 2450 元/平方米。

---

① 上海宜居研究院，《2013 年地市活跃，土地出让金创新高》。

纽约 2013 年第三季度 100 平方米的住房价格为 32.3 万美元，其中土地价格仅为 1.62 万美元，折合人民币为 1000 元/平方米。

二是从地价与利率关系看，两者大体呈正相关关系。由于土地是经济活动的重要生产要素，土地价格上升，将提升整个经济的要素成本，并相应提高资金成本，因此土地价格与利率走势呈正相关。利用 2000 年以来纽约地价与 3 年期美国国债收益率年度数据，分析发现，两者相关性为正，系数达 0.39。日本东京地价与 3 年期日本国债收益率的相关系数也达到 0.33。

三是我国高地价促进了企业的信贷需求，推高了贷款利率。由于土地价格上扬，近年来我国与土地相关的房地产贷款、个人购房贷款，与土地购置费相关的土地储备贷款、固定资产贷款增长迅速。2007—2013 年，主要金融机构及小型农村金融机构、外资银行人民币房地产贷款同比增速平均为 21.8%，比同期全部贷款增速高 3 个百分点。个人购房贷款同比增速平均为 23.7%，比全部贷款增速高 4.9 个百分点。我国近年来利率上升的原因之一，就是与地价相关的信贷需求旺盛。

六、货币总量放松空间有限

我国企业部门的杠杆率较高。考虑到数据的可得性，我们仅考察由非金融企业及其他部门贷款和公司信用类债券构成的非金融企业债务口径。2012 年，我国企业部门的杠杆率高达 110.8%，远高于德国的 48.5% 和美国的 78.3%，与日本的 100.7% 和韩国的 109.1% 的水平接近。2013 年，我国企业部门杠杆率进一步上升至 113.4%。

企业部门的杠杆率和经济周期密切相关。2005—2008 年，由于经济快速发展，我国企业盈利水平较高，企业杠杆率快速下降。2009 年，大规模的经济刺激措施使得企业资金获取成本较低，企业大量举债，杠杆率快速上升。2010 年中国经济开始去杠杆化，然而由于经济增速下滑，企业盈利水平下降，去杠杆化的进程非常缓慢，2012 年和 2013 年企业杠杆率不降反升。我国企业对债务融资的依赖较大、杠杆率水平较高，继续加杠杆将增加宏观经济的脆弱性，因此，货币政策不存在大幅放松的空间。

七、各方需协同治理

针对上述成因，财政、金融部门需共同努力，改变高利率与高货币余额并存的局面。

一是改变预算软约束。首先，要改变"GDP 竞赛"的地方政府考核模式，将地方政府债务纳入考核体系，抑制地方经济中持续存在的"投资饥渴"。其次，理顺中央和地方的财权事权边界，加大税制改革力度，阻断地方财政收入与地方政府投资的因果联系。最后，改善国有企业治理结构，大力推进混合所有制，有效解决国有企业委托贷款链条长、约束弱化的问题。

二是改变倚重投资的发展模式。粗放型投资不仅挤占宝贵的金融资源，而且提高了经济的整体融资成本。要变投资拉动经济增长为投资、消费及出口协调拉动。同时加大对价值链高端、人力资本等的投资力度，提高投资的效率。

三是大力发展直接融资，逐步降低间接融资的占比。直接融资有助于满足市场主体多元化的金融需求，拓展企业融资渠道，降低融资成本。首先，要大力发展债券市场，提高债券市场的流动性，促进债券发行、交易以及市场价格的形成，为企业融资提供更多的便利。其次，实现各类融资渠道规范化发展，理顺监管体制，加强法律制度建设，营造公平竞争的市场环境。最后，降低融资门槛，破解中小企业融资难题，包括继续降低中小企业直接融资的门槛、完善市场基础设施建设以及放宽市场准入、大力发展中小金融机构等。

四是积极推进利率市场化。国际经验表明，利率市场化初期，随着资金价格管制的放松，市场利率趋于上升。随着利率市场化改革的进一步推进，利率会逐步回落。近年来市场化定价的金融产品不断增加，特别是理财产品和信托计划，一定程度上形成了对存贷款的替代，对利率市场化形成倒逼。如果不加快推进利率市场化，互联网金融、金融脱媒的快速发展将更快推升我国的利率水平。要加快推进利率市场化，引导社会整体利率向合理水平回归。目前，理财产品收益率等市场化利率显著高于同期存款利率。未来如存款利率上浮区间扩大或取消限制，存款利率将会走高，而理财产品收益率等市场化利率受到存款冲击将会下降，社会整体的利率水平可能回落。

虽然利率形成机制改革是利率市场化改革的核心，但同时还需要一系列的配套措施，比如发展直接融资、实施统一的市场准入制度、建设多层次的资本市场、疏通企业和居民投融资渠道等。这些配套措施能有效改变我国金融资源分配的二元结构，减少利率敏感度低的投资需求，使利率敏感度高的市场化投资主体能够获得更多的金融支持，同时也有利于提高货币需求的利率敏感度，降低整体利率水平和社会融资成本。

专访：利率并轨还需考虑四个问题[①]

"去年下半年以来，我国实施了一系列逆周期调节政策，但央行政策利率（以及货币市场利率）向信贷利率的传导并不很顺畅。"2019年3月8日，中国人民银行调查统计司原司长盛松成在"全球金融格局变化和中国金融改革"论坛上谈到利率市场化时表示。

盛松成举例称，从货币市场看，去年12月份同业拆借加权平均利率为2.57%，质押式回购加权平均利率为2.68%，分别比上年同期低0.34个、0.43个百分点。但同期金融机构一般贷款加权平均利率为5.91%，比上年同期提高了0.11个百分点。

这源于中国利率运行机制仍是双轨制，即央行确定的存贷款基准利率是商业银行存贷款定价的主要依据，而货币市场利率则基本上实现了市场化。中国人民银行行长易纲去年4月在博鳌亚洲论坛上提出，中国正继续推进利率市场化改革，使存贷款基准利率和（货币）市场利率这两轨逐渐统一。

2019年的政府工作报告提出，疏通货币政策传导渠道，保持流动性合理充裕，有效缓解实体经济特别是民营和小微企业融资难、融资贵问题，防范化解金融风险。深化利率市场化改革，降低实际利率水平。

对于利率并轨，盛松成表示，还需要考虑四个问题：

一是长期改革目标和短期政策要求之间的关系。利率市场化是我国金融改革的长期目标，缓解企业融资难、融资贵是当前宏观调控的现实要求，目前取消存贷款基准利率不一定能实现短期政策要求。

二是如果取消贷款基准利率，人民币贷款如何定价。

一种方式是贷款利率挂钩货币市场利率，这能反映贷款的真实市场价格，但信贷市场利率的波动可能加大。另一种方式是通过贷款市场报价利率

---

① 本文系盛松成于2019年3月8日在"全球金融格局变化和中国金融改革"论坛接受《21世纪经济报道》采访时的报道。

（LPR）定价，这有利于信贷市场的稳定，但 LPR 变动迟缓，由此削弱了货币政策的传导。

三是贷款利率市场化和存款利率市场化的协调推进问题。盛松成表示，我国推进利率市场化改革的经验是先贷款、后存款，但银行负债结构会影响资产端的贷款定价，取消（存）贷款基准利率会对商业银行自身的资产负债管理提出更高的要求。

四是利率并轨后央行货币政策的传导问题。如果取消（存）贷款基准利率，如何确保货币政策的有效传导？是否需要将某一种货币市场利率作为货币政策中介目标？

"取消存贷款基准利率是利率市场化改革和疏通货币政策传导的重要步骤，但需要解决的问题也很多，应稳步推进。"盛松成表示。

新 LPR 形成机制：引导贷款利率下行，谁更受益？[①]

2019 年 8 月 16 日李克强总理召开国务院常务会议，提及改革完善贷款市场报价利率（LPR）形成机制，核心内容包含两点：一是增设 LPR 5 年期以上品种，二是将 LPR 定价机制确定为"公开市场操作利率加点"的方式。

一、为什么增设 5 年期以上品种？

当前人民币贷款基准利率有短期、中长期等多个品种，其中，短期包括 6 个月、6 个月至 1 年，中长期包括 1 年至 3 年、3 年至 5 年、5 年以上，具有较为完备的期限结构。而 LPR 仅有 1 年期一个品种，增设 5 年期以上品种，完善 LPR 期限结构，将有助于引导银行中长期贷款，降低企业实际融资成本。

8 月 17 日人民银行公告称，公开市场操作利率主要指中期借贷便利（MLF）利率。我国 MLF 利率主要有 3 月期、6 月期和 1 年期三种，其中 1 年期投放最为常见（见图 1）。目前，我国 1 年期 MLF 利率为 3.3%，低于现有的贷款基准利率（4.35%）和 LPR 利率（4.31%），能一定程度引导贷款利率下行。

二、如何理解 LPR "公开市场操作利率加点"的定价方式？

理想的信贷利率传导渠道是"货币政策利率—银行间市场利率—实体信贷利率"，但实际传导并不顺畅，主要体现在存款利率不能很好反映市场利率变动，而商业银行贷款主要参考贷款基准利率，也脱离了市场利率"轨道"。LPR 采用"公开市场操作利率加点"定价方式后，由 LPR 引导贷款利率，传导路径由原先的"贷款基准利率—贷款利率"转变为"货币政策利率—LPR—

[①] 作者盛松成、余子珍，发表于《澎湃新闻》，2019 - 08 - 17；2019 年 8 月 19 日中国人民银行微信公众号转载全文。

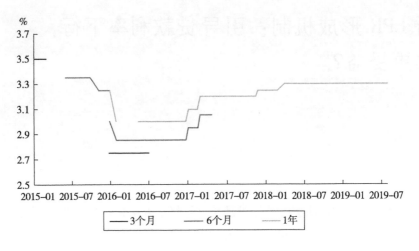

图 1 MLF 利率

贷款利率"，增加了货币政策利率直接影响贷款利率的渠道，有助于进一步疏
通货币政策的传导路径。

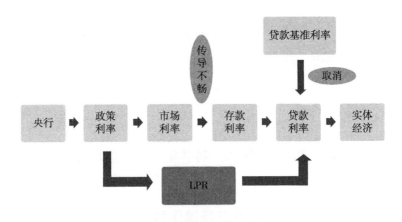

图 2 LPR 传导渠道

三、MLF 作为 LPR 锚定基准，短期权衡还是长期选择？

MLF 作为 LPR 锚定基准利率，短期能引导贷款利率下行，但作为定价基
准，MLF 自身仍存在一些问题，这或只是短期权衡而非长期选择。第一，MLF
本身存在机制扭曲，我国法定存款准备金利率为 1.62%，而银行获取 MLF 利
率为 3.3%，间接提高了银行经营成本。未来长期趋势，仍然要通过降准置换
MLF，降低银行融资成本，进而降低实体企业融资成本。第二，MLF 的交易对

手方主要是国有大型银行和股份制银行，不在名单的中小银行很难参考 MLF 利率，为定价带来难度，未来是否需要进一步扩大交易商范围值得探讨。第三，当前 MLF 最长期限只有 1 年，即使 TMLF 也仅 3 年，与 5 年期 LPR 存在一定期限错配，如何定价还需继续考量。

四、资质较优小微企业可能更受利于改革，但最终实现"两轨并一轨"，畅通"利率传导的最后一公里"进程仍需继续努力

LPR 定价机制采用"公开市场操作利率加点"的方式，将有助于进一步疏通货币政策传导路径，但实现"两轨并一轨"、畅通"利率传导的最后一公里"进程仍需继续努力。

第一，贷款优先进行市场化定价，对商业银行自身资产负债管理的要求提高。我国推进利率市场化改革的经验是先贷款、后存款。贷款利率市场化后需要考虑银行负债端的情况，因商业银行资产端的定价与负债端的成本是联动的，二者需要协调推进。若取消贷款基准利率，对贷款采用市场化定价，而存款仍根据存款基准利率进行定价，这就对商业银行自身的资产负债管理提出了更高的要求（盛松成，2019 年 3 月）。如何对冲银行利率风险，是否增加利率衍生管理工具等需要考虑。

第二，推进存款利率市场化，应考虑如何降低短期市场利率波动性的问题。当前公开市场操作利率对存款类机构质押式回购利率（DR007）整体引导效果不错，但后者仍存在波动幅度太大等问题，完善利率走廊机制将尤为重要。

第三，公开市场操作对象为一级交易商，主要是国有大型银行和股份制银行。当前货币市场存在流动性分层现象，包商事件后中小银行同业存单发行量收缩、发行利率上行，流动性由大行向中小银行传导受阻。因此，政策利率对中小银行贷款利率传导效果有所减弱，叠加中小银行风险偏好下行，或不利于弱势企业贷款。若一味强调降低小微企业实际贷款利率水平，或将加剧大型银行与中小银行的竞争，增加中小银行经营风险。

第四，解决 LPR 定价机制是否能够解决小微企业融资难问题？LPR 新的定价方式确实能增强货币政策对贷款利率的引导作用，"中介机构减费让利""多种货币信贷政策工具联动配合"将有助于降低 LPR 利率。由于银行将根据企业经营的风险情况，自主决定对小微企业贷款利率的加点幅度，当前经济面临下行压力，银行风险偏好整体下降，或许资质较优的小微企业才能更受益于改革。

第二章

汇率市场化改革与资本项目开放

◎经济增长过程中的汇率升值问题

◎"人民币升值中国损失论"是一种似是而非的理论

◎人民币"外升内贬"是我国经济发展的阶段性现象

◎当务之急是稳定人民币汇率预期

◎我国外汇储备的合理规模与运用

◎我国加快资本账户开放的条件基本成熟

◎协调推进利率汇率改革和资本账户开放

◎我国为什么需要推进资本账户开放

◎协调推进金融改革

◎推进资本账户双向开放迎来较好时机

◎推动资本账户双向开放，避免实体经济脱钩

◎资本账户双向开放与防范资本流动风险并不矛盾

经济增长过程中的汇率升值问题
——德国、日本与中国的比较研究[①]

摘要：从国际经验来看，经济大国在经济崛起时期往往会遇到汇率升值的内部与外部压力，并伴随货币走强的过程。本文以日元和马克升值进程中的经验和教训为参照系，探讨我国如何在保持国内物价和产出稳定的前提下实现汇率制度的平稳转型。本文认为，人民币汇率升值的路径安排应集中体现主动性和渐进性，尤其是要通过保持汇率的小幅逐步升值趋势，为经济结构转型和货币政策操作提供时间和空间，最终实现汇率升值进程的可控性。

一、引言

经济增长对于长期汇率水平的决定有着重要影响。经济的持续高速增长，将导致一个经济体内部发生深刻的结构性变化。在这一过程中，一国的劳动生产率、产业结构、就业、国民收入、金融深化程度、经济开放度等变量都发生着深刻的变化。实体经济的这些变化一般都会引起实际汇率的调整。

主流的新古典增长理论认为，生产率提高是推动长期经济增长的最重要因素。在对经济高速增长时期实际汇率变动趋势的研究中，"巴拉萨—萨缪尔森假说"（BSH）是最具影响力的理论。该假说认为，当一国处于经济高速增长阶段时，相对于世界平均水平，国内贸易部门劳动生产率增长快于非贸易部门劳动生产率增长。因此，在通货膨胀相对稳定的情况下，贸易品价格优势导致的经常项目顺差将造成汇率升值压力。

经济增长和实际汇率关系的经验证据大致来源于两组研究。一组是采用横截面数据进行跨国检验。Balassa（1964）用 22 个国家在 1960 年的横截面数据

---

① 本文作者盛松成、周鹏，发表于《上海金融》，2006 年第 5 期。

检验 BSH，发现那些较富裕的国家确实经历了实际汇率升值。另一组对 BSH 的检验是采用面板数据。例如 Hsieh（1982）通过分析 1954—1976 年日本、德国和美国的数据，发现劳动生产率因素对日元和马克实际汇率变动趋势具有重要影响。BSH 的另一个强有力的证据来自 Marston（1987）对 1973—1983 年日本与美国之间实际汇率的研究。他计算了贸易部门与非贸易部门之间的劳动生产率差，发现这些变量构成了对日元与美元长期升值趋势的强有力的解释。总体上，"巴拉萨—萨缪尔森假说"被大部分的实证研究所证实。

从各国的实际情况看，劳动生产率提高带动实际汇率的升值往往会通过两种方式体现出来：一种是在采取钉住汇率制的国家，由于名义汇率固定，实际汇率升值主要由该国相对较高的通货膨胀率所推动；另一种是在采取浮动汇率制的国家，由于央行一般把维持本国物价稳定作为主要的政策目标，实际汇率升值直接反映在名义汇率的升值上。

近年来，在中国经济快速增长、经常项目顺差不断扩大和外汇储备激增的背景下，人民币一直面临较大的升值压力。从汇率升值的背景来看，当前人民币汇率制度的改革，与 20 世纪六七十年代以后的德国和日本有很多相似之处，具体表现在：在汇率升值之前三个经济体均经历了持续高速的经济增长，经济增长最终转化为汇率升值的动力；三个经济体的外向型程度都较高，货币当局都面临维持物价稳定和汇率稳定的政策权衡；汇率升值之前三个经济体都维持了一定程度的资本管制。

本文以日元和马克升值进程中的经验和教训为参照系，探讨我国经济崛起过程中，如何在保持国内物价和产出稳定的前提下实现汇率制度的平稳转型。本文剩余部分的内容安排如下：第二部分就日元、马克汇率升值路径、货币政策及其效应进行比较；第三部分讨论中国货币政策与汇率政策的冲突及其对实现经济内外均衡的影响；第四部分试图就人民币汇率升值的路径安排、汇率升值过程中的货币政策取向等问题给出若干政策建议。

二、日元和马克升值战略及其效应的比较

在开放经济中，汇率调整的方式对内外均衡的实现有重要影响。面对经济崛起时期的汇率升值压力，日本和德国采取了不同的对策，给这两个国家的宏观稳定和经济增长带来了截然不同的影响。

（一）马克的主动渐进升值及其效应

德国货币当局在独立货币政策、资本自由流动和固定汇率三难选择之间，选择了独立货币政策和资本自由流动，而让马克汇率自由浮动。1973 年 2 月布雷顿森林体系彻底崩溃后，马克汇率开始浮动。1960—1990 年，马克对美元的名义汇率从 4.17:1 升值到 1.49:1，其间累计升值 2.79 倍，同期经过贸易加权的马克名义汇率升值 2.43 倍。

总体来看，马克在 1980 年前主动完成了升值的主要过程，并且较好地控制了升值速度。1973—1979 年期间，马克对美元除 1975 年贬值 8.0% 外，其余年份均是升值。名义汇率指数从 1972 年的 130.3 逐步上升至 1979 年的 241.0，上升 85.0%。进入 20 世纪 80 年代，受第二次石油危机影响，马克连续五年贬值，但随后又进入升值区间。1990 年马克对美元的名义汇率指数为 279.9，比 1979 年的水平高 16.1%，远低于其在 70 年代的升值幅度。

同时，在汇率升值过程中，为改善国际收支状况和稳定马克汇率，联邦银行把货币政策的重点放在防止"进口型"通货膨胀加剧方面。因此，紧缩性的货币政策与财政政策在德国持续了较长时间。除了利用利率杠杆外，联邦银行格外重视根据生产能力的增长率、价格上涨率和货币流通速度三个因素的变化来考虑基础货币的增长率。1970—1985 年，联邦德国基础货币、M_1、M_2 和 M_3 等四个货币指标的增长率均与国民生产总值（GNP）的增长率相差无几，保持了适度比例。由于重视控制货币供应的增长率，联邦银行能够根据经济的景气程度掌握向企业和个人提供的信贷规模，以此调控投资和消费需求的增长，达到控制通货膨胀的目标。

与日本和其他工业国比较，德国保持了较低的通货膨胀率和更稳定的产出水平。纵观 20 世纪 50 年代至 80 年代，德国经济始终保持了年均 4.5% 左右的适度增长，其稳定性要高于美国等工业国家；而通货膨胀率则稳稳地控制在 3.7% 左右，低于其他主要工业国的通胀率水平。如果以马克的国内购买力水平来衡量，1950—1988 年马克价值只下降了 1/3，而同期美元下降了 80%、法国法郎下降了 91%、英镑和里拉分别下降了 92% 和 94%。1972—1979 年期间，德国的平均通货膨胀率为 5.0%，而日本为 9.6%；该时期德国物价变化的标准差为 0.0157，而日本高达 0.0633，是德国的 4 倍多；该时期德国 GDP 增长率的标准差为 0.02，而日本增长率的标准差达 0.03，是德国的 1.5 倍。

（二）日元的被动大幅升值及其效应

与德国相反，面对日元升值的压力，日本政府放弃了主动升值的时机，先是试图抑制汇率升值，后又因为汇率的大幅升值丧失了对整体经济的可控性，直接促成了20世纪70年代的高通货膨胀和80年代末的泡沫经济，严重损害了经济的可持续增长。

1972—1979年期间，日元汇率与经济增长状况明显背离。1979年日元对美元的名义汇率指数为149.5，仅比1972年的水平上升26.1%，且其中有3年出现贬值，1979年的贬值幅度达18.8%。1973—1979年期间，日本外汇储备变动率的标准差为0.34，而德国为0.20，日本货币当局的政策干预极为频繁。压抑日元升值的措施引发了通货膨胀。20世纪70年代中期，日本通货膨胀率最高达到了接近25%的水平。

1985年之后，日元汇率骤然升值，其后的一系列政策失误对日本经济产生深远影响。广场协议后，日元迫于压力升值25.2%，随后两年又持续升值26.0%和28.8%，1987年日元对美元的名义汇率指数达到290.1。在短短3年时间内，日元升值幅度达9.4%。由于升值幅度过大，广场协议签订后的1986年，日本出现了因日元升值引发的短暂经济衰退。

在广场协议期间，日本政府放任日元大幅度升值，同时采取扩张货币政策，以抵消日元升值的通缩效应。Mekinnon和Ohno（1997）对1985年10月到1995年7月日本短期利率与实际汇率关系的实证研究表明，实际汇率的变动会引起日本银行积极、显著的政策反应。1986年1月到1987年2月，日本银行连续五次降息，将中央银行贴现率从5%降到2.5%的超低水平。而德国央行在汇率升值过程中执行了较为严格的反通胀货币政策，1988—1992年马克贴现率由2.5%提高到8.75%，虽然受到东西德合并大量增发货币和欧元区成立的巨大冲击，但经济仍然保持了平稳运行。

日本由于长期实行超低利率政策，造成货币供给量快速上升，大量过剩资金通过各种渠道涌入股票市场和房地产市场，导致资产价格急剧膨胀，形成泡沫经济。股票市场方面，1985—1989年，日本股票价格在4年时间内平均增长率高达49%，而同期实际GDP增长率只有4%。地产方面，1985—1990年，日本商业用地价格上涨了1倍，住宅用地价格上涨约60%，其中，东京的商业用地价格上涨了3.4倍，住宅用地价格上涨了2.5倍。

三、开放经济条件下中国货币政策的困境

人民币升值趋势是我国经济发展阶段性成功的客观要求，也是将来经济持续成长的前提条件。在政策面上，需要根据汇率升值趋势调整汇率制度和宏观政策。如果相关政策在客观上抑制了实际汇率升值，可能会对中国经济成长带来负面影响。

（一）人民币升值的实体经济背景

"巴拉萨—萨缪尔森假说"所总结的劳动生产率与实际均衡汇率的关系同样适用于判断人民币长期汇率走势。

与日本和德国类似，20世纪90年代以来中国经济持续快速增长和相对劳动生产率提高，是实体经济层面推动人民币长期升值的动力源泉。任若恩等（2002）的研究表明，中国1993—1999年期间制造业劳动生产率增长速度是1980—1992年期间的两倍，同时还至少高于同期美国制造业劳动生产率增长速度1.5个百分点。90年代中期劳动生产率的高速增长和当时的高通货膨胀推动了人民币实际有效汇率大幅升值。2002年以来，人民币实际有效汇率与劳动生产率的变化关系开始出现背离。一方面，随着2002年以后中国经济开始加速增长，劳动生产率增长速度重新开始加快；但另一方面，受美元持续贬值以及国内通货紧缩的影响，人民币实际有效汇率不断贬值。因此，2002年以来人民币汇率存在明显低估，这是本轮人民币面临升值压力的深层次原因。

从动态的角度看，中国劳动生产率仍将以相对于发达国家更快的速度提高，并不断给人民币实际汇率带来新的升值空间。同时，考虑到未来几年内中国出现严重通货膨胀的可能性不大，实际汇率的升值压力将主要以名义汇率升值的方式体现出来。

（二）中国货币政策与汇率政策的冲突

从蒙代尔—弗莱明模型出发，在资本趋于自由流动的过程中，固定汇率制度下的货币政策仅在短期内有效，从长期来看无效。纵观1994年以来的中国货币政策与汇率政策，两者出现的不协调基本上可以归纳为人民币对内币值和人民币对外币值之间的矛盾，背后的原因是中国存在事实上的资本流动。

谢平和张晓朴（2002）认为，在固定汇率制度下，中国货币、汇率政策经历了三次冲突：1994—1996年外汇储备快速增长与较高的通货膨胀之间的

53

冲突、1998年外汇储备增幅快速下降和物价持续下降之间的冲突、1998—1999年汇率稳定和本外币利差倒挂之间的冲突。

在汇率形成机制缺乏弹性的情况下，资本流动和人民币汇率升值预期互为因果。在钉住美元的固定汇率制度下，持续贸易顺差意味着本国持有的国外资产不断增加。对于不能以本币进行国际借贷的国家来说，持有过多的国外资产会造成本币升值的预期，而升值预期又进一步吸引外资流入。一方面，在贸易顺差和外汇储备迅速增长的情况下，为保持固定汇率，货币当局在外汇市场的干预必然形成基础货币大量投放，带来潜在的通货膨胀压力；另一方面，在货币升值的预期下，为缓解通货膨胀压力，基准利率水平的调整必然处于进退两难的境地，货币政策的操作空间极为有限。

四、人民币汇率升值的路径安排与货币政策取向

前已述及，改革人民币汇率形成机制，增加汇率波动的弹性是保持中国货币政策独立性的题中应有之义。但对于人民币汇率应该以什么方式调整，相关的宏观经济政策应予以怎样的配合，目前仍存在较大的争论。本文认为，人民币汇率升值的路径安排应集中体现主动性和渐进性，尤其是要通过保持汇率的小幅逐步升值趋势，为经济结构转型和货币政策操作提供时间和空间，最终实现汇率升值进程的可控性。

（一）汇率升值的主动性原则

理论研究表明，汇率失调（exchange rate misalignment），不论是汇率的高估还是低估，都会使经济付出福利和效率方面的代价。汇率低估会破坏经济的内部均衡和外部均衡，并由此引发一系列破坏宏观经济稳定和经济可持续增长的问题。汇率低估抬高了贸易品部门产品的相对价格，使得经济资源更多地流向贸易品部门。资源配置的扭曲鼓励了贸易部门的粗放式扩张，抑制了企业的自主技术创新，阻碍了贸易结构的调整和升级。从国民福利和资源配置的角度来看，汇率低估实际上是全体国民和非贸易部门为出口提供补贴，以汇率低估为代价维持长期贸易顺差是得不偿失的。

由于大多数发展中国家面临的主要问题是汇率高估，汇率低估问题经常被忽视。事实上，发展中国家经济崛起过程中的汇率升值压力将长期存在。汇率升值一方面反映了平衡外部收支的需要，另一方面也是重新调整国内经济资源配置结构的需要。能否处理好汇率升值压力，对于一国经济保证宏观稳定和持

续增长有着重要意义。

从历史上看，没有一个国家和地区是依靠货币贬值实现工业化和提高国家竞争力的。印度尼西亚、印度、菲律宾以及拉美国家都是货币长期贬值的国家，但都陷入了贫困化陷阱。相反，德国的经验表明，凡是能够保持汇率基本稳定和逐步升值的地区，在汇率平稳升值的同时可以保持国内物价和产出的稳定，并逐步提高国家竞争力。

从各国汇率制度转型的过程来看，主动平稳转型的国家，其转型过程都是有序、渐进的；危机推动的转型则往往是在投机冲击的压力下骤然转向浮动汇率制度。对于主动平稳转型与危机推动转型两种方式，无论是转型初期的宏观经济基本面，还是汇率制度转型对经济的影响都有很大的差别。Eiehengreen（1998）认为，一国在经济基本面良好，货币面临升值压力条件下进行汇率制度转型，往往可以实现平稳转型；而在经济情况恶化，甚至面临严重的投机冲击时，进行汇率转型往往会发生危机。由于相对劳动生产率等经济基本面因素的变化趋势内生于经济增长过程当中，外部的干预无法改变其中长期的趋势，因此，与相对劳动生产率变化趋势相对应的汇率调整也在所难免。只要汇率调整向均衡汇率逼近，而没有形成超调，那么人民币有效升值并不可怕。从战略上考虑，等到问题严重到不能维持的时候再调整是不可取的，应该适应经济基本面要求主动升值，以防止矛盾的累积和恶化。

（二）保持汇率的小幅渐进升值趋势

"渐进式"是中国改革的重要特征。渐进式改革是一个大国在"稳定优先"的前提下，规避改革风险的有效办法，它实际上是对改革的代价采取了分期付款的方式来分散风险。这一原则同样适用于人民币汇率升值路径的选择。

由于经济基本面的调整往往是缓慢渐进的过程，与此相对应，汇率的调整最好也是缓慢渐进的。中国有大规模的存量人口和失业人口，同时产业结构又处在转型过程中，这些因素构成了人民币汇率升值路径安排的约束条件。结合中国的具体国情，保持人民币汇率的小幅渐进升值趋势是由中国经济增长与转型的双重任务所决定的。

首先，中国经济结构转型的渐进性决定了汇率升值的速度。中国经济结构转型包括增长方式、产业结构转型等内容。

从产业结构转型的角度看，中国目前的产业基础与20世纪80年代的日本比较仍然薄弱（见表1）。日本"广场协议"前的出口产品中，汽车等技术密集型产品占据主导地位。而我国当前的主要出口产品依然是以纺织品等初级产品为主。同时，出口的机电产品中多数是由外资企业出口的，中国只是一个加工中心。国内低附加值的产业结构在消化汇率升值影响方面的能力极为有限，人民币汇率如果出现大幅升值，对中国经济将产生较大的负面影响。汇率的小幅渐进升值则有利于维持贸易的比较优势，并为现有劳动密集型产业向资本技术密集型产业的动态调整创造条件。

表1　　　　　　　　　中日出口结构比较　　　　　　　单位：%

产品	中国（2004年）	日本（1975年）	日本（1985年）
劳动密集型			
食品	3.5	1.4	0.8
纺织服装	16.0	6.7	3.6
资本密集型			
化工	4.4	7.0	4.4
机械	2.3	7.8	18.2
技术密集型			
机械机器	45.2	53.8	71.8

资料来源：华林证券研究所专题研究报告。

从增长方式转型的角度看，不能过高估计消费在拉动经济增长方面的作用；在相当长的一段时期内，中国经济的可持续增长和农村劳动力转移需要维持劳动密集型产业出口的适度增长。消费率由许多因素共同作用形成。一般来说，政策很难对社会历史、文化传统及人口结构等因素产生影响，而社会保障、收入分配等制度的完善也是渐进的，短期政策调整很难有效提高全社会的消费率。综合考虑各种社会经济因素对居民消费和储蓄行为的影响，考虑到政府政策的不同作用方向和作用强度，政策调整对消费率长期趋势的影响是十分微弱的。在增长方式转型的过程中，不能主观地将提高消费率、缩小贸易顺差作为宏观调控的目标，以免对经济运行产生不必要的干扰。

在经济全球化的历史条件下，一国经济能否持续增长，根本上取决于能否利用自身的禀赋优势参与国际分工。中国目前的禀赋状况是：大量农村剩余劳动力使劳动要素供给严重过剩，储蓄投资转化的机制欠缺使资本要素供给严重不足，产权改革的国内政治压力使企业家资源高度稀缺，产权保护的缺失使研究和开发方面的投入也非常不足。所有这些情况表明，中国目前在资本要素密集和知识要素密集的产业领域是缺乏竞争力的。根据中国的劳动力充裕而资本不足的要素禀赋状况，按照国际贸易理论中的贸易类型选择理论，中国应该选择劳动密集型产业作为重点发展的产业和贸易部门，以劳动密集型产品出口换取资本密集型产品进口。

按照克鲁格的理论，贸易战略影响就业主要通过三种机制：当一国的贸易战略会带动该国经济较快增长时，会更大幅度地提高该国的就业水平；如果一种贸易战略能够促进劳动密集型的产业较快地增长，那么它会有助于整个社会的就业机会；当一种贸易战略能够促使所有产业和企业选择那些劳动密集型的技术，则提高了整个社会的就业水平。从这个角度看，中国在走向开放经济中采用劳动密集型技术，并通过出口导向促进经济增长的战略，是一种促进就业增长的贸易战略。此外，优先发展劳动密集型产业的贸易战略引进了符合中国禀赋条件的生产技术，这种生产技术使得劳动力得以通过"干中学"逐渐积累人力资本存量，从而为产业结构升级提供了前提。

鉴于劳动密集型产业出口贸易对中国经济增长突出的战略地位，汇率调整必须根据我国贸易顺差程度和结构调整的需要来确定，同时也考虑国内企业进行结构调整的适应能力，应避免由于汇率大幅升值破坏出口竞争力，或者引起进口成本的急剧变动。因此，汇率调整的最佳方式是小幅渐进升值，这样可以为企业调整投资和生产计划提供时间，有利于企业根据汇率升值的进程逐步提高产品附加值，有利于国内经济资源在贸易品和非贸易品部门之间的重新配置，从而避免汇率调整对经济产生较大冲击。

其次，汇率的小幅渐进升值有利于确保金融市场与宏观经济稳定。这里需要特别强调的是，汇率在较长的时期内保持升值趋势极为关键。部分学者认为人民币汇率调整的最佳方式是双向自由浮动，但在实践中这可能诱发严重的风险。一方面，由于中国金融市场体系的缺失，金融市场吸收汇率冲击的能力较差，如果人民币在短期内引入双向自由浮动，国内金融市场难以提供低成本的汇率风险规避工具；另一方面，人民币汇率自1994年并轨以来对美元基本保持了固定的汇率水平，国内私人部门持有的外汇资产基本不存在汇率风险，私人部门也不具备规避汇率风险的管理能力与经验。因此，如果允许人民币双向自由浮动，企业部门（包括国内居民）无法规避由于汇率浮动给他们带来的汇率风险。同时，如果汇率双向自由浮动，汇率的波动往往偏离经济基本面，短期内外汇市场上形成的汇率价格很可能出现超调，给宏观经济以及金融市场稳定带来严重的冲击，进一步加大宏观经济管理当局的政策调控难度。

进一步看，汇率的小幅渐进升值有助于国内外投资者形成稳定的人民币升值预期，为资本项目自由可兑换创造条件。资本项目可兑换顺利实现的关键是防止资本的过度流入及其逆转。汇率水平的调整对于资本流动有重要影响。汇率调整的失当，可能会发生两种情况：或者国际游资认为汇率调整尚未到位，热钱进一步加速流入；或者国际游资认为汇率调整已经到位，热钱套现流出，从而导致资本流动发生逆转。大量资本流出可能引发国际收支危机。汇率的小幅渐进升值则使得投机资本处于进退两难的境地，如果退出的话，小幅升值很难有明显的盈利，考虑到财务成本可能还会有损失。在汇率小幅渐进升值的预期下，时间偏好（消费主观贴现率）较高的投资者会选择主动撤出，从而有助于提高中国国际收支的稳定性；时间偏好（消费主观贴现率）较低的投资者可能选择长期滞留，以获得汇率逐步升值的长期收益，从而有助于增加中国产业结构升级所需的资本供给和结构调整过程中的现金流量。总之，在一个大致合理的区间内，适度升值足以引起国际资本的分化。因此，适当保持人民币汇率稳中趋升的发展态势和升值空间有助于中国经济的发展，对人民币资本项目可兑换目标的实现也至关重要。如果人民币币值的预期是上升的，那么，不管是国内的投资者还是国外的投资者，投资人民币的意愿就会增强，人民币国际化进程也将顺利推进。

鉴于人民币实际均衡汇率的长期升值趋势，不排除短期内继续引发投机资本套利行为的可能，因此，在人民币升值预期弱化之前，中国仍有必要维持强有力的资本管制措施，提高国际投机资本进入外汇市场的成本。

（三）汇率升值过程中的货币政策取向

根据丁伯根的政策搭配原理，若干个独立的政策目标至少需要若干个相互独立的有效的政策工具。中央银行的货币政策不可能同时完成稳定汇率和稳定物价两种目标，否则会导致内外均衡的冲突。汇率的小幅渐进升值在一定程度上缓解了货币政策维持汇率稳定的压力，有助于增强货币政策的独立性。

首先，在政策目标方面，汇率升值过程中要坚持国内货币政策的独立性，并把物价与产出稳定放在政策目标的首位。德国货币当局坚持奉行独立的货币政策，国内产出和物价都比较稳定。日本试图利用货币政策延缓汇率升值步伐，反而触发了严重的通货膨胀和泡沫经济。德国的经验表明，只要货币当局致力于维护国内物价和产出稳定，汇率升值和资本流动并不足以影响国内经济的稳定。

其次，货币政策操作应关注汇率升值过程中的资产价格波动。20 世纪 90 年代以来，世界经济呈现出一个新的特征，即高通胀率得到控制，物价趋于稳定，但在价格稳定时期，金融资产价格的波动却明显加剧。2002 年以来，我国宏观经济运行在价格领域也表现为两大特征，一是消费物价上涨并不明显，二是房地产价格在一段时间内上涨过快。虽然低通胀有助于促进经济增长和金融稳定，但是，日本泡沫经济的案例表明，在低通胀条件下，极有可能发生资产价格膨胀。当物价稳定、名义利率下降时，"货币幻觉"会使人们误认为实际利率也在下降。利率下降，导致抵押贷款需求上升，住房价格上涨，房地产投资收益增加，投资者归还借款能力增强；正反馈效应导致其预期和信心增强，进一步增加借款，对住房的需求进一步扩大，住房价格进一步上涨。

特别需要注意的是，在低通胀条件下，资产泡沫破灭可能会对国民经济产生更大的危害。美联储主席伯南克曾经主张，在短期货币政策管理的视野里，金融稳定应当成为央行货币政策的目标之一，"央行应当视价格稳定和金融稳定为高度互补和相互协调的目标"。之所以应当这样，是因为资产价格的暴涨和随之而来的崩溃会持续地破坏经济，名义价格的急剧下降会对家庭、企业和金融部门的资产负债状况产生严重冲击，进而危及金融体系和国民经济安全。为了避免资产价格泡沫所带来的危害，应当把资产价格纳入货币政策的监测目标，如果资产价格的变动预示着给宏观经济带来通货膨胀或通货紧缩压力，则货币政策应当作出反应。

参考文献

［1］保罗·沃尔克，行天丰雄. 时运变迁：世界货币、美国地位与人民币［M］. 北京：中国金融出版社，1996.

［2］干杏娣. 经济增长与汇率变动：百年美元汇率史［M］. 上海：上海社会科学院出版社，1991.

［3］胡祖六. 人民币：重归有管理的浮动［J］. 国际经济评论，2000：3－4.

［4］黑田东彦. 日本货币政策和汇率政策的失致及教训［Z］. 2003－11.

［5］金中夏. 中国汇率、利率和国际收支的互动关系：1981—1999［J］.

世界经济，2000（8）．

［6］杰弗里·萨克斯，费利普·拉雷恩．全球视角的宏观经济学［M］．上海：上海三联书店，1997．

［7］钱荣堃．论实行浮动汇率制 20 年来美元汇率的变动趋势［J］．国际金融研究，1995（3）．

［8］盛松成，刘斌．中国开放条件下的货币政策目标［J］．银行家，2004（1）．

"人民币升值中国损失论"是一种似是而非的理论

——兼论我国外汇储备币种结构调整的问题①

摘要："人民币升值中国损失论"是一种似是而非的理论，在实际经济运行中并不存在造成这种损失的条件。美国不可能通过人民币升值来逃债。不应该让错误的"人民币升值中国损失论"来影响甚至左右我国的外汇政策。我国当前没有必要大幅度降低外汇储备中美元资产的比重。

一、引言

2008年4月10日，银行间外汇市场人民币对美元汇率中间价报收为1美元兑换6.9920元人民币。以此计算，人民币对美元汇率中间价自人民币汇改以来累计升值18.4%，2008年累计升值4.7%。

随着人民币对美元汇率中间价"破7"，学术界有种观点即"人民币升值中国损失论"（简称"损失论"）开始流行。一是认为人民币升值导致我国美元外汇储备巨额蒸发（即"蒸发论"）。有人测算，以2007年末我国1.528万亿外汇储备计算，假定其中90%为美元，过去一个月由于美元相对国际主要货币跌去2.6%，导致我国蒸发了357亿美元。《货币战争》编著者宋鸿兵称，"这相当于中国每月被击沉4艘航空母舰"。目前全世界航空母舰总共不过25艘左右，而按上述观点，人民币升值导致我国在半年时间内就损失了相当于24艘航空母舰的外汇储备，简直耸人听闻。二是认为美国通过美元贬值逃废了对我国的债务（即"逃债论"）。有人认为，"美国想解决债务问题，又不想经济下滑，就通过让美元贬值，造成通胀上升，这样债务就消失了"，等于是

---

① 本文作者盛松成，发表于《金融研究》，2008年第7期。

赖账。三是认为我国应该尽快调整外汇储备的币种结构，将美元外汇储备转换成欧元或其他币种资产。

笔者使用"人民币升值，4 艘航空母舰""人民币升值，美国逃债"等关键词在百度、谷歌等搜索网站搜索发现，相关报道近两万条，可见上述观点影响之广。

人民币升值，我国究竟有没有损失？美国到底能不能逃债？我国应不应该尽快调整外汇储备的币种结构，大幅度降低美元外汇储备的比重？弄清楚这些问题至关重要，它涉及能否正确认识和制定我国的外汇政策这一重大问题，因此，既有重要的理论价值，又有现实的政策意义。

本文研究发现，"人民币升值中国损失论"是一种似是而非的理论，在实际经济运行中并不存在造成这种损失的条件，至少在目前和未来相当长的一段时期内，损失的条件都不具备。美国不可能通过人民币升值来逃债，我国也没有必要大幅度降低外汇储备中美元资产的比重。

二、人民币升值是否造成我国美元外汇储备的实际损失

根据"损失论"的观点，人民币升值导致我国美元外汇储备巨额蒸发。然而，仔细分析后不难发现，这里的所谓"蒸发"只是美元外汇储备账面上的名义汇兑损失，而不是实际损失。[①]"损失论"的错误在于既混淆了外汇储备名义损失与实际损失的区别，又混淆了国际金融的一对基本概念——货币的对内贬值与对外贬值。所谓货币的对内贬值是指货币的实际购买力下降，也就是国内物价上涨；所谓货币的对外贬值则是指一国货币与他国货币之间的兑换比率的下降。货币的对内贬值与对外贬值是两个完全不同的概念，二者之间虽有联系但并不相同，对外贬值不等于对内贬值，人民币对美元升值也不等于我国美元外汇储备的损失。

在实际经济运行中，不管我国的美元外汇储备如何使用，无论是用于购买商品，还是以美元货币资产形式存在，抑或是投资，人民币升值都不会造成我国外汇储备的实际损失，"损失论"都不成立。

---

① "损失论"其实并不新鲜。20 世纪 80 年代后期，我国台湾"中央银行"外汇储备的巨额汇兑损失也曾引起各界的关注和讨论。为此台湾"中央银行"还特别编印了一本名为《中央银行兑换差价的账务处理》的小册子。引自李荣谦. 国际货币与金融 [M]. 北京：中国人民大学出版社，2006：117.

（一）情况一：我国的美元外汇储备用于购买商品或以美元货币资产形式存在

在这种情况下，"损失论"并不成立。人民币升值，我国的美元外汇储备在美国的实际购买力未必下降。只要美国没有发生通货膨胀，我国美元外汇储备的实际购买力就不变，中国就没有损失。如果 1.5 万亿美元外汇储备在美国购买商品，其购买力仍是 1.5 万亿美元，1.5 万亿美元外汇储备所代表的实际价值和原来一样。因此，我国美元外汇储备是否损失，根本上取决于美元的实际购买力是否下降，取决于美国物价是否上涨，而与人民币升值无关。

有人会争辩说，如果美国发生通胀，我国的美元外汇储备不就损失了吗？问题在于，美国发生通胀与人民币升值是两回事，二者之间并无直接的联系。人民币升值美国未必通胀，人民币不升值美国也未必不通胀。因此，由美国通胀引起的美元外汇储备损失与人民币升值无关。退一步说，即使美国发生通胀，我国的美元外汇储备也不一定损失，因为是否损失还取决于诸多其他因素，如美元外汇储备的投资收益率，等等。此外，美国发生通胀不等于其他国家和地区不发生通胀。假如全球都在通胀，我国持有任何一种外汇储备都有可能损失，而与人民币升不升值没有关系，也不能单单认为美元外汇储备有损失。

即使我国美元外汇储备在美国以外地区，例如欧洲购买商品，中国也未必损失，因为是否损失取决于美元与欧元之间的汇率以及美国与欧元区国家的通胀情况，而不取决于人民币与美元之间的汇率。

以上分析了我国的美元外汇储备用于购买商品的情况。如果我国的美元外汇储备以美元货币资产形式存在，分析过程也一样，本文不再赘述。总之，只要我国美元外汇储备的实际购买力不变，"人民币升值中国损失论"就不成立。

（二）情况二：我国的美元外汇储备用于投资

在这种情况下，"损失论"还是不成立。即使有损失，也是投资损失，而与人民币升值没有直接联系。目前，我国美元外汇储备主要投资于美国国债。国债属于低风险投资品种，价格波动较小，价值一般不会大幅缩水，尤其是在当前美国降息、物价较低的情况下更是如此。有关计算表明[①]，我国外汇储备

---

① 参见李众敏. 我国外汇储备的成本、收益及其分布状况研究［Z］. 中国社会科学院世界经济与政治研究所国际金融研究中心工作人员论文（序号：0806），2008 - 04 - 03.

投资每年实现正收益 102.3 亿美元。借用"损失论"的类比，我国外汇储备不仅没有"蒸发"，而且每年还赚了一艘航空母舰。

（三）情况三：美元贬值导致多国大规模抛售美元资产

从理论上讲，抛售可能导致美元资产价格下跌，从而给我国的美元外汇储备造成实际损失。由于抛售可能是美元贬值造成的，所以这种情况似乎可以在某种程度上支持"损失论"，但实际上，个别国家的偶发性抛售不足为虑，而多国同时进行大规模抛售美元资产在历史上非常罕见。目前美国金融市场的规模极其庞大，一国或几国的抛售难以形成合力，如 1997 年亚洲金融危机时的抛售就是如此。大规模抛售还可能出现一种极端情况，即假如抛售的结果是美元无法充当国际结算货币，那么我国的美元外汇储备确实会损失。但很少有人否认，至少在相当长一段时间内，美国的超级大国地位以及美元作为国际主要结算货币的地位是难以动摇的。只要美元继续充当国际结算货币，"人民币升值中国损失论"就不成立。

三、人民币升值是否导致美国对我国逃债

我国持有的美元外汇储备是美国对我国的负债，美国是否逃债取决于美国如何还债。以下分析表明，人民币升值导致美国逃债论并不成立。

（一）假设一：美国以黄金偿还债务

从理论上讲，美元贬值，美国以黄金置换我国的美元外汇储备，可以实现逃债。但实际上，这种假设基本不成立。首先，只有被货币当局持有的黄金才是国际储备。与我国美元外汇储备数量相比，美国能用来偿债的黄金规模太小，难以大规模用来逃债。其次，美国能否用黄金来偿债还取决于我国是否接受这种偿债方式，即我国是否用美元外汇储备购买黄金，因此主动权在我国。

（二）假设二：美国以人民币偿还债务

人民币升值后，如果美国以人民币兑换我国的美元外汇储备，就能够逃债。然而这种假设并不成立，因为人民币还不是国际结算货币，美国向我国出口并非以人民币结算，美国缺乏人民币来源。从长期看，即使人民币成为国际结算货币，也不等于我国被逃债。如果人民币有足够的国际购买力，我国即使接受人民币也不能被视为逃债。

（三）假设三：美国以通货膨胀逃债

即使美国发生通胀，也不能认为人民币升值导致我国被逃债。如前所述，

美国发不发生通胀与人民币升不升值没有直接的联系。人民币不升值美国也可能发生通胀，人民币升值（美元对外贬值）不等于美国就发生通胀。逃债论者基于汇率决定的购买力平价理论，认为美元对外贬值与对内贬值是一致的。但实际上，购买力平价只是一种理论上的假设，在实际生活中几乎不存在。如2008年第一季度人民币对美元快速升值，而同期也是我国近年来物价涨幅最大、人民币对内贬值最快的三个月。

美国会不会发生通胀取决于美国国内的诸多经济条件。美国不可能仅仅为了逃避对中国的债务而故意搞通货膨胀，那样既得不偿失也不会成功。因此，无论是说美国想通过通货膨胀逃债，还是说美国想通过美元对外贬值逃债，都是不符合实际的。

四、我国当前应不应该大幅度降低美元外汇储备的比重

有人基于"人民币升值中国损失论"，认为我国应该尽快调整外汇储备的币种结构，大幅度降低美元外汇储备的比重。这种观点值得商榷。

首先，我国是否有必要大幅度降低美元外汇储备的比重，取决于美元外汇储备能否继续发挥其主要功能，而与人民币是否升值没有直接联系。我们知道，一国持有外汇储备的功能或目的有：维持国际支付能力，调节国际收支逆差；干预外汇市场，维护本币稳定；应对突发事件，维护国家安全；防范金融风险，维护金融体系的稳定；增强国际上对本币的信心，提高本币在国际货币体系中的地位；积累国家财富；等等。上述功能或目的可以归结为三类，即交易结算功能、预防功能和保值增值目的。其中，以交易结算功能和预防功能为主，以保值增值目的为辅。一国若要大规模调整外汇储备的币种结构，主要是出于交易结算功能和预防功能的考虑，而较少为了保值增值的目的。

无论是从美元外汇储备的交易结算功能来看，还是从它的预防功能来看，我国当前都不宜大幅度降低美元外汇储备的比重。从长远看，美元无疑具备长期稳定的国际支付与结算能力，美元仍将是世界的硬通货，仍将是主要的国际结算与储备货币。只要美国的霸权地位不变，美元的国际地位就不会改变，我国美元外汇储备就可以继续持有。

其次，即使是出于保值增值考虑，我国当前也不宜轻易将美元外汇储备转换成欧元或其他货币资产。考虑到舆论关注的焦点，我们简单分析欧元对美元升值情况下，我国是否有必要将美元外汇储备转换成欧元。从理论上讲，如果

欧元相对于美元继续升值，目前将美元外汇储备转换成欧元，然后在欧元高点抛出欧元兑换成美元，我国的外汇储备将会增值。但实际情况并非这么简单，除了需要准确预测美元与欧元的汇率变动外，还需要考虑其他一系列因素，如美元的投资收益率、欧元的投资收益率、美元资产与欧元资产之间的转换成本、人民币对美元的汇率变动，等等。而在美元对外贬值幅度已经较大时，轻易抛售美元外汇储备资产很可能犯下错误。事实上，由于次贷危机导致美国资产价格下跌、美国降息的刺激、债券市场相对于股票市场的"避风港"作用等原因，美元资产，特别是美国国债资产最近有被海外增持迹象。此时，我国不应该轻易抛售美元外汇储备。

还需要指出的是，以上所述主要针对外汇储备的经济功能。而实际上，一国在确定外汇储备的币种结构时，往往还有政治与外交战略的考虑，我国持有较高比例的美元外汇储备也是如此。由此可见，在没有出现特殊情况时，我国并不需要大幅度降低外汇储备中美元资产的比重。

五、结论

本文分析表明，"人民币升值中国损失论"是一种似是而非的理论，因而是一种错误的理论。当然，这里除了宏观层面的国家是否损失外，还涉及企业层面的微观主体。本文主要讨论国家是否损失，而企业是否损失是另外一回事，可以另文讨论。

本文得出如下结论：

1. 不应该让错误的"人民币升值中国损失论"来影响甚至左右我国的外汇政策。人民币是否升值以及如何升值，应该取决于其他一系列经济和政治因素。

2. 人民币升值，我国没有损失，美国也没法逃债。我国的美元外汇储备既不会像水蒸气一样"蒸发"，也不会像夏天的冰棍儿一样"化掉"。我国当前不宜大幅度降低美元外汇储备的比重。

参考文献

［1］李众敏. 我国外汇储备的成本、收益及其分布状况研究［Z］. 中国社会科学院世界经济与政治研究所国际金融研究中心工作人员论文（序号：0806），2008－04－03.

［2］［台］李荣谦．国际货币与金融［M］．北京：中国人民大学出版社，2006.

［3］易纲，张磊．国际金融［M］．上海：世纪出版集团，上海人民出版社，2006.

人民币"外升内贬"是我国经济发展的阶段性现象[①]

2005 年 7 月 21 日汇率形成机制改革前,人民币对美元中间价为 8.2765,到 2013 年 11 月末人民币对美元中间价为 6.1325,人民币对美元累计升值 35%。同期,国际清算银行计算的人民币名义有效汇率指数由 88.1 上升至 113.4,升值 28.7%。在人民币升值的这段时间里,国内 CPI 年均上涨 3.1%,人民币呈现对外升值、对内贬值的现象。理性全面看待这一现象有利于正确认识我国经济发展所处阶段和经济发展要求。

一、如何正确看待人民币对外升值

(一) 人民币对外升值是对以往人民币对外价值长期低估的市场校正

1978 年以来人民币对美元名义汇率走势大致可分为三个阶段。第一个阶段是 20 世纪 70 年代末到 1994 年,人民币对美元汇率长期贬值,贬值达 80% 左右,年均贬值 11.7%;第二个阶段是 1994 年至 2005 年,人民币对美元汇率相对稳定;第三个阶段是 2005 年 7 月汇改以来,人民币对美元汇率持续小幅升值,累计升值 35%,年均升值 3.7%。

巴拉萨—萨缪尔森效应、购买力平价等经济理论表明,在一国经济高速增长期,由于制造业劳动生产率增速和投资回报率都较高以及经济实力增强等因素,货币对外购买力应该提高,即汇率应该对外升值。德国、日本、俄罗斯等国家的经济发展实践也证明,多数国家经济高速增长会伴随汇率升值趋势。如德国 20 世纪 50—70 年代经济高速增长,60—70 年代德国马克持续升值,累计升值约 142%。日本 20 世纪 50—80 年代经济腾飞,70 年代日元缓慢升值,80年代快速升值,到 90 年代初累计升值约 260%。伴随着俄罗斯经济复苏,2003

---

① 本文作者盛松成,发表于《金融时报》,2014 - 01 - 03。

年以来卢布持续升值，到 2007 年 11 月升值约 30%。这些国家的货币升值速度都高于我国。

在 2005 年人民币汇率形成机制改革之前的长达 20 多年，我国经济高速增长，但同期人民币汇率却持续贬值，致使人民币对外价值低估。人民币汇率过去长期贬值，是通过外汇管制实现的，这与改革开放以来我国实施的出口导向型发展战略有关，即通过人民币汇率低估，推动出口并吸引外资，促进经济增长。

2005 年 7 月人民银行进行了汇率形成机制改革，人民币汇率持续小幅升值，逐步向均衡回归，这是对以往人民币对外价值长期低估的市场校正。

（二）国际收支顺差等因素导致人民币持续升值

首先，结构性贸易顺差短期内难以消除。近年来，我国经济结构调整初见成效，外部失衡有所缓解，经常项目顺差规模呈下降态势。尽管如此，我国贸易顺差规模仍然较大，使我国外汇储备继续较快增长、人民币供不应求，这是目前人民币持续升值的主要原因。

其次，近年来我国经济一枝独秀，不仅好于发达国家，也好于其他新兴市场国家。我国经济发展潜力大，投资环境稳定，投资回报率较高，劳动力和土地等生产要素价格相对发达国家仍有一定优势，这些因素使我国稳居第二大外资流入国。资本的持续流入也是人民币升值的重要原因之一。

最后，过去较长时间里我国外汇管理"重流入轻流出"，企业对外投资能力较弱，个人对外投资更少，与大规模的外资流入相比，资本流出规模很小，外汇供给大于外汇需求，也促使人民币升值。

此外，近年来美国等国家出现金融危机，美联储通过量化宽松政策大量增发货币，美元疲软也加大了人民币升值压力。

世界银行每年会使用购买力平价（PPP）换算各国 GDP 水平。2012 年该行计算的我国购买力平价约为 1 美元兑 4.23 元人民币。2012 年国际劳工组织采用 2009 年数据、用购买力平价法计算我国薪资购买力时，所用的购买力平价为 1 美元兑 4.16 元人民币。2013 年 7 月 IMF 发布的《2013 年第四条磋商工作人员报告》认为，人民币仍然中度低估，幅度为 5%～10%。

购买力平价理论本身存在缺陷，而各种均衡汇率分析方法的理论基础和假设条件往往不同、测算结果差异较大，因而上述国际机构的评估结果并不完全可信。但从这些评估结果的变化趋势可以看出，人民币名义汇率与均衡汇率的差距在明显缩小。2005 年至 2012 年世界银行计算的我国 PPP 与同期名义汇率的比率从 0.42 上升到 0.67，IMF 对人民币汇率低估程度的评估从之前的"严重低估"到目前的"中度低估"。此外，我国大中城市的土地、房地产、一些日常用品的价格都逐步接近国际价格水平，一些奢侈品的价格甚至超过国际价格水平，这也从一个侧面说明人民币汇率已逐渐接近均衡水平，人民币大幅升值的时期可能已经过去。

（三）人民币适度升值有利于经济结构调整和发展方式转变

人民币汇率长期低估是我国经济外部失衡的重要原因之一。外部失衡导致经济扭曲和效率损失。随着资源环境形势的日益严峻、劳动力成本优势的逐步减弱，出口导向型发展战略不可持续。人民币适度升值有助于改变过度依赖出口的发展方式，经济增长将主要依靠内需拉动。人民币汇率向均衡水平回归有利于提高经济发展的质量和效益。

由于人民币升值，企业仅仅依靠廉价劳动力将难以维持竞争优势，这将促使企业提高生产效率、加快技术进步、提高产品附加值、提升国际竞争力。

二、如何正确看待人民币对内贬值

（一）从历史数据和国际比较看，最近十多年来我国通胀都处于较低水平

20 世纪八九十年代我国曾出现较为严重的通货膨胀，但从 90 年代末以来，我国并未爆发严重的通货膨胀，通胀处于较低水平。1997 年至 2012 年，我国居民消费价格指数（CPI）年均涨幅仅 1.9%，同期工业生产者出厂价格指数、工业生产者购进价格指数、固定资产投资价格指数和 GDP 平减指数年均涨幅分别为 1.5%、3.4%、2.2% 和 3.3%。我国最近十多年来的通胀水平不仅明显低于之前历史时期，也低于同期美国、英国、韩国等国家的通胀水平，更低于这些国家经济高速增长阶段的通胀水平。1997 年至 2012 年，美国、英国和韩国 CPI 年均涨幅分别为 2.4%、2.1% 和 3.3%。

近年来，我国资产价格尤其是房价上涨较快，成为社会关注热点。但即使考虑资产价格，我国的总体物价水平也并不很高。用 CPI、企业商品价格指数（CGPI）中的投资品价格指数、商品房销售均价指数和上证综合指数分别代表消费领域、投资领域、房地产市场和金融市场的价格指数，用动态因子法确定各指数权重，加权得到综合物价指数。计算结果显示，1997 年至 2012 年我国

综合物价指数年均上涨 2.2%，16 年里仅有 5 年时间综合物价指数涨幅超过 3%。

（二）一般情况下，经济增长与通胀正相关，适度通胀是经济增长的代价

1958 年，英国伦敦经济学院教授菲利普斯发现英国货币工资变动率和失业率之间存在反向变动关系，即著名的菲利普斯曲线。1960 年美国经济学家萨缪尔森和索洛以物价上涨率代替了原菲利普斯曲线中的货币工资变动率。1962 年，美国经济学家奥肯提出，失业率与经济增长率具有反向变动关系。这样，经济增长率与物价上涨率之间便呈现同向变动关系。

菲利普斯曲线表明，失业和通货膨胀不可能同时避免，物价上升是维持较高就业和产出所必须付出的代价；在价格上升和生产提高的不同组合中，货币当局可以权衡并选择其中比较适当的组合。菲利普斯曲线不仅被经济学家普遍接受，而且也成为货币政策操作的理论依据。

从各国实践看，适度通胀有利于经济增长。因为适度通胀会刺激人们的投资和消费，而通缩则可能使社会资本更倾向于储蓄而非投资，从而不利于经济增长。英国、美国、德国、日本等国在经济稳定增长期和扩张期都伴随温和通胀。美国在 20 世纪 30 年代中期以来的经济复苏期以及二战后的迅速发展期，经济增长较快，物价也温和上涨。1934 年至 1969 年美国 GDP 年均增长 5.3%，CPI 年均上涨 3%；1992 年至 2007 年，美国经济增长相对稳定，GDP 年均增长 3.2%，CPI 年均上涨 2.7%。英国 80 年代经济复苏，物价涨幅也较高，商品零售价格指数年均上涨 5.6% 左右。日本 1953 年至 1978 年 GDP 年均增速高达 14.5%，CPI 年均上涨 6%。德国 50 年代至 80 年代 GDP 年均增长 4.5%，CPI 年均上涨 3.1%。而通货紧缩一般都发生在经济衰退或萧条期。通货紧缩的历史教训告诉我们，通货紧缩会严重危害经济发展。如不少经济学家认为，美国 20 世纪 30 年代经济大萧条的原因之一，就是美联储实行了过于严厉的货币政策，造成通货紧缩。在最近一次国际金融危机中，西班牙、希腊等欧元区国家物价持续走低、处于通缩边缘，严重影响就业和经济增长。为结束长达 20 年的经济停滞，日本长期维持低利率、实行量化宽松政策，目的就是期望通过拉升通胀水平来刺激经济增长。

20 世纪 90 年代末以来，我国总体上保持了"高增长、低通胀"的良好发展态势。1997 年至 2012 年，我国 GDP 年均增速高达 9.7%，CPI 年均涨幅仅

1.9%。我国 GDP 增速与滞后 1 年 CPI 之间的相关系数为 0.6，同向变动关系显著。因此，要辩证地看待通胀。在消除恶性通胀的前提下，为实现较高经济增长和就业水平，应维持适度的通胀预期。

此外，我国 CPI 中食品权重较高（大约占 1/3），近年来 CPI 涨幅相对较高主要是由食品价格上涨引起的。如 2004 年、2007 年至 2008 年、2010 年至 2011 年，CPI 涨幅均超过 3%，其中食品价格涨幅都在 10% 左右，食品价格上涨对 CPI 上涨的贡献率超过 70%。食品价格上涨的背后是粮食价格上涨。粮价主要由粮食供求关系决定，货币政策对粮食供给和粮食需求的调节作用都非常有限，因而不能通过货币政策来控制食品价格涨幅。如果为了压低食品价格而严控货币供给，则可能导致过于严厉的紧缩政策。但食品价格过快上涨确实严重影响中、低收入人群的生活质量。对此，应采取收入调节和价格补贴的政策。如美国向低收入者发放食品券的做法已有 40 年历史。这种财政补贴措施既不损害生产者利益和粮食供给，又保障了低收入者的生活水平。所谓货币政策，就是在物价与经济增长、就业之间寻找一个平衡点。解决贫富差距、收入分配等结构性问题，主要有赖于收入分配政策，而不是货币政策所能完成的任务。

三、加快转变发展方式，合理控制货币供应，促进经济适度增长，保持物价基本稳定

现在有人提出"人民币对不起人民"的口号，这是一种片面的、违反经济规律和经济学常识的误导。难道通货紧缩、物价下降、失业增长、经济下滑，人民币就对得起人民了吗？难道人民币不升值、继续保持粗放式外向型经济发展模式、大量外汇流入、国内流动性泛滥、通胀高企，人民币就对得起人民了吗？看待任何经济现象，都要理性、客观、全面，不能意气用事，更不能用口号般的语言夺人眼球，因为那样只能搅乱人心，于事无补。

应该正确认识和对待人民币"外升内贬"现象。一是要积极扩大内需，促进经济外部均衡，从根本上缓解人民币升值压力。二是加快推进人民币资本项目可兑换，加快企业"走出去"步伐，形成资本双向对称流动渠道。三是深化经济体制改革，加快转变经济增长方式，优化产业结构，逐步形成以科技进步和创新为核心的新的增长动力。四是合理控制货币供应量增长，保持物价基本稳定。摒弃靠货币信贷扩张和大规模资金投入的发展方式，保持合理的社会融资规模。

当务之急是稳定人民币汇率预期①

2016 年初至今，人民币兑美元累计贬值超过 6%，近期形势似乎更加严峻，汇率单边持续走低。而学界、市场对人民币的走势判断不一，社会舆情复杂，市场恐慌情绪开始扩散蔓延。然而，从经济基本面和货币金融角度来看，人民币都不存在贬值基础。我认为，贬值预期是造成目前人民币汇率走低、出现超调的主要原因。为避免汇率大幅波动对经济造成负面影响，稳定人民币汇率预期已成为当务之急。

首先，我国的经济基本面不支持人民币贬值。2016 年 8 月以来，我国经济就已经出现了好转。从主要经济指标看，上行的指标明显增加。总的来说，内需和生产向好，工业企业效益明显改善。工业品出厂价格指数（PPI）结束了长达 50 余月的同比负增长，于 2016 年 9 月首次由负转正，同比增速达到 0.1%，10 月较 9 月进一步提高了 1.1 个百分点。2017 年 1—10 月，规模以上工业企业利润同比增长 8.6%，增速较 1—9 月提高 0.2 个百分点。10 月当月，规模以上工业企业利润同比增长 9.8%，增速比 9 月提高 2.1 个百分点。11 月，制造业采购经理人指数（PMI）为 51.7%，较上月提高 0.5 个百分点，延续上行走势，升至两年来的高点。非制造业商务活动指数为 54.7%，比上月上升 0.7 个百分点，连续三个月上升，为 2014 年 7 月以来的高点，继续保持平稳较快增长。此外，投资企稳回升，特别是民间投资回暖比较明显。投资的下行一度使市场较为担忧。2016 年 8 月，制造业投资累计同比增速仅 2.8%，创 2004 年以来的历史最低值。民间固定资产投资同比仅增 2.1%，同样处于 2012 年第一季度首次发布以来的历史最低值。但是，2017 年 10 月，民间投资当月同比增速达到了 5.9%。之所以特别强调民间投资，是因为它更能反映市场化的行为。

---

① 本文作者盛松成，发表于《中国改革》，2017 年第 1 期。

其次，从货币金融层面看，我认为，货币超发导致人民币贬值的论断是片面的。市场有声音认为汇率贬值主要是因为人民币超发严重。但是，如果将中美两国进行对比，则可以发现，这种说法是缺乏依据的。从央行资产负债表扩张、广义货币增速和GDP增速等方面看，美国的货币超发不亚于中国，但并未对美元形成贬值压力。

近10年来，我国中央银行资产负债表扩张程度远低于美国。自2007年初至今（2016年10月），我国央行资产负债表扩大了2.7倍，而同期美联储进行了四轮量化宽松，资产负债表已是危机前的5.2倍，其扩张速度是我国央行的近两倍。

从广义货币 M_2 的增速看，在考虑了中美两国经济增速和金融体系的差异后，我国广义货币增速是适宜的。2014年至今，中、美两国广义货币平均增速分别为12.5%和6.2%。尽管前者较后者高6.3个百分点，但同期中国GDP平均增速较美国高5个百分点，中国GDP近三年平均增速是美国的3.6倍。此外，我国的金融体系以间接融资为主，美国金融体系则是以直接融资为主导。间接融资创造货币，而直接融资不影响货币规模，因而两国金融体系的差异本身也会使我国广义货币增速较高，但美国经济实际融资并不少。再者，我国的货币化进程虽然已经接近尾声，但在这一过程中，实体经济对货币的需求是大量增加的，而美国并不存在这一因素。可见，所谓我国货币超发导致人民币贬值的论断是片面的。

为什么说当务之急是稳定人民币汇率预期呢？由于预期有自我实现和自我加强的特点，其一直是影响汇率的一大重要因素。市场预期并不全都是理性的，短期内也并非都向基本面回归，而单边预期往往使市场超调。所谓"一次性贬值到位""一次性释放积累的贬值压力"，从而实现市场出清，达到均衡汇率，只是一种理论上的理想状态。2015年8月11日，人民币兑美元中间价一次性贬值1.86%，当日人民币兑美元离岸即期汇率贬值3.02%。但是，汇率似乎并没有一次性调整到位，市场反而预期人民币会进一步贬值。

汇率超调是一种普遍现象，而在新兴市场国家表现得尤为明显。当前人民币汇率显然已经超调，因为无论从经济基本面还是货币金融角度看，人民币都不存在贬值基础，但贬值预期却在不断强化。

在汇率贬值预期下，大量的资本流出会进一步加剧贬值预期，甚至引发市场的恐慌情绪。一旦市场对币值稳定的信心动摇，后果往往是灾难性的，购买力平价在短期内也难起作用。20 世纪 30 年代的大萧条和 2008 年的国际金融危机已经证实了在市场失灵的情况下实施干预的必要性。

此外，考虑到我国对外资产负债结构的特点，更需要稳定汇率预期。除中央银行外，我国政府、银行业和企业及其他部门均为对外净负债部门。截至 2015 年末，我国整体对外净资产为 15965 亿美元，其中，中央银行对外净资产达到 33631 亿美元，而其他部门均为净负债，广义政府、银行业和其他部门的对外净负债分别为 1114 亿美元、2221 亿美元和 14331 亿美元。人民币单边贬值的状况除了造成中央银行的外汇储备流失外，更让其他部门背负更加沉重的债务。更重要的是，我国对外净负债中，短期外债几乎全部集中于私人部门。2015 年末，我国短期外债为 9206 亿美元。其中，广义政府和中央银行短期外债仅 162 亿美元，银行短期外债 5020 亿美元，企业和住户部门短期外债合计约 3041 亿美元。由于预期会影响企业的财务管理行为，汇率单边贬值的预期可能促使私人部门提前购汇偿还短期外债，汇率贬值的预期也因此被强化了。也就是说，不只是投机因素，还有真实外汇需求的因素，使稳定人民币汇率预期显得尤为重要。

总而言之，在市场难以依靠自身力量回归理性的情况下，应该通过加强舆论引导，通过政策宣传增加与市场的沟通，让市场的短期预期更多地回归基本面。稳定人民币汇率预期已成为当务之急。

目前正是稳定人民币汇率预期的最佳时机。在贬值预期尚可控时，以较低的成本稳定汇率，能够有效减少恐慌情绪，增强公众信心，避免出现外汇储备不保、汇率失守的双输局面。稳定预期是需要一定时间的。2018 年 1 月起，居民将可以动用新一年的购汇额度（人均 5 万美元），应避免公众出于恐慌而在年初集中购汇，使人民币贬值压力进一步加强。俗话说，"该出手时就出手"，在加强与市场沟通的同时，还要以实际行动赢得市场信心，以时间换空间。

我国外汇储备的合理规模与运用[①]

新常态下，我国经济发展呈现出新的特征。从内部看，经济增速换挡、内需逐步释放。中国拥有广阔的国内市场空间、为数众多的人口，地域差异较大，释放内需为未来中国经济增长提供了新的投资机会。从外部看，我国正从贸易大国向对外投资大国转变。中国企业"走出去""一带一路"倡议的实施和对外投资的进程有所加快，国内居民亦有着对国外资产配置的切实需求。随着经济和汇率企稳，我国又将迎来人民币国际化和资本项目开放的新的历史机遇。

当前我国外汇储备充足，为我国对外投资创造了有利条件。对外投资也有利于更高效地配置国民财富。此外，随着人民币国际地位的提高，我国对外汇储备的依赖性和维持较大规模外汇储备的必要性都会下降。我国持有的外汇储备规模也应与经济发展所处的阶段相适应。

一、从贸易大国向对外投资大国的转变

我国曾经是外资净流入的国家，而目前我国对外直接投资已经超过同期吸引外资规模，逐步进入对外输出资本的新阶段，从贸易大国向对外投资大国转变。

第一，作为全球贸易大国，中国已经是货物贸易最大出口国和第二大进口国，占世界贸易的份额很难再提高。2015 年中国货物出口占全球的 13.8%，较 2000 年提高了 10 个百分点左右，比外汇储备排名第二的日本高 10 个百分点。中国经常账户差额与 GDP 之比为 2.1%，较日本高 1.3 个百分点；我国国际贸易与 GDP 之比为 22.3%，比日本高 3.4 个百分点。第二，随着经济增速换挡，投资回报率有所下降，我国对外资的吸引力难以再达到以往的水平。1990—2007 年，我国外商直接投资（FDI）与 GDP 之比从 0.97% 上升到 4.4%；而 2008 年国际金融危机以来，FDI 相对于 GDP 的规模总体趋于下降。

① 本文作者盛松成、龙玉，发表于《中国金融》，2017 年第 10 期。

2015 年，FDI 与 GDP 之比回落至 2.27%。

从对外贸易大国向对外投资大国的逐步转变，是很多发达经济体曾经走过的道路。对外投资也与一个国家所处的经济阶段密切相关。以 2010 年美元不变价计算，1978 年，我国人均 GDP 仅 308 美元，属于最贫穷的国家之一，无从谈及对外投资。中国在改革开放后经历了高速增长，20 多年来的绝大多数年份中，我国国际收支平衡表的贸易项和投资项呈现"双顺差"的局面。在外汇储备不断增加的同时，外汇储备管理的压力也比较大。相关理论研究表明，随着经济持续发展和企业优势积累，人均 GDP 在 4750 美元以上的国家对外净投资一般为正值。2015 年，我国人均 GDP 已超过 6000 美元，对外投资流量达 1456.7 亿美元，超过吸引外资规模。2014 年下半年至 2016 年末，我国对外直接投资流量累计为 4670 亿美元左右，是同期金融账户累计净流量的 3.5 倍。

此外，中国的对外金融资产主要集中在政府部门，以外汇储备为主，而非政府部门的财富主要以国内资产为主，确实有增加海外资产配置的需求。从对外资产的结构来看，截至 2016 年末，外汇储备占我国对外资产的近一半（47.9%）；相比之下，日本居民部门则持有 80% 以上的对外净资产。因而我国居民部门有较大的海外资产配置需求。2016 年，通过合格境内机构投资者（QDII）、人民币合格境内机构投资者（RQDII）和港股通等对外证券投资净增加近 1000 亿美元，比 2015 年多增约 30%；存贷款和贸易信贷等资产净增加 3000 亿美元左右，同比多增约 1.5 倍。G20 国家私人部门持有对外资产与 GDP 之比平均达到 124%，以此为参照，则中国居民逐步增加对外资产仍有较大空间。截至 2015 年末，我国私人部门持有的对外资产与 GDP 之比仅为 25.9%。

二、人民币国际化的基础和前景依然向好

第一，我国经济实力已跻身世界前列，综合国力是国家信用最好的背书。截至 2015 年，中国经济总量占全球的 15%，为世界第二大经济体，对世界经济的贡献率达 33.2%，当前经济增速仍然远高于世界平均水平。并且，我国的经济改革还将释放更多潜力，无论对内还是对外，都具备很有价值的投资机会。从内部看，中国拥有广阔的国内市场、为数众多的人口，地域差异较大，释放内需为未来中国经济提供了新的增长点；从外部看，中国企业"走出去""一带一路"倡议实施和对外投资的进程有所加快。

第二，人民币已成为国际储备货币之一。2017 年第一季度末，国际货币基金组织（IMF）首次披露了人民币外汇储备持有情况。在 IMF 的官方外汇储备货币构成（COFER）季度调查中被单独列出的币种往往被公认为储备货币。截至 2016 年末，各国持有的外汇储备中，人民币储备约合 845.1 亿美元。根据 IMF 于 2014—2015 年度开展的调查，持有人民币资产的国家数量较 2011—2012 年度有所上升，与持有瑞士法郎作为储备资产的国家数量相当。

第三，人民币汇率形成机制正逐步向更加市场化的方向发展。2017 年中央经济工作会议和《政府工作报告》都强调要增强汇率弹性、坚持汇率市场化改革方向。打破人民币单边预期，实现汇率双向波动，在一定程度上增加了我国经济应对外部冲击的弹性，有利于保持人民币在全球货币体系中的稳定地位。根据国际清算银行（BIS）最新公布的三年度调查，人民币在全球外汇市场的交易量有所增加。截至 2016 年 4 月，人民币日均成交量从 2013 年的 1200 亿美元升至 2020 亿美元，在全球外汇交易中的占比提高至 4%，较先前的 2% 提高了 2 个百分点。

第四，随着资本项目开放逐步推进，近年来我国债券市场对外开放度不断提高，人民币跨境使用的主体正在由传统工商企业向境外主权机构、境外个人等各类主体拓展。

三、我国外汇储备充足

我国外汇储备在经历了改革开放之初的艰难积累期后，从 20 世纪 90 年代起开始迅速增长。2001 年，我国加入世贸组织，当年外汇储备超过 2000 亿美元。在我国成为"世界工厂"的过程中，外汇储备大量增加。2006 年，中国超越日本成为外汇储备第一大国，当年货物和服务净出口对 GDP 的贡献率高达 15.1%，外汇储备达到 10663.4 亿美元。国际金融危机爆发后，在外需疲弱的情况下，中国经济依然保持较高速度的增长，2009—2014 年 GDP 增速的均值达 8.8%。2009 年 4 月中国外汇储备首次突破 2 万亿美元，2011 年 3 月超过 3 万亿美元，并于 2014 年 6 月达到 3.99 万亿美元的历史峰值，较 2009 年翻了一番。自 2014 年下半年起，我国外汇储备规模开始下降。2015 年，我国外汇储备减少了 5126.56 亿美元。2016 年下半年以来，我国外汇储备连续数月下降，2017 年 2 月，我国外汇储备结束了长达 7 个月的连续下降。2017 年 3 月末，外汇储备余额恢复至 30090.9 亿美元，环比继续增加 39.6 亿美元。

我国的外汇储备规模变化，无论是曾经的快速增长，还是近年来的下降，都是与我国经济发展阶段相适应的正常现象。由于外汇储备本质上是国家信用的背书，不断积累外汇储备可以满足进口和稳定金融市场的需要，而随着人民币国际化程度的提高，我国对外汇储备的依赖性还可能进一步下降。

从外汇储备的绝对规模和国际上通常的标准来看，我国外汇储备都是充足的。

（一）我国外汇储备规模世界第一

从外汇储备的规模看，截至 2015 年底，排名前五的国家分别是中国、日本、沙特阿拉伯、瑞士和韩国。作为外汇储备规模最大的国家，我国外汇储备余额约占全球的 30%，分别是排名第二位的日本和第三位的沙特阿拉伯的 2.8 倍和 5.4 倍，是印度、巴西的近 10 倍。而作为目前全球经济体量最大的国家，美国的外汇储备规模则刚刚超过 1000 亿美元。

我国长期稳定的经常项目顺差仍然是外汇储备增长的基础。2016 年，我国经常账户顺差 2429 亿美元，其中，货物贸易顺差 4852 亿美元，服务贸易逆差 2423 亿美元。此外，不断增加的对外投资所带来的投资回报在日后也将成为国际收支顺差的新来源。2015 年我国对外直接投资流量跃居全球第二，创下了 1456.7 亿美元的历史新高，占全球流量份额的 9.9%，同比增长 18.3%，金额仅次于美国（2999.6 亿美元），首次位列世界第二（第三位是日本，1286.5 亿美元）。2016 年，我国对外直接投资净增加 2112 亿美元，较上年多增 12%。

（二）外储余额足以满足我国的预防性需求

进口支付能力（import cover）和短期外债偿还能力（外汇储备/短期外债余额）是度量外汇储备充足性的两个经典指标。进口支付能力指标对于资本账户开放度不高的国家来说较为适用。短期外债偿还能力对于应对危机十分重要，适用于新兴市场国家。

从进口支付能力来看，截至 2016 年底，我国外汇储备可以支持 22.8 个月的进口，远高于国际警戒标准（3~4 个月）。从短期外债偿还能力来看，截至 2016 年底，我国外汇储备是短期外债（本外币）的 3.2 倍，而国际警戒标准为不低于 1 倍。

国际货币基金组织（IMF）也给出了评估外汇储备充足性的分析框架。在这一框架下，外汇储备的充足性标准要视不同经济体的具体情况而定，合意的外汇储备规模与一国的经济金融结构有关。对于新兴市场国家而言，综合考虑出口额、短期外债、其他负债和广义货币，并赋予上述四项不同的权重（可根据资本账户开放程度和汇率安排等对权重进行一定的调整），来衡量外汇储备的充足性，以应对出口收入下降、债务展期风险和资本外逃等风险。表1的测算结果给出了不同情形下我国所需要保有外汇储备的合理规模，这一结果可以作为我国外汇储备充足性的情景分析。综合考虑我国当前的经济状况和金融安排，我国外汇储备合意规模在1.6万亿~1.8万亿美元，换言之，我国当前外汇储备相当于IMF标准的170.0%~177.8%。此外，未来人民币汇率弹性将进一步提高。在浮动汇率安排下，我国所需要保持的外汇储备规模还将进一步下降。

表1　　　　　IMF框架下外汇储备充足性测算：ARA（2015）

单位：%，亿美元

项目/权重		固定汇率安排					
项目	中国	资本完全自由流动	中国	资本管制	中国	对非居民资本流出施加一定管制	中国
短期外债①	8709	30	2613	30	2613	30	2613
其他负债②	9849	20	1970	20	1970	10	985
广义货币③	224652	10	22465	5	11233	5	11233
出口金额④	20974	10	2097	10	2097	10	2097
需要的外汇储备规模		29145		17913		16928	
项目/权重		浮动汇率安排					
项目	中国	资本完全自由流动	中国	资本管制	中国	对非居民资本流出施加一定管制	中国
短期外债	8709	30	2613	30	2613	30	2613
其他负债	9849	15	1477	15	1477	7.5	739
广义货币	224652	5	11233	2.5	5616	2.5	5616
出口金额	20974	5	1049	5	1049	5	1049
需要的外汇储备规模		16371		10755		10016	

注：1. 截至2016年末全口径短期外债；2. 截至2016年末国际收支头寸表（IIP）其他负债总额；3. 截至2016年末我国 M_2 余额按当时汇率的美元折算值；4. 海关总署统计的2016年全年出口总金额。

外汇储备的合理规模至今依然是一个充满争议的话题。因为除了满足预防性的需求之外，也需要考虑持有外汇储备的成本。Jeanne 和 Rancière 将持有外汇储备的益处、机会成本以及风险厌恶程度等因素进行综合考虑，试图确定合理的外汇储备水平。初步的研究结果表明，对于大部分新兴市场国家，最优的外汇储备规模需要覆盖短期外债的 80%～100% 与一国的经常账户赤字的总和，或需要满足基于 IMF 框架的合意外汇储备规模（ARA EM metric）的 75%～150%。根据这一标准，我国所拥有的外汇储备完全能满足需要。

表 2 分部门对外资产负债变化情况 单位：亿美元

部门	对外资产		对外负债		对外净资产		
	2016 年	2015 年	2016 年	2015 年	2016 年	2015 年	变化
整体 IIP	64666	61558	46660	44830	18006	15965	2041
广义政府	0	0	1239	1114	−1239	−1114	−125
中央银行	30978	34061	555	430	30423	33631	−3208
银行业	8776	7216	9645	9437	−869	−2221	1352
其他部门	24912	20281	35221	33849	−10309	−14331	4022

注：1. 将国际投资头寸表（IIP）对外资产负债数据作为国家整体的资产负债；2. 广义政府对外资产为 0，对外负债取广义政府外债数据；3. 中央银行对外资产数据取自 IIP 中储备资产数据，对外负债数据取自中央银行外债数据；4. 银行业数据取自商业银行对外金融资产负债数据；5. 其他部门为轧差项，多为非银行金融公司和非金融企业。

资料来源：根据国家外汇管理局数据估算。

四、妥善管理和运用外储，促进我国对外投资

妥善运用和管理外汇储备、合理配置对外资产，是事关国民福利的大事。由于保持流动性的需要，持有外汇储备的收益不可能很高。据有关部门统计，我国的对外资产收益率只有 3% 左右，而对外负债的收益率有 6% 左右。超过需要的外汇储备还面临较大的汇率风险。因此，维持过高的外汇储备规模不利于国民财富的增加，应考虑将外汇储备用于支持我国的对外投资，并重新审视我国外汇储备规模的合理性。

随着人民币越来越多地用于国际支付，加之我国已开始实行意愿结售汇，我国的贸易顺差越来越多地表现为由居民部门持有的对外资产。此外，我国的外汇储备也将用于支持我国企业进行海外投资与并购。外汇储备用于成立如亚投行、丝路基金等多边金融机构和基金，也会使外汇储备余额下降。当然，这

部分资产仍然属于中国政府的"弹药库"，或者称为"影子外储"。

尽管外汇储备积累有所放缓，我国的对外资产却在向更有效率的配置方式转变。正如樊纲所言，外汇储备下降并不意味着美元流出了中国，而是留在了商业银行的账户上，这意味着，中国官方的外汇储备减少了，但中国的商业银行可以用这些美元去投资高收益的债券等其他金融资产。这一配置方式的转变也有利于改善我国对外资产负债错配严重的问题，使居民部门的资产负债表更加健康。过去两年来，我国银行业和非金融企业部门经历了资产负债表的调整，短期外债余额大幅下降。外汇储备规模下降的同时，我国居民部门的对外净资产是增加的，且增加的规模大于外汇储备下降的规模。

最后，关于外汇储备的合意规模，参考国际上通常的标准，支持 3～4 个月的进口仅需要我国当前外汇储备量的不到 1/5，即不到 6000 亿美元；从满足短期外债偿还需求的角度，截至 2016 年底，我国短期外债余额为 8709 亿美元，需要的外汇储备亦不到 1 万亿美元；根据 IMF 评估外汇储备合适水平的框架，对短期外债、其他负债、广义货币和出口规模加权计算，我国合适的外汇储备下限应不低于 1.6 万亿美元。因此，我国当前持有的外汇储备远远多于需求。当然，考虑到我国的国情、产业结构、在世界经济金融体系中的地位，以及人民币国际化的进程，我国的外汇储备应该高于这一国际标准，但也不是越多越好。

我国加快资本账户开放的条件基本成熟[①]

资本账户开放，是一个逐渐放松资本管制，允许居民与非居民持有跨境资产及从事跨境资产交易，实现货币自由兑换的过程。资本账户开放的标准本身也在不断放宽。由于国际货币基金组织在这方面的研究最早最深入，其界定的资本账户开放标准基本得到各国的认可。在1996年之前，按照国际货币基金组织《汇兑安排与汇率限制年报》的定义标准，只要没有"对资本交易施加支付约束"，就表示该国基本实现了资本账户开放[②]。1997年亚洲金融危机爆发后，国际货币基金组织将原先对成员国资本账户开放的单项认定，细分为11项[③]。如果一国开放信贷工具交易，且开放项目在6项以上，则可视为基本实现资本账户开放[④]。2007年国际金融危机爆发后，资本账户开放标准进一步放宽[⑤]。可见，资本账户的开放并不是完全放任跨境资本的自由兑换与流动，而是一种有管理的资本兑换与流动。

---

① 本文作者为中国人民银行调查统计司课题组，盛松成系课题组负责人，发表于《中国证券报》，2012－02－23。报告发表后，引起了国内外学术界和实务界的广泛和热烈讨论，包括《人民日报》在内的许多刊物都予以转载或发表评论和讨论文章，可谓盛况空前，为推动接下来几年的人民币资本项目可兑换发挥了积极作用。大多数经济学家都赞成本文的观点，英文版的《金融时报》其至把该报告称为"里程碑式的报告"（"landmark report"）。2月24日，英文版《金融时报》分别在头版、第3版、第8版发表相关评论文章；中国日报（China Daily）也于头版发表相关评论文章。2月29日，英文版《金融时报》首席经济评论员马丁·沃尔夫（Martin Wolf）发表题为"China is right to open up slowly"的文章予以评述。3月1日，《参考消息》对马丁·沃尔夫的文章予以转载；英国《经济学家》发表题为《让钱自由流动》的评论文章。3月5日，《参考消息》对《经济学家》3月1日的评论文章予以转载。

② 《汇兑安排与汇兑限制年报》（*Annual Report on Exchange Arrangements and Exchange Restrictions*）的一项指标"Restrictions on payments for capital transaction"。

③ 即我们平常所说的7类11大项40子项。

④ Stanley Fischer, at the Conference on Development of Securities Markets in Emerging Markets, Oct 28, 1997.

⑤ 根据Evalution Report：The IMF's Approach to Capital Account Liberalization报告，对短期外债征税（如巴西）、对非居民存款的准备金要求（智利、哥伦比亚、泰国等），以及在特定时期将资本管制作为临时性的宏观审慎管理工具（俄罗斯对资本外逃的管制）均得到国际货币基金组织某种程度的认可。

一、国际经验表明资本账户开放总体利大于弊

资本账户开放有利于经济发展。根据比较优势理论，资本在全球范围内自由流动和优化配置，能提高资本效率，并产生最大的经济效益。资本账户开放也能使资本在全球范围分散风险，而不把"所有鸡蛋放在同一个篮子"。资本账户开放还能促进对外贸易发展。而且，由于各国人口年龄结构不同，人口抚养比低的国家往往储蓄率较高，资本账户开放能使这些国家将盈余的储蓄资金贷给资金缺乏的国家，而待人口抚养比提高时不降低消费水平。尽管在实证方法、实证数据以及变量选择等方面有所差异，但绝大部分实证结果表明，资本账户开放能显著促进经济增长。

相反，资本管制会扭曲市场行为，并且管制效果有限。资本管制实质是政府干预市场，是一种变相的金融保护主义，容易产生道德风险。管制的结果或者是国内金融市场竞争过度，或者是国际金融市场竞争不足，或者两者兼而有之。资本管制常与固定汇率政策搭配，常常导致"输入型"通货膨胀或通货紧缩。资本管制也人为割裂国内、外资金流动，使资金使用效率低下，资金成本提高，资金市场风险增加。

美国、德国的经验教训表明，资本管制的效果有限。20世纪60年代末，由于越战升级和实施"伟大社会计划"（包括增加公共教育和城市基础设施投资），美国政府开支增加远超过其收入增长，经常账户由盈余转为赤字，大量资金由美国流向德国。为维持布雷顿森林体系下的固定汇率制，美联储一方面紧缩货币，提高利率，导致国内利率高于《Q条例》[①]的存款利率上限，引发"金融脱媒"现象和金融创新浪潮；另一方面实施资本管制，导致美国银行通过欧洲分行借入美元存款，刺激欧洲美元市场加速发展。联邦德国则通过资本管制阻碍资本的大幅流入，但效果也不理想。据Koffergesch估计，1973年跨境非法实物交易和海外非法借贷分别达40亿和70亿德国马克，合计占同期德国GDP的1.2%，高于其经常账户顺差规模（同期经常账户顺差/GDP比例约为1%）[②]。

资本管制可能在短期内约束资本流动，但不能从根本上改变因经济失衡带

---

① 1929年后，美国经历了大萧条。为此，美联储颁布了一系列金融管制条例。其中《Q条例》内容包括银行对30天以下存款不付息、存款利率有上限以及其他金融机构不得进入存款市场等。1980年，美国国会通过《解除存款机构管制和货币管理方案》，进行利率市场化改革，分阶段废除了《Q条例》。

② Age Bakker, Bryan Chapple. 发达国家资本账户自由化的经验 [M]. 国际货币基金组织，2005.

来的资本流动。而且随着金融市场的发展、金融产品的创新，市场之间、国别之间的限制不再严格，绕开管制的渠道越来越多。同样，宏观调控当局也可创新调控工具，来替代资本管制。20 世纪 80 年代，欧洲国家采用三岔式方法①应对汇率波动，阻止外汇投机，效果明显优于资本管制。

表 1   资本账户开放与经济增长的文献综述

研究文献	国家样本数	资本开放指标	被解释变量	估计方法	主要结论
Quinn（1997）	58	ΔQuinn	人均收入增速，1960—1989 年	面板，OLS	资本账户开放显著促进人均收入增长
Klein 和 Olivei（1999）	67	Share	人均收入增长，1976—1995 年	面板，工具变量法	资本账户开放促进金融深化，进而促进经济增长
Edwards（2001）	62	ΔQuinn，1973—1988 年	人均收入增长，1980—1989 年	面板，加权 OLS	资本账户开放显著促进经济增长
Arteta、Eichengreen 和 Wyplosz（2001）	59	Quinn，ΔQuinn	人均收入增速，1973—1981 年	面板，OLS	长期中，资本账户开放显著促进人均收入增长，但短期不显著
Chanda（2001）	57	Share	人均收入增速，1975—1995 年		资本账户开放显著促进经济增长
Klein（2003）	84	share 或 Quinn	人均收入增速，1976—1996 年	面板	对中等收入国家效果更为显著

注：1. 利用《汇兑安排与汇兑限制年报》，Quinn 指标的取值分别为 0（严格管制）、1（有数量或其他管制）、2（存在较重的资本交易税）、3（较轻的资本交易税）、4（无约束）。

2. Share 指标计算方法是指本开放的时间占研究样本时间的比例。

数据来源：Hali J. Edison，Michael W. Klein，Luca Antonio Ricci，Torsten Slok（IMF staff paper，Vol 51，NO. 2，2004）。

二、积极推进资本账户开放是我国经济发展的内在要求

(一) 我国资本账户开放已取得较大进展

改革开放以来，我国渐进式推进资本账户开放。1993 年，我国明确提出，

---

① Age Bakker，Bryan Chapple. 发达国家资本账户自由化的经验 [M]. 国际货币基金组织，2005. 以巴塞尔/尼伯格协议而闻名，包括：（1）运用利率保护汇率；（2）灵活利用中心汇率的波动幅度，在外汇市场上创造双向风险；（3）相对小幅且偶然的汇率再调整。

"中国外汇管理体制改革的长远目标是实现人民币可自由兑换"①。2003 年，党的十六届三中全会通过《中共中央关于完善社会主义市场经济体制若干问题的决定》，进一步明确，"在有效防范风险的前提下，有选择、分步骤放宽对跨境资本交易活动的限制，逐步实现资本项目可兑换"。2010 年 10 月，十七届五中全会决定，将"逐步实现资本项目可兑换"目标写入"十二五"发展规划。2012 年，人民银行行长周小川撰文进一步解释，"中国尚未实现但不拒绝资本项目可兑换"②。

近年来，我国资本账户开放步伐明显加快。2002—2009 年，我国共出台资本账户改革措施 42 项。外汇管理已由"宽进严出"向"双向均衡管理"转变，逐步减少行政管制，逐步取消内资与外资企业之间、国有与民营企业之间、机构与个人之间的差别待遇。

分结构看，按照国际货币基金组织 2011 年《汇兑安排与汇兑限制年报》③，目前我国不可兑换项目有 4 项，占比 10%，主要是非居民参与国内货币市场、基金信托市场以及买卖衍生工具。部分可兑换项目有 22 项，占比 55%，主要集中在债券市场交易、股票市场交易、房地产交易和个人资本交易四大类。基本可兑换项目 14 项，主要集中在信贷工具交易、直接投资、直接投资清盘等方面。总体看，目前我国资本管制程度仍较高，与资本账户开放还有较大距离。

（二）当前我国正处于资本账户开放战略机遇期

开放资本账户有利于我国企业对外投资，也有利于并购国外企业，获取技术、市场和资源便利，提高我国企业可持续竞争能力。此次金融危机重创了西方金融机构和企业，使西方国家经济衰退，失业增加，财政困难。当前西方企业的估值水平较低，道琼斯指数平均静态市盈率约为 14 倍，欧洲主流股票指数市盈率均在 10 倍左右，远低于我国沪、深两市平均市盈率（2011 年分别为 17.6 倍和 31.8 倍），为我国企业提供了难得的市场机会。

开放资本账户有利于推动跨境人民币使用和香港人民币离岸中心建设，推进人民币国际化。2009 年 7 月起，跨境贸易人民币使用从无到有，试点范围

---

① 胡晓炼. 陆家嘴金融论坛讲话 [Z]. 2008 - 05 - 09.
② 周小川. 金融业标准制定和执行的若干问题 [J]. 中国金融，2012 (1).
③ 资本账户管制细分为资本和货币市场工具交易管制、衍生品及其他工具交易管制、信贷工具交易管制、直接投资管制、直接投资清盘管制、房地产交易和个人资本交易管制七类。

不断扩大，跨境贸易人民币结算量迅猛发展。2011 年全年，银行累计办理跨境贸易人民币结算金额 2.08 万亿元，比上年增长 3.1 倍。同期，香港人民币离岸中心建设也卓有成效。截至 2011 年末，香港地区人民币实际收付累计结算 1.58 万亿元，占境外人民币实际收付累计结算量的 63.7%。香港人民币存款 6273 亿元，占香港金融机构各项存款和外币存款的比例分别为 10.2% 和 20.2%。香港也已成为海外人民币资本市场的定价和交易中心，主导了离岸人民币（CNH）汇率和人民币债券的定价。开放资本账户，拓宽人民币流入、流出渠道，将进一步提高人民币在国际贸易结算及国际投资中的地位，也将进一步促进香港离岸市场建设，加快离岸人民币金融工具创新。可以设想，随着人民币国际计价、国际支付以及国际投资等职能逐步实现，人民币成为国际储备货币将为时不远。目前，已有 14 个国家和地区管理当局与中国人民银行签署了双边本币结算协议，涉及金额 1.3 万亿元人民币。

开放资本账户有利于我国经济结构调整。首先，当前我国经济运行中的一个突出矛盾是，高储蓄、高投资、产能过剩，以及消费水平偏低。随着我国劳动力成本的上升，劳动密集型产业竞争力下降。开放资本账户有助于将部分低附加值的产能转移到劳动力更具比较优势的国家和地区，以提升我国产业的整体附加值水平。其次，我国家庭投资渠道相对缺乏，大量储蓄资金不能保值增值。开放资本账户，拓宽家庭海外投资渠道，可促进家庭财富积累，提高我国消费水平。

（三）资本管制效力不断下降，扩大开放可能是最终选择

一是非法逃避管制，如低报出口、高报进口，或转移价格利润，或改变交易时间和交易条件。二是通过经常账户逃避管制。事实上，国际收支中许多项目同时具备了经常账户和资本账户的特性，很难严格区分，资本账户资金往往混入经常账户以逃避管制。三是通过其他资本账户逃避管制。对有些资本进行管制而对另一些不管制，容易出现资本管制漏洞。

近年来，我国资本管制的效率不断下降。2006 年净误差和遗漏项为流出 6 亿美元，2007 年转为流入 116 亿美元，2010 年流出提高到 597 亿美元，占当年储备资产变化的 12.7%，不排除部分资金可能绕过资本管制，流出境外。主要原因在于：一是规避管制的金融工具增多，如贸易品和服务价格转移、境外设立公司对倒、境内外货币互换、全球第三方支付网络、在境外买卖国内资产等金融工具创新。二是国际收支统计方法滞后、统计力量不足，难以对个人

跨境金融资产买卖进行全面统计。三是境内外资金联动加强。从近期香港金融市场人民币兑美元汇率的波动就可见一斑。

表2　　　　　　　　　　**我国资本账户可兑换限制明细表**

资本账户	不可兑换	部分可兑换	基本可兑换	完全可兑换	合计
资本和货币市场工具交易	2	10	4	—	16
衍生品及其他工具交易	2	2	—	—	4
信贷工具交易	—	1	5	—	6
直接投资	—	1	1	—	2
直接投资清盘	—	—	1	—	1
房地产交易	—	2	1	—	3
个人资本交易	—	6	2	—	8
小计	4	22	14	—	40

注：国家外汇局对资本账户可兑换状态进行评估，但目前尚未披露相关数据。

数据来源：根据IMF《汇兑安排与汇兑限制》（2011）英文版中的相关内容整理划分，"可兑换现状"包括不可兑换、部分可兑换、基本可兑换、可兑换。其中，部分可兑换指存在严格准入限制或额度控制；基本可兑换指有所限制，但限制较为宽松，经登记或核准即可完成兑换。

三、资本账户开放的风险基本可控

资本账户开放的前提条件非常重要，但并不是决定资本账户开放成败的绝对因素。一般认为，资本账户开放需要四项基本条件，即宏观经济稳定、金融监管完善、外汇储备充足及金融机构稳健。但这些条件并不是决定资本账户开放成败的绝对因素。数据显示，西班牙在资本账户开放前的财政收支差额占GDP比重为–30.5%，秘鲁、哥伦比亚以及法国的平均通货膨胀率分别为48.6%、25.7%和10.9%，但这些国家资本账户开放均取得了成功。而泰国经济条件较好（经济增长8%，平均财政收支差额/GDP为2.3%，平均通货膨胀率5.6%），但资本账户开放却失败了（1997年亚洲金融危机）。显然，资本账户开放的所谓前提条件是相对的，而不是绝对的。当前，我国资本账户开放的风险主要来源于四个方面，但风险都不大。一是商业银行的资产负债绝大部分以本币计价，货币错配风险不大。2012年1月末，银行体系各项存款为79.5万亿元，其中97.7%以人民币计价，各项贷款为58.4万亿元，其中94.3%以人民币计价。二是我国外汇储备资产以债券为主，市场价格波动不影响外汇资产的本息支付。2011年末，我国外汇储备为3.18万亿美元，足够抵御资本账户开放后资金流出的冲击。三是短期外债余额占比较低。2011 年 9 月末，我国外债余额为 6972 亿美元，其中短期外债余额为 5076 亿美元，占外汇储备的比例为 15.9%，处于安全水平。四是房地产市场和资本市场风险基本可控。2010 年，投向房地产业和租赁、商务服务业的外商直接投资分别为 240 亿美元和 71 亿美元，合计 311 亿美元，只占当年国际收支顺差的 6.6%。资本市场的国外投资更少，截至 2012 年 1 月 20 日，117 家合格境外机构投资者（QFII）额度为 222.4 亿美元，17 家人民币合格境外机构投资者（RQFII）额度为 200 亿元人民币。

我国经济部门资产负债表健康，金融体系稳健。资金存量核算数据表明，2010 年住户金融资产和金融负债分别为 49.5 万亿元和 11.7 万亿元，资产负债比例为 23.6%，年本息支出为可支配收入的 9.9% 左右，均处于较低水平。企业金融资产负债比例为 151.3%，与上年末基本持平，负债结构有所优化，其中贷款和国外负债占比分别下降 2.8 个和 0.3 个百分点。2011 年，我国财政收入大幅增长，财政收入 10.4 万亿元，财政收支差额 5190 亿元，比上年减少 1305 亿元，预计财政赤字占 GDP 比重低于 2%，比上年下降 0.5 个百分点。

截至 2011 年末，我国银行业不良贷款率为 1.0%，拨备覆盖率为 278.1%，资本充足率为 12.7%。总体看，我国银行业资产质量处于全球银行业较高水平，远高于巴塞尔协议Ⅲ的标准，远好于一些已经实现资本账户开放的国家（如俄罗斯、巴西、印度[1]等）。

资本账户开放与金融稳定并没有明显相关性。首先，不能因为有可能发生热钱流动和资本外逃就放弃资本账户开放。有观点认为，开放资本账户将引发热钱流入或资本外逃，因此"资本管制是维护我国金融安全的最后一道屏障"[2]。应该明确的是，资本管制是一项长期性制度安排，不宜作为热钱流动、资本外逃等临时性冲击的应对措施。其次，国际上防范热钱流动和资本外逃的方法很多，价格型管理可能比数量型管制更为有效。比如智利央行对非居民存款的 20% 无息准备金要求就收到了较好的效果。

历史经验证明，金融机构和金融市场的稳定与否，主要取决于国内的经济

---

① 印度"资本账户开放委员会"提出资本账户开放的三个前提条件：（1）财政赤字/GDP 小于 3%；（2）通货膨胀目标在 3% ~ 5%；（3）强化金融体系，如不良贷款率小于 5%，外债偿债率小于 20%。

② 余永定 . 人民币国际化还是资本项目自由化 [Z]. 2011.

金融运行和金融监管状况，而与资本账户开放关系不大。20 世纪 90 年代，我国资本账户没有开放，但一些信托投资公司、城市信用社、证券公司，甚至个别银行都陷入了困境，有的破产清算。此次国际金融危机中，我国资本账户开放程度已有较大提高，但金融机构损失反倒很小。此外，新加坡、中国香港和中国台湾等国家和地区，尽管市场狭小，但资本账户开放并没有影响这些市场的金融稳定。国际经验表明，加强金融监管水平，提高金融机构管理能力，是维持金融稳定的关键要素之一。

资本账户开放应审慎操作，但也要积极推进。资本账户开放应是一个渐进的过程。我国 1979 年改革外汇留成制度，1994 年人民币汇率并轨、取消贸易用汇限制，至 1996 年接受 IMF 第 8 条款义务，实现经常账户可兑换，历经 17 年时间。德国早在 1958 年即开始放松对资本流出的限制，但对流入限制直到 1981 年才完全取消。英国、日本等发达国家大多在 20 世纪 70 年代初开始资本账户改革，几乎迟至 80 年代甚至 90 年代才完全开放①。

但资本账户开放审慎操作，并不意味持续等待。1993 年，我国面临通胀高企、金融秩序不稳、外汇储备不足等不利因素，宏观调控当局仍坚定实施人民币汇率并轨操作。1996 年，我国宣布实现经常账户可兑换，承诺履行 IMF 章程第 8 条款。这些改革都大大促进了我国经济的稳定和发展。阿根廷等国积极推进资本账户开放的成功经验也值得借鉴。

目前，我国已经是世界第二大经济体和第二大贸易国。若要等待利率市场化、汇率自由化或者人民币国际化条件完全成熟，资本账户开放可能永远也找不到合适的时机。过分强调前提条件，容易使渐进模式异化为消极、静止的模式，从而延误改革的时机。资本账户开放与其"前提条件"并不是简单的先后关系，在很大程度上是可以互相促进的。我们应抓住有利时机，积极推进资本账户基本开放，并以此促进经济发展方式的转变和经济运行效率的提高。监管当局可以通过综合运用各种宏观审慎工具和货币政策工具，在资本账户开放的同时，积极防范系统性金融风险，实现金融体系的总体稳定。

---

① 英国、日本、澳大利亚、新西兰、荷兰、丹麦完成时间分别为 1979 年、1980 年、1983 年、1984 年、1986 年、1988 年；法国和瑞典为 1989 年，比利时、卢森堡、爱尔兰、意大利、奥地利、芬兰、挪威为 1990 年；葡萄牙、西班牙为 1993 年；希腊为 1994 年，冰岛为 1995 年。

表3　　　　　　　　部分国家资本账户开放前的宏观经济指标　　　　　　　单位：%

类型	国家	年份	经济增速	财政收支差额/GDP	通货膨胀率	经常账户差额/GDP
发达国家	法国	1972—1975	2.7	−0.2	10.9	0
	西班牙	1989—1991	3.8	−30.5	7.1	−3.3
	荷兰	1981—1985	1.1		3.8	7.6
	英国	1978	3.1		8.3	0.7
发展中国家	智利	1990—1994	7.3	−0.3	17.5	−2.4
	哥伦比亚	1991—1994	4.4	−0.4	25.7	−0.4
	印度	1991—1994	4.4		9.6	−0.9
	秘鲁	1992—1994	5.6	−3.5	48.6	−6.1
其中遇到危机国家	马来西亚	1991—1996	9.6	1.3	3.9	−6.4
	泰国	1994—1996	8.0	2.3	5.6	−7.1
	墨西哥	1990—1993	3.9	−0.1	18.6	−5
	俄罗斯	1995—1997	−2.1	−7.5	106.4	0.4

表4　　　　　　　　　　　　　银行体系资产负债构成　　　　　　单位：万亿元，%

负债项				资产项			
构成	本外币	人民币	人民币计价	构成	本外币	人民币	人民币计价
一、各项存款	79.50	77.67	97.7	一、各项贷款	58.36	54.98	94.3
二、金融债券	7.59	7.55	99.4	（一）境内贷款	57.24	54.83	95.8
三、中长期借款	0.17	0.00	1.1	（二）境外贷款	1.12	0.16	14.2
四、应付及暂收款	2.62	2.22	84.6	二、有价证券	17.54	17.24	98.3
五、同业往来（来源方）	9.09	7.48	82.3	三、股权及其他投资	1.62	1.46	90.3
六、境外联行往来（来源方）	0.13	0.03	24.0	四、应收及预付款	2.30	1.88	82.1
七、各项准备	1.75	1.67	95.8	五、同业往来（运用方）	8.15	7.16	87.9
八、所有者权益	7.06	6.70	94.9	六、境外联行往来（运用方）	0.43	0.00	0.0
九、其他资金来源	9.05	4.79	52.9	七、其他资金运用	28.58	25.38	88.8

四、优化资本账户开放路径降低开放风险

优化资本账户各子项目的开放次序，是资本账户开放成功的基本条件。一般原则是"先流入后流出、先长期后短期、先直接后间接、先机构后个人"。具体步骤是先推行预期收益最大的改革，后推行最具风险的改革；先推进增量

91

改革，渐进推进存量改革。

（一）短期安排（1~3年）：放松有真实交易背景的直接投资管制，鼓励企业"走出去"

直接投资本身较为稳定，受经济波动的影响较小。实证表明，放松直接投资管制的风险最小。当前我国推进海外直接投资已进入战略机遇期。过剩的产能对对外直接投资提出了要求，雄厚的外汇储备为对外直接投资提供了充足的外汇资金，看涨的人民币汇率为对外直接投资提供了成本的优势，西方金融机构和企业的收缩为中国投资腾出了空间。

（二）中期安排（3~5年）：放松有真实贸易背景的商业信贷管制，助推人民币国际化

有真实贸易背景的商业信贷与经常账户密切相关，稳定性较强，风险相对较小。随着我国企业在国际贸易、投资、生产和金融活动中逐步取得主导权，商业信贷管制也应逐步放开。目前，我国进出口贸易占全球贸易量约10%，贷款占全球的四分之一以上①。放宽商业信贷管制，有助于进出口贸易发展，也能为人民币跨境结算和香港离岸市场建设拓宽人民币回流渠道。同时，适度放松商业信贷管制，有利于促进国内银行业竞争，改善企业特别是中小企业融资状况。

（三）长期安排（5~10年）：加强金融市场建设，先开放流入后开放流出，依次审慎开放不动产、股票及债券交易，逐步以价格型管理替代数量型管制

不动产、股票及债券交易与真实经济需求有一定联系，但往往难以区分投资性需求和投机性需求。一般开放原则是，按照市场完善程度"先高后低"，降低开放风险。当前，房地产市场价格易涨难跌，向合理价格水平回归尚需时日。境内股市"重融资轻投资"，价格发现机制还有待完善。债券类市场发育很大程度与利率市场化有关，市场规模不大，且企业债券没有形成统一规范的市场②，政府债券市场还有待发展。总体看，市场完善程度从高到低依次为房地产市场、股票市场和债券市场。

---

① 引自 Eswar Prasad（IMF 驻中国部主任）在上海第三届金融论坛的讲话。

② 当前既有银行间的债券市场，又有交易所的债券市场。人民银行、国家发展改革委、证监会、人民银行授权交易商协会分别对发行金融债、企业债、公司债、短期融资券和中期票据进行监管。

在开放的过程中，一是要加强金融市场建设，增强市场活力，夯实不动产、股票及债券市场开放的基础。二是要按照"先一级市场后二级市场""先非居民的国内交易后居民的国外交易"的开放原则，降低开放风险。三是谨慎推进，相机决策，遇险即收，逐步以价格型管理替代数量型管制。

至此，以不影响国家间合理资本交易需求原则①来衡量，我国已经基本实现资本账户开放。剩下的项目按照风险程度依次为个人资本交易、与资本交易无关的金融机构信贷、货币市场工具、集合投资类证券、担保保证等融资便利、衍生工具等资本账户子项，可以择机开放。与资本交易无关的外汇兑换交易自由化应放在最后。投机性很强的短期外债项目可以长期不开放。

表5 资本账户开放路径选择

资本账户	风险性	开放阶段选择
货币市场工具	衍生的需求，风险大	IV
金融机构信贷	衍生的需求，风险大	IV
债券类证券	与真实经济需求相关，风险中	III
股票类证券	与真实经济需求相关，风险中	III
商业信贷	与真实贸易需求相关，风险较低	II
个人资本交易	监管难度大，风险大	IV
不动产交易	与真实经济需求相关，风险中	III
直接投资及清盘	与真实投资需求相关，风险较低	I
集合投资类证券（如基金、信托）	监管难度大，风险大	IV
担保、保证等融资便利		
衍生及其他工具		

注：1. 开放阶段 I、II、III、IV 分别为短期安排、中期安排、长期安排和未来安排。

2. 根据相关文献，整理资本账户各细项的风险性，相应确定开放路径。

---

① 参见 OECD 的《资本流动自由化规则》，转引自曲昭光博士后论文《人民币资本账户可兑换研究》，2003 年。

协调推进利率汇率改革和资本账户开放[①]

当前，我国金融改革和开放的核心内容是利率市场化、汇率形成机制改革、资本账户开放和人民币国际化等。有学者沿用不可能三角理论以及利率平价理论等，推演出利率、汇率改革和资本账户开放须遵循"先内后外"的改革次序，认为在完成利率市场化和汇率形成机制改革前开放资本账户，就会遭受外部冲击，形成巨大风险。事实上，不可能三角理论和利率平价理论具有局限性，并不完全适合中国目前的实际情况。若要等待利率市场化、汇率形成机制改革最终完成，资本账户开放可能永远也找不到合适的时机，最宝贵的战略机遇期可能已经失去。过分强调前提条件，会使改革的渐进模式异化为消极、静止的模式，从而延误改革开放的时机。资本账户开放与所谓的前提条件并不是简单的先后关系，而是循序渐进、协调推进的关系。利率、汇率改革和资本账户开放的所谓次序，并非必须。我们应抓住有利时机，积极推进资本账户基本开放，同时进一步推进利率市场化和汇率形成机制改革。

一、不可能三角、利率平价与金融改革次序论

蒙代尔不可能三角理论是指，固定汇率、资本自由流动和货币政策有效性三者只能选其二。一般来说，大国都希望保持货币政策的有效性，因此，若要实现资本自由流动，就必须放弃固定汇率制。蒙代尔本人并没有做过如此明确的表述，克鲁格曼将"资本的自由流动、固定汇率制和货币政策有效性这三者不能全部满足"归纳为不可能三角理论。[②]

凯恩斯利率平价理论则是指，经风险调整后，国内外利差应等于汇差

---

① 本文作者为中国人民银行调查统计司课题组，盛松成系课题组负责人，发表于《中国证券报》，2012 - 04 - 17。

② Paul R. Krugman, Maurice Obstfeldand and Marc J. Melitz, "International Economic Theory and Policy" 9th Edition, 2012.

（本币远期汇率升、贴水数），套利的收益刚好弥补套汇的损失。根据这一理论，如国内利率高于国外利率，本币就将贬值。凯恩斯最早提出了这个想法，恩其格（Einzig）予以整理，学术界称之为凯恩斯—恩其格猜测。[①]

依据不可能三角理论和利率平价理论等，有学者提出"先内后外"的金融改革次序论。次序论的理论逻辑是，资本管制可隔离境内外金融市场，一方面能保持汇率稳定，另一方面使资金不能自由流动，从而保证了国内货币政策的有效性。为了维持货币政策的有效性，金融改革必须"先内后外"，即首先实现国内利率市场化和汇率自由浮动，使境内外资金市场动态满足利率平价条件，于是市场不存在投机资金的套利压力，最后顺理成章开放资本账户。反之，"在国内改革包括经济改革、汇率改革还没到位的情况下，完全开放金融市场绝对会带来灾难性的风险"。"我们应充分认识到，资本项下开放，必须有人民币汇率完全浮动作为前提。""中国的当务之急是调整汇率政策实现国际收支平衡，其次是实现货币政策由数量调控到价格调控的转变，即实现利率自由化，然后是推进资本项目自由化，最后才是人民币国际化。""在全面开放资本项目之前，中国应首先实现利率和汇率的市场化。""如果资本可以自由流动而利率却缺乏灵活性，那么就会像亚洲金融危机时期那样，一旦遭受外部冲击，结果将是严重的。"因为，"这种情况下很难防范投机性攻击"。

二、不可能三角理论的局限性

不可能三角理论至少有三个方面的局限性。一是没有充分考虑大国经济规模大，其货币政策能对其他国家的政策选择产生较大影响。极端情况是，大国货币已成为国际交易和投资的计价、结算货币，其他货币只能紧钉大国货币。此时大国独立实施货币政策，其他国家只能进行相应操作。如大国实施紧缩的货币政策，本币利率上升、国内外利差扩大。其他小国担心资金外流不得不相应提高利率，于是，国内外利差恢复先前水平，也不出现资金的异常流动。可见，固定汇率、资本自由流动和货币政策有效性可以有条件成立。

第二个局限性表现在，不可能三角中的"三角"分别为资本完全自由流动（或完全管制）、固定汇率制（或浮动汇率制）和货币政策有效（或无效）。

---

① David A Peel and Mark P Taylor, "Covered Interest Rate Arbitrage in the Interwar Period and the Keynes – Einzig Conjecture" *Journal of Money, Credit and Banking*, Vol. 34, No. 1, Feb 2002, pp. 51 –75.

然而，这些绝对状态并非常态。现实情况往往是资本不完全自由流动或不完全管制，汇率也并非完全固定或完全浮动，也就是存在着中间状态。各国金融改革与开放也往往是一个循序渐进、协调配合、逐渐由中间状态向前推进的过程。IMF不完全统计数据显示，2011年全世界采取中间汇率制（包括传统钉住、稳定机制、爬行钉住、爬行区间和区间钉住）的国家接近一半（占43.2%，比2008年提高3.3个百分点）。固定汇率制至今少有国家问津。只有立陶宛和中国香港地区等实行货币局制度。美元化只有巴拿马等国。真正实行自由浮动汇率制的也不多，实际上只有美国、日本等少数几个发达国家，而且这些国家也并非完全不干预汇率。处于中间状态的国家通过创新调控方式，保证了货币政策的有效性。如新加坡经济开放，汇率变动对其经济增长、通货膨胀和利率都有很大影响。该国采用BBC的汇率制度有效缓解了三角冲突。[①] 克鲁格曼承认，"不可能三角并不意味着不存在中间状态"，"在资本部分自由流动条件下，货币当局要同时维持利率和汇率稳定，就需要大量干预市场，并且干预的力度要大于在资本管制的条件下"。[②]

第三个局限在于未考虑宏观审慎管理措施也能有效缓解三元冲突。宏观审慎管理的重要内容是结合运用传统工具和创新型工具，逆周期调节经济运行，防范经济风险。近年来，我国运用央票发行和差别准备金动态调整等创新型工具，部分冲销了外汇占款增加带来的流动性，使货币政策有效性增加了"一个角"。按照一个政策目标需对应一个独立的政策工具的丁伯根原则，在蒙代尔"三角"中增加宏观审慎管理工具，有助于缓解"三角冲突"。如智利对非居民存款的无息准备金要求、一些国家对金融机构的外汇头寸比例限制等宏观审慎管理工具都在一定程度上缓解了"三角冲突"。

蒙代尔也承认，"要对蒙代尔—弗莱明模型的应用有所限定。模型的结论并非不可避免。它们并不适用于所有国家"[③]。"这并不是说，国际宏观经济模型的结论适用于所有国家。资本市场高度发达、货币可兑换的发达国家，最适合应用蒙代尔—弗莱明的分析架构。发展中国家的资本流动受国家主权风险的强大影响，货币饱受周期性通货膨胀压力的困扰，蒙代尔—弗莱明模型能够提

---

① BBC是单词Basket、Band和Crawl的缩写，即在设定的汇率波幅内爬行钉住一篮子货币。

② 参见Paul R. Krugman，Maurice Obstfeld and Marc J. Melitz，"International Economic Theory and Policy"，9th Edition，2012，P510.

③ 蒙代尔. 蒙代尔经济学文集（第三卷）[M]. 北京：中国金融出版社，2003：143.

供的建议就少得多。"① 蒙代尔还指出，"我假设，资本自由流动的极端情况是本国利率不能与国际一般利率水平有任何差异。但这一假设难免言过其实"②。

表1　　　　　　　　　IMF 成员国汇率制度安排　　　　　　　单位：%

汇率制度	2008 年	2009 年	2010 年	2011 年
硬钉住	12.2	12.2	13.2	13.2
无单独法定货币	5.3	5.3	6.3	6.8
货币局	6.9	6.9	6.9	6.3
软钉住	39.9	34.6	39.7	43.2
传统的钉住	22.3	22.3	23.3	22.6
稳定机制	12.8	6.9	12.7	12.1
爬行钉住	2.7	2.7	1.6	1.6
爬行区间	1.1	0.5	1.1	6.3
区间钉住	1.1	2.1	1.1	0.5
浮动	39.9	42	36	34.7
不设定路径的管理浮动	20.2	24.5	20.1	18.9
自由浮动	19.7	17.6	15.9	15.8
其他	8	11.2	11.1	8.9

资料来源：AREAER 数据库。

三、利率平价理论的局限性

利率平价理论的基石是有效市场理论。根据后者，足够多的套利交易能充分掌握套利机会，于是套利资金决定一国的利率水平和汇率水平。但是，就像不可能三角理论一样，利率平价理论也有局限性。

首先，大国国内资金一般远远多于套利资金，套利资金难以决定大国的利率和汇率以及它们的变动。大国的利率水平及其变化主要决定于其国内的经济金融环境，如央行货币政策的利率传导、通货膨胀压力、资金使用效率以及金

---

① 蒙代尔. 蒙代尔经济学文集（第三卷）［M］. 北京：中国金融出版社，2003：142.

② Mundell，Rohert A，1963，"Capital Mobility and Stabilization Policy Under Fixed and Flexible Exchange Rates." Canadian Journal of Economics 29，pp. 475 – 485. 原文如下："I assume the extreme degree of mobility that prevails when a country can not maintain an interest rate different from the general level prevailing abroad. This assumption will overstate"。参见蒙代尔. 蒙代尔经济学文集（第三卷）［M］. 北京：中国金融出版社，2003：83.

融资源配置状况，甚至包括受社会文化影响的消费和储蓄习惯等。大国的货币政策操作不仅能引导国内利率的变动，而且能影响国际利率水平。同样，大国的汇率也基本不取决于套利资金的流动，而主要受国内经济金融条件的影响，包括产品竞争力、贸易结构、货币购买力以及通货膨胀预期等，同时受国际间汇率制度的影响。一些经济学家甚至宣称，汇率决定是国家权力的延伸。在一国内部，汇率是相关利益集团和拥有特定政治经济政策目标的政府之间相互博弈的结果；在国际上，汇率是大国实现或巩固有利于己的世界经济政治安排的一个重要工具，国际汇率体系所反映的实乃国际政治的权力结构[1]。

其次，市场并不像某些人宣称的那样有效，诸如竞争不充分、信息不完全、资本不完全流动、"从众行为"、"动物精神"[2] 等现象都说明市场并非那么有效，利率平价理论未必符合实际情况。

最后，利率平价理论假定市场只有一种金融资产，或者各种金融资产之间可以相互替代，因此市场只有一种利率。实际情况是，利率有很多种。利率平价理论并没有说明，究竟是存贷款利率、国债利率、票据利率等的一种，还是各种利率都符合该理论。

凯恩斯指出，要使利率平价理论"放之四海而皆准"，就必须要有资金自由流动、足够大的套利空间和足够多的套利资金，三者缺一不可。但实际上，"我们一定要记住，那些时刻准备从一个市场冲入另一个市场以套取微薄收益的流动资金绝不是无限的，而且相对于整个市场规模，也并不总是足够的"[3]。

国际经验也证明，一国利率形成或者汇率形成并不完全是由套利资金决定的，尤其是大国的利率或汇率主要不是由套利资金决定的。20 世纪 70 年代末，日元持续贬值，由 190 日元/美元（1978 年 9 月）贬值至 250 日元/美元

---

① 参见 Goodhart, Charles A. E, 1998, "Two Concepts of Money Implications for the Analysis of Optimal Currency Areas", *European Journal of Political Economy*, Vol 14, pp. 407 – 432; Mark P Taylor, 1995, "the Economics of Exchange Rate", *Journal of Economic Literature*, Vol 33, pp. 3 –47.

② 国外有许多研究"herd behavior"，"animal spirit"等非理性现象的文章，证明市场远非有效。参见 Robert J. Shiller. 市场波动（Market Volatility）[M]. 文忠桥，卞东，译. 北京：中国人民大学出版社，2007：4。在该书第 7 页，Shiller 明确指出，"即便有效市场假设的某些含义能够被数据资料所证实，投资者的看法在投机性资产的价格决定过程中也具有重要作用"。

③ 参见 Keynes, John Maynard, 1923, "A Tract on Monetary Reform. " London：Macmillian. pp. 107 –108。原文如下："It must be remembered that the floating capital normally available, and ready to move from centre to centre for the purpose of taking advantage of moderate arbitrage profits between spot and forward exchange, is by no means unlimited in amount, and is not always adequate to the market's requirements"。

（1980 年 4 月），同期美国联邦基金利率远高于日元贴现利率，平均利差在7 个百分点以上。1995 年至 1998 年，日元又开始贬值且日本实施"零利率"政策，美元和日元利差平均为 4.5 个百分点。按照利率平价理论，会有大规模投机资金从日本涌入美国，从而自动调节美国和日本的利率和汇率。但事实上，尽管全球金融市场出现日元套利交易，然而日元、美元并没有按照利率平价理论所推断的那样，要么利差缩小，要么日元升值。在此期间，日元汇率由1995 年 4 月 14 日的 83.25 日元/美元，持续贬值为 1998 年 6 月 15 日的 146.45日元/美元，而同期美国联邦基金利率由 6.09% 微降至 5.78%，日元贴现率则由 1.25% 大幅降至 0.25%，美日利差由 4.84% 扩大至 5.53%[①]。美英两国例子同样证明利率平价理论不一定成立。20 世纪 80 年代初，西方国家逐渐走出危机阴影。美国联邦基金利率由 1981 年 1 月末的 17.25% 降至 1984 年 9 月末的 11.23%，同期英镑基准利率由 14% 降至 10.5%。尽管 3 年间联邦基金利率平均水平（12.2%）高于英镑基准利率（11.2%）1 个百分点，但英镑兑美元汇率仍由 2.4029 美元/英镑贬值至 1.1861 美元/英镑。3 年来卖出英镑、买入美元的套利年收益率高达 10% 以上。套利收益并没有如利率平价理论所预测的那样快速收窄，而是时有反复。反之，为刺激 IT 泡沫破灭后的美国经济，美联储将联邦基金利率由 2002 年 1 月末的 1.85% 降至 2003 年末的 0.94%，而同期英国基准利率基本保持在 4% 左右，英镑兑美元汇率则由 1.4322 美元/英镑持续升值为 1.7516 美元/英镑。该期间套利收益呈逐步扩大态势，利率平价理论同样不成立。

四、国际经验表明，利率、汇率改革和资本账户开放没有固定的先后顺序

首先是美国成功的例子。美国采用"先外后内"改革次序，依次实行本币国际化、放松资本管制、汇率自由化和利率市场化。第二次世界大战后，美国凭借布雷顿森林体系和马歇尔计划，奠定了美元世界中心货币地位。1972年至 1974 年石油危机期间，美国与沙特阿拉伯签署一系列秘密协议，强化了美元在石油等大宗商品交易中的计价货币地位。紧接着，在布雷顿森林体系解

---

① Laurence S. Copeland. 汇率与国际金融［M］. 刘思跃，等译. 北京：机械工业出版社，2011：143.

体后（1974年），美国废除了一系列资本管制措施（包括1964年的"利息平衡税"、1965年美联储要求国内金融机构自愿限制在国外的贷款和投资等①），开放资本账户。1978年，美国接受国际货币基金组织条款，实行浮动汇率制度。1980年，美国开始利率市场化改革，废除《Q条例》，但直到80年代中期才真正实现利率市场化②。

接着看日本。尽管基本遵循"先内后外"改革次序，却没能避免"失去的二十年"。1971年，史密森协议要求日元兑美元汇率波幅由1%扩大至2.5%，标志着日元汇率"无海图航海"时代开始。日元利率市场化开始时间较早，但持续时间较长。1977年，日本实现国债利率市场化。1979年引入可转让存单，渐进实现存款利率市场化。1994年完全取消利率管制。日本资本账户开放时间相对较晚，20世纪90年代前后才基本实现资本账户开放。尽管日本遵循"先内后外"改革模式，但由于改革时间过长，也未把握好改革力度与节奏，日本失去了经济结构调整的大好机会，最终"失去二十年"③。

再对比英国和德国的情况可见，改革次序大致相同，结果却不同。英德两国分别在1958年和1959年实现英镑和德国马克的可兑换，但之后多次反复，实行资本管制或放松管制。布雷顿森林体系解体后，英德两国在1973年实行浮动汇率制，1979年前后最终完成资本账户开放。有所不同的是，德国在20世纪70年代中期实现了利率市场化，而英国直到1986年才真正实现利率市场化。为了应对跨境资金冲击，尽管两国采取类似措施，资本管制时松时紧，多次反复，但英国经历多次危机，而德国经济受到危机的冲击较少。1992年，受投机资金冲击，英镑退出欧洲汇率机制（ERM）。

最后观察韩国的改革历程。当年韩国金融改革条件如汇率制度、财政状况以及工业化进程等，与中国目前的情况相似。韩国教训值得我们吸取。韩国1990年至1992年将韩元兑美元日均波幅扩大至0.8%，1993年至1995年先贷

---

① 参见 A. Bakker，B. Chapple. 发达国家资本账户自由化的经验［M］. 北京：中国金融出版社，2002：第三章.

② 1929年后，美国经历了大萧条。此后，美联储颁布了一系列金融管制条例。其中《Q条例》内容包括银行对30天以下存款不付息、存款利率设上限，以及除商业银行外的其他金融机构不得进入存款市场等。1980年，美国国会通过《解除存款机构管制和货币管理方案》，实行利率市场化改革，分阶段废除了《Q条例》。

③ 参见日本经济产业省审议宫（副部长）石毛博行. 汇率变动对日本经济的影响［Z］. 北京长富宫演讲稿，2010-01-21；关志雄. 中国摸索向完全浮动汇率制转变——日本的经验教训可供参考［J］. 比较，2009（2）.

款后存款、先长期后短期实现利率市场化，但对资本管制问题非常谨慎，资本管制程度较高。只允许非居民有限进入股票市场，以及增加居民在国外发行证券的种类；允许外资银行从国外借款，但对国内公司直接境外借款实行管制；非居民对非银行境内机构的贷款须事先审批①。尽管韩国遵循"先内后外"的改革次序，1997 年亚洲金融危机依然重创了韩国经济。

表 2 部分国家金融改革步骤

国家	利率市场化	汇率自由化	资本账户开放	本币国际化	改革效果
发达国家					
美国	废除《Q 条例》(1982)	名义上自由浮动，实质干预较多(1973)浮动汇率(1978)	取消管制(1974)	布雷顿森林体系(1945)马歇尔计划(1947)石油美元计价协议(20 世纪 70 年代)	重要国际货币(1925)全球本位货币(1945)
日本	国债利率市场化(1977)引入 CD，利率市场化(1979)取消利率管制(1994)	名义上浮动汇率，实质干预较多(1971，史密森协议)浮动汇率(1973)	放松资本流入管制(1979)放松资本流出管制(1985 年前后)取消跨境交易限制(1995)	《外汇法》(1980)东京离岸市场(1986)清迈协议(2000)	SDR 货币篮子(1974)放宽境外贷款和汇兑限制(1980)重要国际货币
德国	1967 年取消利率管制，1973 年取消信贷规模管理，实现利率市场化	名义上浮动汇率，实质干预较多(1971，史密森协议)浮动汇率(1973)欧元区(1999)	1959 年马克可兑换，1959—1981 年多次反复，最终完全放开	马斯特里赫特条约(1991)	重要国际货币
英国	不公布最低贷款利率(1981)取消抵押贷款指导(1986)	浮动汇率(1973)	1958 年英镑可兑换，1961 年限制对英镑区外的直接投资，1958—1979 年多次反复，最终完全放开	英镑银金本位(1560—1920)	重要国际货币

① R. 巴里·约翰斯顿，V. 桑德拉拉加. 金融部门改革的次序——国别经验与问题 [M]. 北京：中国金融出版社，2000：307.

续表

国家	利率市场化	汇率自由化	资本账户开放	本币国际化	改革效果
新兴国家					
智利	先短期后长期，增加央行票据利率拍卖工具（1987—）	比索贬值，并扩大波幅（1985）由钉住美元转为钉住一篮子货币（1992）	取消 FDI、境外证券投资限制（1985）渐进放松资本管制		经济增速加快通胀下行经常项目明显改善国内外利差收窄
印度尼西亚	放松利率管制（1983）逐步取消信贷规模控制	扩大一篮子货币汇率波幅（1994）	取消流出限制；放宽 FDI 限制（1985）		经济增速加快物价水平有所提高经常项目明显恶化国内外利差扩大
韩国	先贷款后存款，先长期后短期取消利率管制（1993—1995）	采用对美元平均汇率制，波幅 0.4%（1990），波幅扩大至 0.8%（1992）	取消 FDI 限制（1989），总体管制程度较高		经济增速平稳物价水平有所上行经常项目有所恶化国内外利差基本稳定
泰国	取消 1 年期以上存款利率上限（1989）取消储蓄存款和贷款利率上限（1992）	由钉住美元改为有管理浮动（1997）	取消 FDI、境外证券投资、境外借款限制（1977）基本取消流入限制（1992）分步取消境外贷款、境外投资限制（1990—1994）		经济增速平稳物价水平大幅上行经常项目明显恶化国内外利差扩大

五、我国利率、汇率改革和资本账户开放需要协调推进

实际上，所谓金融改革次序问题不仅是理论问题，更是实践问题。从中国实践看，"先内后外"的改革次序只是一种理想化设计，而实际情况往往是内

外协调推进并相互促进。利率、汇率改革和资本账户开放就像两条腿走路，只有两条腿协调迈进才能走得稳、走得快，至于左腿在前还是右腿在前并没有固定的次序。2000 年，我国金融机构资产质量很差，四大国有商业银行不良贷款（一逾两呆口径）余额约 1.8 万亿元，不良贷款率 29.2%，处于技术性破产边缘。当时有人认为，加入 WTO、开放金融市场无异于"引狼入室"。事实证明，"与狼共舞"极大提高了我国金融竞争力，有力促进了我国金融业健康发展。引入战略投资者、政府注资、剥离不良贷款及改制上市等一系列改革，极大提高了中资金融机构的管理能力和盈利水平。2011 年末，我国商业银行不良贷款率为 1.0%，拨备覆盖率为 278.1%，资本充足率为 12.7%。我国银行业资产质量处于全球银行业较高水平，远高于《巴塞尔协议Ⅲ》标准。历史经验表明，利率、汇率改革和资本账户开放不存在严格的先后顺序，而应该是协调推进和相互促进的关系。

多年来，我国利率、汇率改革和资本账户开放正是协调推进的过程。从资本账户开放看，2002—2009 年，我国共出台资本账户改革措施 42 项。外汇管理已由"宽进严出"向"双向均衡管理"转变，逐步减少行政管制，逐步取消内资与外资企业之间、国有与民营企业之间、机构与个人之间的差别待遇。分结构看，按照国际货币基金组织 2011 年《汇兑安排与汇兑限制年报》，目前我国不可兑换项目有 4 项，占比 10%，主要是非居民参与国内货币市场、基金信托市场以及买卖衍生工具等。部分可兑换项目有 22 项，占比 55%，主要集中在债券市场交易、股票市场交易、房地产交易和个人资本交易等四个方面。基本可兑换项目 14 项，占比 35%，主要集中在信贷工具交易、直接投资、直接投资清盘等方面。

从人民币汇率形成机制改革进程看，人民币汇率体制从计划经济时代的高估配给汇率制（1949—1979 年），到转轨经济时期的双重汇率制（1979—1994 年），再到单一的浮动汇率制（1994 年至今），实现了从事实上的钉住美元汇率到参考一篮子货币有管理的浮动汇率制①。

从利率市场化成果看，货币市场和债券市场已经实现利率市场化，存贷款市场上也只有人民币存款和人民币贷款尚未完全实现利率市场化。2011 年末，

---

① 易纲. 改革开放三十年来人民币汇率体制的演变［Z］. 中国金融 40 人论坛《中国经济 50 人看三十年》专辑，2008.

人民币存款余额为 80.9 万亿元，均处于存款利率上限，占全部利率产品余额的 44.6%；人民币贷款余额为 53.3 万亿元，大部分贷款利率高于贷款基准利率，按照市场供求状况定价。近年来，以市场化定价的理财产品、银行表外创新业务等发展迅速。2011 年实体经济以未贴现的银行承兑汇票、委托贷款和信托贷款方式合计融资 2.52 万亿元，占当年社会融资规模的 10.9%。

更重要的是，作为一个大国，我国利率和汇率主要不决定于国际资本流动。我国利率主要决定于国内经济金融环境，汇率则主要决定于我国相对于其他国家的贸易条件。国内经济金融环境主要包括居民的消费和储蓄习惯、资金使用效率、资金供求状况、企业盈利能力、物价水平以及货币当局的利率调控能力等。贸易条件则主要包括劳动力成本、技术条件、产业结构、资源禀赋以及货币当局调控汇率的能力等。目前，我国经济总量和贸易总量均居世界第二，且发展速度居世界前列，经济结构和贸易条件也不断改善。我国外汇储备达 3.31 万亿美元，银行业金融机构金融资产超过 110 万亿元，金融运行总体稳健。这些都是我国利率、汇率稳定最有利的条件。国际资本流动不可能成为我国利率、汇率的主要决定因素。

当前，我国加快资本账户开放正处于难得的战略机遇期。首先，我国企业"走出去"已进入战略机遇期。过剩的产能向对外直接投资提出了要求，雄厚的外汇储备为对外直接投资提供了充足的外汇资金，西方金融机构和企业的收缩给中国投资腾出了空间。其次，人民币国际化正处于难得的战略机遇期。开放资本账户，拓宽人民币流入、流出渠道，将进一步提高人民币在国际贸易结算及国际投资中的地位，也将进一步促进香港离岸市场建设，加快离岸人民币金融工具创新。可以设想，随着人民币国际计价、国际支付以及国际投资等职能逐步实现，人民币成为国际储备货币将为时不远。

我国当前需要进一步推进利率市场化、汇率形成机制改革等各项金融改革，渐进审慎开放资本账户，将开放的风险控制在最小范围。加快推进资本账户基本开放，不需要等待利率市场化、汇率形成机制改革或者人民币国际化条件完全成熟，但这绝不意味着利率市场化、人民币汇率形成机制改革不向前推进。利率市场化、汇率形成机制改革、人民币国际化与资本账户开放是循序渐进、协调配合、相互促进的关系，具体的改革开放措施应该成熟一项，推进一项。

表 3　　　　　　　　　　**2011 年末中国利率产品市场化状况**　　　　单位：亿元

货币市场		债券市场		存贷款市场	
市场状况	余额	市场状况	余额	市场状况	余额
同业拆借（1996 年放开）	8852	金融债（1998 年放开）	74598	外币贷款（2000 年放开）	33917
回购（1997 年放开）	22942	国债（1999 年招标发行）	73827	外币存款（2004 年放开）	17333
贴现（2005 年，与再贴现利率脱钩，实现市场化）	15120	企业债（2007 年参照 Shibor 利率报价）	15628	人民币存款利率管上限（2004 年）	809369
				人民币贷款利率管下限（2004 年）	532820
				同业存款（市场化定价）	23018
				委托存款（市场化定价）	52118
				委托贷款（市场化定价）	51968
				信托贷款（市场化定价）	17579

注：1. 贴现规模为金融机构人民币信贷收支表中的票据贴现余额。

2. 同业拆借和回购分别为金融机构的同业拆借和卖出回购。

3. 金融债包括国家开发银行金融债及政策性金融债、银行普通债、证券公司债、银行次级债及混合资本债、资产支持证券。

4. 企业债包括企业债、公司债、短期融资券、超短期融资券、中期票据、中小企业集合票据及非公开定向融资工具、可转及可转可分离债。

5. 同业拆借、回购及现券买卖均为交易规模，其他为余额数。

资料来源：中国人民银行。

我国为什么需要推进资本账户开放①

2012 年，中国人民银行调查统计司课题组先后在《中国证券报》上发表两篇报告。一篇是 2 月 23 日的《我国加快资本账户开放的条件基本成熟》，一篇是 4 月 17 日的《协调推进利率汇率改革和资本账户开放》。报告受到了社会各界的广泛关注。总体看来，大家基本上赞成推进资本账户开放的观点。

从国际看，新一轮国际贸易谈判更加注重贸易与投资并举、服务贸易和投资协定相联。延误资本账户开放时机，将影响我国与国际新标准、新规则的接轨，进而影响我国贸易自由化谈判，制约我国对外开放进程。从国内看，随着我国金融改革不断推进，经济持续平稳较快增长，加快人民币资本账户开放的条件和时机逐步成熟。目前，我国资本管制依然较多，不利于企业"走出去"对外投资、跨国兼并重组和获取国际先进技术，也不利于我国实施全球农业战略。从根本上讲，推进资本账户开放是我国全面融入世界经济、实现大国复兴和"中国梦"的必然要求。

一、我国扩大资本账户开放的条件基本成熟

最近一二十年来，我国渐进式推进资本账户开放。1993 年，党的十四届三中全会通过《中共中央关于建立社会主义市场经济体制若干问题的决定》，提出"改革外汇管理体制，逐步使人民币成为可兑换的货币"。2003 年，党的十六届三中全会通过《中共中央关于完善社会主义市场经济体制若干问题的决定》，进一步明确，"在有效防范风险的前提下，有选择、分步骤放宽对跨境资本交易活动的限制，逐步实现资本项目可兑换"。2010 年 10 月，党的十七届五中全会决定，将"逐步实现资本项目可兑换"目标写入"十二五"发展规划。

---

① 本文作者盛松成，发表于《中国证券报》，2013 - 09 - 05。

按照国际货币基金组织 2011 年《汇兑安排与汇兑限制年报》，目前我国不可兑换项目有 4 项，占比 10%，主要是非居民参与国内货币市场、基金信托市场以及买卖金融衍生产品。部分可兑换项目有 22 项，占比 55%，主要集中在债券市场交易、股票市场交易、房地产交易和个人资本交易四大类。基本可兑换项目 14 项，占比 35%，主要集中在信贷工具交易、直接投资、直接投资清盘等方面。

2012 年以来，我国资本账户开放步伐明显加快。2012 年 3 月 8 日，温州金融改革综合方案允许"开展个人境外直接投资试点"。5 月 9 日，美联储首次批准工商银行、中投公司和中央汇金公司控股收购美国东亚银行 80% 的股权。2013 年 1 月，中国人民银行提出做好合格境内个人投资者试点准备工作。5 月 18 日，证监会和外汇局联合发文，简化合格境外机构投资者（QFII）审批程序。6 月 19 日，国务院常务会议确定"推进个人对外直接投资试点工作"。7 月，中美经济战略对话双方同意，以准入前国民待遇和负面清单为基础开展中美双边投资协定实质性谈判。7 月 14 日，国务院常务会议原则通过《中国（上海）自由贸易试验区总体方案》，试点可能涉及人民币资本账户开放、外商投资改革方案等。

但总体看来，我国长期实行"宽进严出"的资本管理政策，资本管制的程度仍然较高，实体经济在"引进来"和"走出去"过程中存在部分投资与金融方面的障碍。主要表现在：外商撤资、转股等须经有关部门批准，手续烦琐；境内机构对外直接投资须经有关部门审批，审批流程较长；有关部门负责外汇来源及使用的审核、登记；中小企业和个人投资者跨境资金流动限制较多，未开放非金融机构和个人直接投资国外股票和债券等金融产品；等等。据国家外汇管理局国际收支统计数据，2012 年我国对外直接投资为 624 亿美元，是外商直接投资额的 24.6%。截至 2012 年末，我国对外直接投资累计 5028 亿美元，是外商直接投资累计额的 23.3%。

按照国际一般标准，目前我国资本账户开放的条件基本成熟。从宏观经济稳定性、金融市场的深度和广度、银行体系稳健性及国际收支状况等方面评判，我国正处于扩大资本账户开放的有利时机。从宏观经济运行情况看，上半年，我国经济增长 7.6%，高于全球增速 4 个百分点以上。我国经济总量已跃居世界第二位，进出口总额已超过美国，居世界第一位。2013 年上半年消费品价格指数同比上涨 2.4%，处于适度区间。从银行业运行情况看，上半年末，我国商业银行不良贷款率为 0.96%，拨备覆盖率为 292.5%。从金融市场发展状况看，亚洲开发银行数据显示，2012 年我国债券市场规模达 3.81 万亿美元，成为世界第三大、亚洲第二大债券市场，仅次于美国和日本。我国股票市场市价总值 24.78 万亿元，排名世界第四。从国际收支状况看，6 月末，我国外汇储备余额为 34967 亿美元，接近全球外汇储备的 1/3，约为日本的三倍。短期外债占外汇储备比例不超过 16%，处于安全水平。经常账户长期保持顺差。

我国利率、汇率改革也取得明显进展。2012 年 6 月，我国金融机构人民币存款利率浮动区间的上限调整为存款基准利率的 1.1 倍。2013 年 7 月，全面放开金融机构人民币贷款利率管制。2012 年 4 月，人民币对美元汇率每日波幅扩大至 1%，外汇干预明显减少。

从时机看，一是"十二五"发展规划明确提出，要"逐步实现资本项目可兑换"。二是当前全球金融市场波动有所减弱。2010 年初至 2013 年 8 月末，美国 10 年期国债收益率、3 个月期美元 Libor 利率、美国 BBB 企业收益率以及广义美元指数波动率分别为 0.72%、0.10%、0.56% 和 2.50%。与 2000 年至 2007 年数据相比，除了国债收益率波动幅度大致相同外，其他三项分别低 1.8 个、0.3 个和 5.6 个百分点。三是人民币汇率双向小幅波动，逐渐趋于均衡，也为资本账户开放提供了有利条件。

目前，美国退出量化宽松政策箭在弦上。这可能引起全球资金流向的再次变化，对我国资本账户开放造成一定影响，但同时，美元资本的退出也为我国资本留下了拓展空间，不抓住机遇可能会留下遗憾。2013 年 5 月 6 日，国务院常务会议研究部署了当前我国经济体制改革重点工作，其中包括"提出人民币资本项目可兑换的操作方案"。推进资本账户开放是我国中长期发展战略之一，本身需要一个过程，并不是很短时间内就能完成的。美国量化宽松货币政策的退出预期、新兴市场的资本短期流动等，基本上是短期或者周期性的现象。我们不应该，也没必要因为国际金融市场的短期波动而改变我国的战略性开放进程。

二、许多发展中国家经验表明，扩大资本账户开放有利于经济增长

在标准的经济增长模型中，技术进步和制度创新决定人均收入的长期增长，短期因素还包括储蓄率和投资率等。发展中国家资金相对缺乏，因此，可通过吸引国外资金，带动技术创新和产业升级，加快经济增长。其中，外商直接投资不仅提供了长期的、稳定的资金来源，而且带来了先进技术和管理经验，也开辟了国际市场。所以，普遍接受的观点是，资本账户开放有利于新技术的传播和新制度的普及。Bekaert 等人发现，资本账户开放会在 5 年内提高人均 GDP 增速 1 个百分点。而且，金融体系相对发达、会计准则相对成熟、法律制度相对完善的国家，资本账户开放对经济增长的促进作用更为明显（Bekaert，2001）。

近期，有个别专家提出"外资无意义"的观点，仅以日本、韩国等为例，来说明没有外资注入也能快速发展。"发展中国家即使资本相对短缺，自己也能够积累足够的资本来推动经济的快速发展"。因此，不仅"资本的短期流动受管制，而且，外债和外资都不欢迎"。事实是，朝鲜战争及越南战争期间，美国对日本、韩国以及中国台湾地区进行了大量的资金和技术援助。这些援助是这些国家和地区经济起飞的关键要素之一。1976 年至 1980 年，韩国经济起飞期间，吸引的外商直接投资、外商证券投资及外商其他投资合计占该国 GDP 比例年均达 7.6%，远高于同期国际平均水平。我们采用更多国家数据、更长时序（1970—2007 年）进行实证研究，结果发现：第一，协调推进金融改革开放、吸引国外资金，能够显著促进经济增长和人均收入提高；第二，协调推进金融改革开放对通货膨胀的作用不显著；第三，协调推进金融改革开放能显著提高一国的金融发展水平。

我国的发展经验同样表明，吸引外资，特别是外商直接投资对我国经济增长意义重大。20 世纪 80 年代以来，我国直接投资持续顺差，年均增长29.3%。2002 年至 2007 年，我国经济经历了一轮高速增长，同期直接投资顺差占 GDP 比例平均为 3.5%，最高年份达到 4%。

三、资本账户开放是我国全面融入世界经济、实现"中国梦"的必然要求

资本账户开放是我国充分利用"两个市场、两种资源"的必要条件。人流、物流、技术流和资金流是不可分割的有机整体。人流、物流在全球范围内的自由流动，需要相应的资金流在全球范围内的配置组合。资本管制限制了资金自由流动，也会阻碍商品和服务贸易发展。有关测算表明，我国"入世"

后，国际经济波动与我国经济波动的相关系数达到 0.76。经济全球化进程要求我国扩大资本账户开放。

当前，新一轮贸易自由化正在兴起，对我国资本账户开放提出了更高的要求。TISA（服务贸易协定）、TPP（跨太平洋战略经济伙伴协定）、TTIP（跨大西洋贸易和投资伙伴协议）以及我国正在与美国进行的 BIT2012（双边投资协定 2012 年范本）的谈判内容，更加注重贸易与投资并举、服务贸易和投资协定相联。比如，TISA 要求成员国全面给予外资国民待遇，银行、证券、保险等行业都要对外资一视同仁，取消设立合资企业的额外要求，不限制外资控股比例，等等。

资本账户开放是我国实施全球化战略、全面融入世界经济的必然选择。

第一，资本账户开放是实施全球农业战略、拓展"南南"合作、进一步扩大农业对外开放的需要。截至 2011 年末，全国耕地面积 18.23 亿亩，逼近 18 亿亩的耕地红线。今后 20 年，随着工业化、城镇化稳步推进，人口持续增长，以及收入提高引起食品消费结构升级，农产品需求将持续增长，完全依靠国内实现粮食等农产品自给自足，既不可能也无必要。有关研究表明，如果中国不进口农产品，完全依靠国内生产，需要 30 亿亩以上的农作物播种面积，即有 10 多亿亩的缺口，而以目前的农业资源和技术水平无法弥补这一缺口。开放资本账户，有利于跨国土地购买、种养殖等，实现土地资源跨国"引进"，保障国家粮食安全，建立持续、稳定、安全的全球农产品供应网络。

第二，实施全球工业战略、鼓励企业"走出去"是我国重大经济战略方针。正常情况下，我国企业的产能利用率为 85%～90%。目前，部分支柱行业产能过剩，钢铁行业产能利用率为 72%，自主品牌汽车产能利用率为 58%。部分新兴产业也出现产能过剩，风电设备产能利用率为 69%，光伏电池产能利用率为 57%。鼓励企业"走出去"是我国消化过剩产能、调整经济结构及产业升级的需要。另一方面，很多发展中国家希望中国投资该国资源开采、基础设施建设、制造业等惠及民生项目。中国驻缅甸大使馆经济商务参赞金洪根表示，"缅甸希望中国投资帮助其发展"，"不仅发展基础设施建设，还希望投资劳动密集型行业，如农业、纺织、医疗卫生等"。

企业"走出去"也有利于跨境人民币使用。根据环球银行电信协会（SWIFT）发布的数据，2013 年 5 月末人民币在全球结算中占比 0.84%，创历史新高，居世界第 13 位。从 2012 年 1 月起，人民银行在公布社会融资规模、存款、贷款、货币供应量的同时，每月公布人民币跨境结算数据。人民币跨境使用取得了一系列成果。

第三，扩大资本账户开放是实施全球投资战略、拓宽居民投资渠道的需要。我国房地产价格长期居高不下，一个重要的原因是居民投资渠道较少。如以国民生产总值（GNP）与国内生产总值（GDP）比值衡量资本净输出，2010年我国 GNP/GDP 为 96%，低于欧美等发达国家，且低于金砖四国中的印度2 个百分点。

四、我国资本账户开放的风险基本可控

在未来较长时间内，我国资本流入的压力总体仍将大于流出的压力。一是经常账户的长期流入压力。北京大学"中国 2020"课题组预测，中国生产者（年龄 25~64 岁）对净消费者（年龄在 25 岁以下和 64 岁以上）之比大于120%，且未来 30 年都高于 100%，这意味着我国社会生产能力强，储蓄率高。我国国民总储蓄率长期保持在 50% 以上（2012 年为 50.3%）。按照储蓄减投资为经常账户差额的恒等式，在国内投资一定的情况下，较高的储蓄率对应了较大的经常账户顺差。2009 年至 2012 年，我国经常账户顺差与 GDP 之比平均为 3.27%。二是直接投资的长期净流入压力。未来几年，我国经济将保持7%~8% 的增长速度，经济增长前景好于欧美等发达经济体，仍将吸引大量的外商直接投资。2009 年至 2012 年，我国直接投资顺差与 GDP 之比平均为2.59%。三是证券投资的长期净流入压力。全球指数或地区指数投资者为分散全球或地区投资风险，将扩大对我国证券市场投资。2009 年至 2012 年，我国证券投资顺差年均为 296 亿美元。

断言中国扩大资本账户开放会引起短期资本大进大出是缺少依据的假设和推论。Prasad（2008）研究指出，资本账户开放与资本流出没有直接的线性关系。资本账户开放后，智利、哥伦比亚和丹麦等国面临资本大量流入，而瑞典、芬兰和西班牙等国却面临资本流出。从资本流出渠道分析，对外直接投资、对外证券投资以及其他对外投资一般与国内外的经济周期、经济增长前景、国内金融市场状况、汇率的升值预期以及投资中的本国偏好等因素有关。经验表明，欧美等发达国家经济增长较慢、投资本国偏好较弱，资本账户开放后资本流出比例较高。英国、意大利、法国在开放后 5 年内年均流出资本与GDP 之比分别为 12%、8% 和 6% 左右。亚洲等国经济发展较快，投资本国偏

好较强，资本流出比例较低。日本、泰国在开放后5年内年均流出资本与GDP之比基本在2%~3%（Bayoumi et al.，2013）。因此，根据我国目前经济金融情况，我国资本账户开放后，资本流出与GDP之比一般不会超过2%。我国经常账户顺差完全能够抵补资本流出的逆差。

相关的实证研究表明，中国资本账户开放后的资本流出风险基本可控。一种观点是，资本账户开放会加剧资本净流入。另一种观点则认为资本可能净流出，但净流出的规模低于经常账户顺差规模，外汇储备仍将持续增加。香港金融管理局的实证研究显示（Dong He et al.，2012），我国资本账户开放后，至2020年，尽管证券投资净流出约1.7万亿美元，但直接投资净流入约2000亿美元，加上经常账户顺差，我国外汇储备余额仍将增至6.3万亿美元。国际货币基金组织（Bayoumi et al.，2013）最新测算也表明，尽管资本账户开放后我国证券投资和其他投资将净流出，但直接投资顺差和经常账户顺差的规模更大。总体看，我国外汇储备还将增加。

五、金融危机与资本账户开放没有必然联系

断言资本账户开放会引发金融危机，其证据无非就是拉美债务危机、亚洲金融危机等个别案例。但更多的研究表明，泰国、墨西哥等国爆发危机，其原因主要是经济严重失衡，而与资本账户开放没有因果关系（Kaminsky et al.，1996；Mishkin，1999）。一是产业结构单一，经济基础薄弱，遇到外部冲击后回旋余地较小。如泰国危机前国内主导产业为房地产业，主要出口产品为半导体，出口需求基本"靠天吃饭"，受国际市场影响很大。二是持续、大量经常账户逆差。1990年至1997年，韩国7年逆差（仅1993年经常账户顺差占GDP比值为0.3%），年均逆差与GDP之比为1.75%。印度尼西亚、马来西亚、菲律宾和泰国连续8年逆差，年均逆差与GDP之比分别为2.54%、5.44%、4.13%和6.33%。三是为了弥补巨额经常账户逆差，这些国家大量向外举债，尤其是短期外债。1993年，墨西哥短期外债与外汇储备之比为230.1%。1996年，泰国、菲律宾、印度尼西亚和韩国短期外债与外汇储备之比分别为102.5%、125.7%、226.2%和300.2%，而一般公认的短期外债安全标准为不超过100%。四是货币高估，且基本实施固定汇率制。相关测算表明，1993年墨西哥比索高估约11.2%，1996年泰国泰铢和菲律宾比索高估约10%~20%。而且，南美"龙舌兰"危机（Tequila Crisis）和亚洲金融危机的

一个共同特点是危机国家实行钉住美元的固定汇率制度。五是信贷增长过快，不良贷款率较高。"龙舌兰"危机前三年，墨西哥和阿根廷的信贷与 GDP 之比翻了近一倍。亚洲金融危机前三年，韩国等国信贷与 GDP 之比平均提高了34%，银行业的贷款不良率大体在 15%～35%（Goldstein，1998）。此外，这些国家物价持续上涨，经济增速明显下滑，这也是引发危机的重要原因。

近期，东南亚部分国家又出现金融动荡，印度和印度尼西亚货币大幅贬值，资金大量流出。印度央行总裁苏巴拉奥在 8 月 30 日的讲话中承认，印度卢比汇率下滑的根源是经常账户逆差太大，不可持续。印度央行不会因为资本流出而实施资本管制，但会采取一些结构性应对措施稳定金融市场。

相反，即使不开放资本账户，经济严重失衡也会引发金融危机。如 1982年南美发生金融危机，而 1981 年墨西哥（1990 年开放资本账户）、巴西（1995 年开放资本账户）和阿根廷（1989 年开放资本账户）经常账户逆差与GDP 之比分别为 6.5%、4.6% 和 2.8%，短期外债占外汇储备比例分别为613.2%、232% 和395.4%，汇率高估分别为51.1%、4.4% 和31.3%。于是国际市场一有风吹草动，国内经济即刻陷入困境（Steven，1999；Bayoumi et al.，2013）。

莱因哈特等人分析了 8 个世纪以来 66 个国家和地区上千次金融危机，包括自拿破仑战争时期的欧洲银行挤提至 2008 年国际金融危机。他们发现，汇率高估、短期外债过多及经常账户逆差是预测金融危机的三个最佳指标，而资本账户开放与金融危机并没有必然联系。Glick（2006）利用 69 个发展中国家1975 年至 1997 年的数据，研究发现，资本账户开放国家不容易受到投机性攻击。最新的研究（Valencia 和 Laeven，2012）发现，在统计的 129 次货币危机中，在危机前 5 年内开放资本账户的只有 31 例，79 次危机发生在资本管制阶段，其余的 19 次危机发生在资本账户完全开放后多年。在 108 次银行危机中，在危机前 5 年内开放资本账户的有 36 例，46 次危机发生在资本管制阶段，其余的 26 次危机发生在资本账户完全开放后多年，其中 19 次发生在 2007 年后的欧美各国。

正反两方面经验表明，如果经济运行平稳、汇率没有明显高估、短期外债占比较低、经常账户保持顺差并且金融体系基本稳健，资本账户开放并不会导致金融危机。目前，我国经济发展前景良好，经常账户持续顺差，人民币汇率在长期中仍有升值压力，外汇储备数额巨大，监管体系比较健全。而且我国金融市场容量巨大，能有效缓冲资本账户开放的风险。

当然，越是推进资本账户开放，越应该主动防范开放的风险。资本账户开放与风险防范并不是对立的或相互排斥的，而是统一的和相互促进的。资本账户开放的程度越高，风险防范的意识就应该越强，防范风险的政策和措施就应该越有力。一是要协调推进利率、汇率改革与资本账户开放。利率、汇率改革和资本账户开放没有固定顺序，应该协调推进，成熟一项，开放一项。二是要优化资本账户各子项目的开放次序。基本原则是，对我国经济发展越有利的项目（如直接投资和企业及个人对外投资）越早开放，风险越大的项目（如短期外债）越晚开放。三是推进资本账户开放并不意味着对跨境资金流动、金融交易放松监管，而应根据国内外经济金融变化，实行灵活、有效的政策措施，包括采取临时性特别措施。资本账户开放要谨慎推进，相机决策，遇险即收。

协调推进金融改革[①]

十八届三中全会提出要建设统一开放、竞争有序的市场体系，使市场在资源配置中起决定性作用。这要求扩大金融业改革开放。我国既要形成市场化利率、汇率，又要培育充分竞争的金融市场，优化金融资源配置。金融领域的各个方面紧密相联，金融改革需要协调推进。2012年4月，中国人民银行调查统计司课题组发布研究报告《协调推进利率汇率改革和资本账户开放》，第一次明确提出，利率、汇率的市场化改革与资本项目开放是循序渐进、协调配合、相互促进的关系；第一次明确指出，认为必须先完成国内利率市场化和汇率形成机制改革，才能开放资本项目的所谓"先内后外"的观点不适合中国国情。只有协调推进，才能平稳、有序完成金融市场化改革，减少金融体系震荡。

一、加快各项金融改革的时机已经成熟

我国资源配置效率亟待提高。加快各项金融改革，使利率、汇率、资本流动由市场供求决定，减少金融压抑，有利于优化资源配置。

一是要加快利率决定机制改革。多年前，我国就已开始利率市场化改革。2012年6月，允许金融机构存款利率上浮10%。2013年7月，全面放开金融机构贷款利率管制。虽然商业银行竞争有所加剧，但存贷款市场总体运行有序，整体情况好于预期。我国基础利率体系逐渐完善，金融产品不断丰富，金融市场日趋活跃，人民银行公开市场操作更加灵活、对金融市场的影响力持续提高，这些都为进一步推进存款利率市场化创造了有利条件。存款利率进一步放开，金融机构运行成本由市场决定，将有效提高资金使用效率。

二是要加快完善人民币汇率形成机制。2005年我国开始人民币汇率形成

---

① 本文作者为盛松成，发表于《财新》，2013年第51期。

机制改革，总体效果良好。目前我国外汇市场的突出问题不再是人民币快速升值与经济增长的矛盾，而是外汇市场干预过多与国内外资源配置效率亟待提高的矛盾。未来要进一步减少对外汇市场的干预，发挥市场供求在汇率形成中的决定性作用。

三是要加快推进资本项目开放。资本管制限制资金自由流动，也会阻碍商品和服务贸易的发展。新一轮贸易自由化正在兴起，TISA（服务贸易协定）、TPP（跨太平洋战略经济伙伴协定）、TTIP（跨大西洋贸易和投资伙伴协议）等，更加注重贸易与投资并举、服务贸易和投资协定相联。延误资本项目开放时机，将影响我国与国际新标准、新规则的接轨，进而影响我国贸易自由化谈判，制约我国对外开放进程。而有序提高跨境资本和金融交易可兑换程度，使国外投资者能够自由地投资中国、国内投资者可以便捷地配置全球资产，资本流动合理地反映外汇市场供求状况，就能充分利用国内外两个市场，在全球范围内配置资源，改善我国经济结构。资本市场双向开放也有利于我国成为全球资本强国。

二、协调推进金融改革能避免经济金融体系过度波动

固定顺序金融改革会导致金融指标超调。要从一般均衡的角度全面分析各项金融改革，动态考察改革效果。汇率上升后的一般均衡利率可能低于目前的局部均衡利率；利率上升后的均衡汇率可能低于目前的局部均衡汇率；资本完全流动后的均衡汇率可能低于资本管制下的均衡汇率。因此，如果先彻底完成利率市场化改革，利率将较快上升；之后再进行汇率市场化改革时，汇率上升的同时又会引起利率下降。如果先彻底完成汇率形成机制改革，汇率将快速上升；待资本管制放松后，汇率又可能回调。而且各项指标的调节速度不同也会导致超调。极端情况下，如果我国利率、汇率、资本项目短期内放开，经济金融体系很难一次性实现一般均衡；由于汇率调节速度最快，汇率将快速上升，之后随着利率的上升，汇率又会下降。可见，固定顺序改革会引起金融指标的反复震荡。

协调推进金融改革的基本原则是成熟一项推进一项，各项改革交替实施，互相创造条件，以避免经济金融体系过度波动。一是协调推进金融改革要求把控改革幅度，单项改革不应太快。资本项目放开速度过快，再进行利率、汇率改革，或利率放开幅度过大，再进行汇率改革和资本项目开放，或汇率放开幅

度过大，再进行利率改革和资本项目开放，这些都会引起相关金融指标的超调。二是协调推进金融改革要求把握时机，成熟一项推进一项。当局部均衡与一般均衡发生矛盾时，某项改革的时机可能不成熟，这要求先推进时机成熟的改革，同时为其他改革创造条件。在改革进程中，若利率上升过快，就应加快推进汇率市场化和资本项目开放，缩减利率上涨空间，为平稳推进利率市场化创造条件；若汇率上升过快，就应加快推进利率市场化和资本项目开放，缩减汇率上升空间，为平稳推进汇率市场化创造条件；若资本流出过多，就要加快推进利率、汇率市场化，抑制资本流出，为资本项目平稳开放创造条件。

三、协调推进金融改革还能加快改革进程

协调推进利率、汇率改革和资本项目开放能减小改革阻力，加快改革进程。一是利率、汇率改革和资本项目开放是一个有机的整体，三者是相互促进、相互依赖、互为前提的关系。利率、汇率改革和资本项目开放就像两条腿走路，只有两条腿协调迈进才能走得稳、走得快，至于左腿在前还是右腿在前并没有固定的次序。

二是利率、汇率改革和资本项目开放的内容非常丰富，每一项改革都是一个长期的、渐进式的推进过程。任何一项改革都不能等待其他改革完成，也不可能等待其他条件完全成熟。

三是协调推进金融改革有利于减小阻力，化解矛盾。改革影响利益格局。单项改革进程过快容易在短期内激化矛盾。而协调推进改革对利益格局影响较小，阻力也较小。利率市场化过程中积累的矛盾可以在汇率改革中逐步化解。汇率市场化过程中积累的矛盾也可以在利率改革中逐步化解。这样，社会感受到的变动较小，改革阻力较小，改革推进速度就能加快。

四是我国历史和国际经验均表明，利率、汇率市场化改革和资本项目开放是协调配合、相互促进的关系。回顾35年来中国金融改革发展的历史可以发现，"先内后外"的金融改革开放次序只是一种理想化设计，而实际情况往往是内外协调推进并相互促进。美国、德国、英国等发达国家的金融改革也都是在协调利率、汇率改革和资本项目开放的过程中推进和完成的。

四、协调推进金融定价机制改革和金融市场建设

我国的金融市场化改革，不仅仅要放开利率、汇率、资本项目管制，还要

培育市场化的金融环境，加快金融市场建设。这要求扩大金融业对内对外开放，增加金融供给。一是要减少市场准入限制，允许具备条件的民间资本依法发起设立中小型银行等金融机构。二是建设多层次金融市场体系。鼓励金融创新，丰富金融产品，扩大竞争性金融供给。三是形成统一互联的金融市场，增强金融产品流动性和便利性，减少资金沉淀，盘活货币存量。四是保护金融消费者权益，尽快推出功能完善、权责统一、运行有效的存款保险制度，为全面推进金融改革创造条件。

利率市场化改革还需要与投资体制改革相协调。投资需求直接影响利率。若投资对利率不敏感，有限的资金供给将面对无限的资金需求，利率将快速上升。一方面要减少政府干预，确立企业投资主体地位，实行统一的市场准入制度。企业根据成本收益安排投资计划，能提高投资的利率敏感度，形成合理的资金需求。另一方面还要避免高风险行业挤占有限的金融资源，抬高整体利率水平。总之，深化投资体制改革，能避免利率过快上升，进而减小资本流入、汇率上升的压力。

金融市场建设与金融定价机制改革要同步推进。如果金融供给有限，即使利率、汇率由市场供求关系决定，也可能形成垄断价格。如果金融供给增加很快，而价格形成机制改革滞后，会造成供需矛盾，可能导致大量套利寻租行为，金融脱离实体经济。这些都不利于资源有效配置。金融市场建设与定价机制改革也是相互促进的关系。完善金融市场有利于形成市场化价格。推进定价机制改革能扩大竞争性金融供给，丰富金融市场。

推进资本账户双向开放迎来较好时机①

中欧国际工商学院教授、人民银行调查统计司原司长盛松成日前接受中国证券报记者专访时表示，美元短期内可能仍有贬值压力，但目前全球疫情形势和国外主要经济体的复苏仍有较大不确定性，因此美元资产的避险属性依然突出。同时，目前迎来继续推进资本账户双向开放的较好时机，我国应稳步推进资本账户的双向开放，为双循环新发展格局奠定货币金融基础。

他认为，无论数字货币如何发展，都不是影响国际货币体系的因素。相比美国，我国有更多的政策储备，可以使货币政策恢复常态。

一、美元短期内仍有贬值压力

中国证券报：美元指数近日出现下行趋势，美元是否已进入熊市？

盛松成：美元指数近日的下行，与目前美国疫情形势严峻及此前为对冲经济衰退而大量投放流动性有关。疫情冲击下，美联储自 2020 年 3 月重启量化宽松。在美联储激进扩表时，美元指数不降反升，一度突破 100 大关，为 2017 年 4 月以来的首次。2020 年 3 月至 5 月期间，美元指数一直保持在 100 左右的较高位置。随着"美元荒"消退，美元从高位回调是正常的。

同时，市场对美元流动性过剩的担忧也随之而来。而最近一段时间，随着几度陷入僵局的欧盟峰会终于谈妥财政刺激方案，多国达成联手拯救市场和经济的共识，同意创建规模高达 7500 亿欧元的复苏基金来提振备受疫情重创的欧洲经济，欧元走强，这也使美元汇率表现相对弱势。

美元短期内可能仍有贬值压力，但也要看到，目前全球疫情形势和国外主要经济体的复苏仍有较大不确定性，美元资产的避险属性依然突出。而从中长期看，美国经济的回旋余地还很大。值得注意的是，美元能够长期作为强势货

---

① 本文系盛松成接受《中国证券报》专访的内容，原标题《中欧国际工商学院教授、央行调查统计司原司长盛松成：推进资本账户双向开放迎来较好时机》，发表于 2020 年 8 月 10 日。

币并保持其在国际货币体系中的主导地位，除了其较强的经济、科技、军事等实力，一个重要原因是美元一直不断在进行制度创新。例如，虽然布雷顿森林体系崩溃，美元和黄金脱钩，但其后又转而和石油挂钩。美国也一直在国际政策协调中扮演重要角色，支持美元在国际货币体系中的主导地位。此次面对疫情冲击，美联储通过与各国央行货币互换及针对外国和国际货币当局的临时回购协议工具（FIMA）等手段扮演了全球央行的角色。只要美元持续保持制度创新，继续维护美元在国际货币体系的中心地位，就有理由对美元的未来保持乐观。

中国证券报：目前我国疫情得到有效控制，经济稳定复苏，人民币国际化将迎来哪些机遇？

盛松成：人民币国际化将推动双循环新发展格局的形成。稳步推进资本账户的双向开放，将有助于中国继续融入世界经济，为双循环新发展格局奠定货币金融基础。

首先，突出人民币计价资产特色，提升上海国际金融中心能级。人民币国际化需要世界级的金融中心相配合。中国除香港外，也应拥有辐射全球的国际金融中心。要鼓励境外居民增持以人民币计价的金融资产，实现人民币境内境外"双循环"。这将使人民币国际化具有广泛内涵和发展前景。

其次，稳步推进资本账户双向开放。例如，积极开展自贸区金融先行先试，试点建立本外币一体化的账户体系，统一本外币跨境资金池管理政策，实施更加便利的跨境资金管理制度；进一步支持科创板健康发展，在上海常态化试点合格境内有限合伙人（QDLP）制度等。

这些措施不仅有助于人民币在境内、境外的循环，也将推动中国经济双循环大格局的形成。

二、数字货币发展不影响货币体系

中国证券报：如何正确处理人民币汇率稳定与资本市场不断开放之间的关系？

盛松成：近年来，人民币汇率实现了双向波动，且弹性增强。同时，人民币汇率保持了在合理均衡水平上的基本稳定。事实上，汇率稳定与汇率弹性增强并不矛盾。汇率富有弹性，有利于调节跨境资本流动，并缓解外部冲击对国内经济增长和价格稳定的影响。人民币汇率基本稳定则是中国经济基本面良好的直接反映，也有利于经济稳定发展，比如可以降低企业国际贸易的交易费用、稳定市场预期，从而防止市场投机造成汇率过度波动等。

2020 年以来，美元对人民币汇率在 6.9 ~ 7.1 窄幅波动。随着中国率先控制住疫情，实现经济"V 形"反弹，6 月以来美元对人民币即期汇率和中间价从 7.13 左右小幅上升至 6.94 左右。

我一直有一个观点，就是利率、汇率市场化改革和资本账户开放应协调推进。早在 2012 年 4 月，当时我担任中国人民银行调查统计司司长，我负责的课题组发布了《协调推进利率汇率改革和资本账户开放》的研究报告，第一次明确提出，利率、汇率的市场化改革与资本账户开放是循序渐进、协调配合、相互促进的关系；只有协调推进，才能平稳有序完成金融市场化改革，减少金融体系震荡。当时的国内外环境也为我国推进资本账户开放提供了时间窗口。在随后的几年中，我国利率、汇率市场化改革和资本账户开放取得了一系列成果。但是，由于后来的形势变化，资本流动从流入为主转变为流出为主，我国对资本账户开放持审慎态度。

目前我国又迎来继续推进资本账户双向开放的较好时机。近年来，我国利率、汇率市场化改革取得长足进步，国内金融市场总体稳定，金融对外开放进一步扩大，我国利率水平也远高于海外各国，外资投资中国的热情较高。同时，外国投资者也关心资金流出和利润汇回，国内投资者也希望有更多机会投资海外，这些都有利于我国进一步融入世界经济体系。所以，应不断推动合理的资本账户双向开放，允许资金在合法合规条件下自由流动。

中国证券报：数字货币的发展会重构全球货币体系吗？

盛松成：数字货币与全球货币体系的发展并没有直接联系。我认为，无论数字货币最终的走向如何、成功与否，都不是影响国际货币体系的因素。

2014 年初，我曾连续发表两篇文章，指出比特币等虚拟货币本质上不是货币，因为只有国家信用才是现代货币发行的基础，而货币政策是现代国家调控经济的主要手段之一，所以必须由中央银行掌握货币的发行权。现在事实也已经证明，比特币只是作为一种数字资产存在着。

"天秤币"（Libra）也是数字货币的一种尝试，但 Libra 也不可能成为世界货币。在 Libra 诞生之初，我就认为，无国界的 Libra 如果要成为一种新的全球支付手段，意味着它将参与主权国家法币国际化的竞争，这是阻碍 Libra 成为世界货币的主要障碍。总体看，私人数字货币不可能成为一国的货币，也不可能对世界货币体系产生影响。

即使是央行发行的数字货币，也只是主权货币的一种形式，并没有改变货币的本质。数字货币与传统货币的不同在于货币发行技术的变化，但决定国际货币体系的主要因素不是货币发行技术，而是国际政治、经济、科技和军事格局。世界货币体系几百年来的演变已经证明了这一点。未来国际货币体系也许会有新的变化，但这和数字货币是两回事。因此，现在讨论数字货币对国际货币体系的影响为时尚早。

三、我国政策储备充足

中国证券报：疫情期间美联储通过大规模扩表来缓解市场流动性紧张，中国人民银行也加大力度保持市场流动性的合理充裕，而人民银行的资产负债表却没有明显变化。如何理解中美货币政策的差异？如何看待中美货币政策的后续发展？

盛松成：为应对疫情对经济的冲击，中美都采取了力度较大的货币调控手段，为企业等市场主体纾困，防止短期冲击演变为长期衰退，这也是中央银行的职责所在。

截至 2020 年 6 月末，我国广义货币供应量（M_2）同比增速达 11.1%，比上年同期提高 2.6 个百分点，而我国 2020 年上半年和上年同期的 GDP 增速分别为 -1.6% 和 6.3%。从 M_2 增速与 GDP 增速比较来看，我国货币政策对实体经济的纾困力度是很大的。

美联储更是采取了空前规模的量化宽松。2020 年 6 月末美国 M_2 同比增速高达 22.9%，而上年同期为 4.7%，2019 年上半年美国 GDP 增速为 2.0%，而今年上半年，美国 GDP 增速为 -9.5%，为二战以来的最低值。从此轮美联储扩表的情况看，在短短数月中，美联储总资产从 4.2 万亿美元迅速扩张至 7 万亿美元左右，扩表规模已相当于 2008 年国际金融危机时期第一轮、第二轮量化宽松（QE）的加总。

为什么中国人民银行的流动性投放在资产负债表中没有明显的体现，甚至总资产规模（目前为 3.6 万亿元）比年初（3.7 万亿元）还略有缩减呢？主要是我国与美国的金融制度及货币调控方式不同。美联储主要通过降息、扩表，而中国人民银行则通过降息、降准，并配合一系列精准导向的结构性货币政策操作。美联储的资产购买大大扩张了其资产负债表，而中国人民银行调降存款准备金率，改变的则是货币乘数。

目前我国已经率先成功控制了疫情，稳健的货币政策更加灵活适度，这与美国等西方国家形成鲜明对照。现在全球主要经济体货币政策离转向还比较远，但可以预见的是，中美不同的货币政策措施，将使未来货币政策回归常态的模式也不同。

我国和美国相比，谁的货币政策更容易恢复常态？美联储除了加息，只能缩表，而很难提高存款准备金率，因为这会受到两万多家商业银行的强烈反对。如果美联储实施大规模激进缩表，则会对金融和经济稳定产生巨大冲击，并受到政界、商界等多方面制约。而中国人民银行可以提高存款准备金率和引导市场利率上行，所以我国有更多的政策储备，使货币政策恢复常态。

推动资本账户双向开放，避免实体经济脱钩^①

在中央统一部署下，我国正加快形成以国内大循环为主体、国内国际双循环相互促进的新发展格局。同时，我国也采取有效措施，避免个别西方发达国家从贸易、金融、科技、人才流动等方面与我国的全面脱钩。为此，我们不仅需要扩大对外开放，引进更多外国投资，也需要提升我国对外投资尤其是对外直接投资的规模和质量，推动中资企业"走出去"。

货币的双循环是实体经济双循环的支柱。资本账户双向开放和人民币的海外循环就是我国实体经济国际循环的重要保障和推动力，这就要求积极推进人民币国际化。全球新冠疫情暴发以来，我国经济率先复苏，国内金融市场总体稳定，利率、汇率改革取得显著成效，现在需要稳步推进资本账户开放，为人民币国际化创造有利条件。资本账户双向开放，推动我国经济进一步融入世界经济体系，迎来了新的时间窗口。

一、需要协调推进各项金融改革

基于西方经济学理论，有学者提出我国金融改革需符合"先内后外"的次序，即首先实现国内利率市场化和汇率自由浮动，才能开放资本账户，否则就会遭受严重的外部冲击；而且"人民币国际化的每一步都需要以资本账户开放的某个特定步骤作为先决条件"。

2012 年，盛松成等人第一次明确提出了金融改革"协调推进论"^②，认为各项金融改革应"成熟一项，推进一项"，互相创造条件。"次序论"并不适合我国国情，根本原因在于，我国自 2010 年成为全球第二大经济体，大国的利率和汇率形成并不由套利资金决定，而是分别取决于国内经济金融环境和国际贸易条件，大国的货币政策还会对其他国家产生影响。不仅如此，固定顺序

---

① 本文作者为盛松成、孙丹，发表于《第一财经》，2020 – 08 – 20。
② 盛松成，等. 协调推进利率汇率改革和资本账户开放 [N]. 中国证券报，2012 – 04 – 17.

的金融改革还可能引起利率、汇率超调，导致金融指标频繁波动，影响金融稳定。

从国际实践看，资本账户开放程度和汇率制度选择的两极化对应关系也并不显著。根据国际货币基金组织（IMF）的数据，2008 年国际金融危机后，选择软钉住汇率制度（我国目前实行的有管理的浮动汇率制度被归类为软钉住汇率制度）的国家数量持续增加，其占比由 2008 年的 39.9% 上升至 2019 年的 46.4%，而实行浮动汇率制度的国家占比则从 39.9% 降至 34.4%（见表 1）。

表 1　　　　IMF 成员国不同汇率制度占比分布（2008—2019）　　　单位：%

年份	硬钉住	软钉住	浮动	其他
2008	12.2	39.9	39.9	8.0
2009	12.2	24.6	42.0	11.2
2010	13.2	39.7	36.0	11.1
2011	13.2	43.2	34.7	8.9
2012	13.2	39.5	34.7	12.6
2013	13.1	42.9	34.0	9.9
2014	13.1	43.5	34.0	9.4
2015	12.6	47.1	35.1	5.2
2016	13.0	39.6	37.0	10.4
2017	12.5	42.2	35.9	9.4
2018	12.5	46.4	34.4	6.8
2019	12.5	46.4	34.4	6.8

资料来源：IMF。

我国实践也证明，改革开放 40 年来，我国金融改革整体上是协调推进的，尤其是 2012 年后，利率、汇率改革与资本账户开放相辅相成。在利率市场化改革方面，2013—2015 年，我国依次放开贷、存款利率上下限，贷款基础利率（LPR）报价由 2013 年集中报价改为 2019 年按照公开市场操作利率加点形成，市场利率向实体经济的传导效率明显提高。

在汇率形成机制改革方面，2015 年"8·11"汇改后，人民币汇率形成机制逐步过渡到由做市商参考"上一交易日收盘价 + 一篮子货币汇率变化 + 逆周期因子"提供中间价报价，弹性明显增强。从 2018 年至今，人民币对美元中间价在 6.4~7.1 区间波动，外汇储备却一直稳定在 3.1 万亿美元的水平，说明了我国已基本退出对汇率的常态化干预。

在资本账户开放上，我国实行的是渐进推进，即"先流入后流出、先长期后短期、先直接后间接、先机构后个人"。2011 年起，重点提高了"资本市场证券交易"、"直接投资"和"金融信贷"三大类项目的可兑换程度，各种资本市场互通业务成为境外市场主体进行人民币投资和资产配置的主要渠道。2018—2019 年，我国 A 股和国债等主要证券产品相继被纳入 MSCI、彭博巴克莱、富时罗素等国际主流投资指数，这些都是对近十年来我国协调推进各项金融改革成果的认可。

在此基础上，人民币国际化的步伐也没有遵循"结算货币—计价货币—储备货币"的次序，而是在三大领域同步推进。在 2016 年加入了特别提款权（SDR）后，人民币相继被 70 多个国家纳为储备货币，2020 年第一季度在全球外汇储备的份额增至 2.02%，超过了在国际支付结算领域的占比 1.97%。同时，人民币也成长为全球第三大贸易融资货币和第八大外汇交易货币。

二、为什么要稳步推进资本账户双向开放

当前的资本账户开放，与 2011 年的内涵并不完全相同。自 2009 年推出跨境人民币贸易结算试点以来，境外人民币规模持续扩大。为增加人民币资金回流渠道，我国自 2011 年起逐项推出人民币合格境外机构投资者（RQFII）、沪深港通、直接入市、债券通、基金互认、黄金国际版等制度，吸引全球投资者用离岸人民币投资境内的资本市场。这些措施本质上是通过额度限制或资格限制，鼓励人民币在资本项下单向流入，从而稳定人民币汇率、调节国际收支。而当前我们面对的国际国内形势发生了重大变化，应更强调双向开放，鼓励资本"走出去"，而非仅仅"引进来"。

一方面，要避免对中资企业两头"卡脖子"。我国对外直接投资（ODI）规模在 2016 年达到顶峰后，已连续 3 年下滑。2019 年，我国对外直接投资为977 亿美元，同比下降 32%，其中非金融部门对外直接投资为 802 亿美元，同比下降 34%；2020 年上半年，上述指标分别同比下降 4.4% 和 4.3%。尤其是对美国直接投资，在 2016 年达到 465 亿美元的峰值后持续下降，2019 年仅为48 亿美元。原因之一，是我国当年为维持人民币汇率稳定而主动收缩对外直接投资。2016 年 11 月 28 日，国家外汇管理局推出新规，资本账户下超过 500万美元的海外支付（而原来的报批限度是 5000 万美元），包括组合投资或海外并购等直接投资，必须上报市外汇局批准；之前已经获批的大型投资项目尚

未转账的外汇部分也适用此规。原因之二，是美国打压我国高科技企业，从生产环节入手切断其产业链，造成生产停滞，或从下游入手，将其排除在发达国家市场之外。

面对贸易保护主义，我国不能再自己给自己"卡脖子"。实行资本账户双向开放，重新推动对外直接投资，有利于规避部分国家对我国产品所设置的关税和非关税壁垒，带动国内相关产品出口，提高国际市场份额；也有利于直接吸收先进技术和品牌，完善中资企业的国际化布局，提高中资企业的国际声誉；还有利于获得部分发展中国家的人口红利。

另一方面，人民币的海外市场需求日益增加，需打破只依赖经常项目输出人民币的"单条腿"方式，建立起资本项目输出渠道，共同扩大人民币的国际使用。2009—2014 年，人民币总体处于净流出状态，在 2014 年末全球离岸人民币存款规模达 1.6 万亿元的历史峰值时，基本都是通过跨境贸易结算方式从境内市场获得的。但货币的长期流动性如果依赖于跨境贸易结算通道，就容易受汇率波动的影响，这就是 2015 年"8·11"汇改后香港人民币存款迅速下降的原因之一。2015—2019 年，全球离岸人民币资金池（以香港、台湾和伦敦为主）始终停留在 1 万亿元左右的规模。随着我国汇率形成机制的日渐成熟，人民币汇率弹性显著增强，以跨境贸易结算为单一人民币输出方式不可持续。合理推动资本账户双向开放，引导人民币以投资资本金的形式进行跨境支付，在海外形成长期资本，才能在离岸市场沉淀并循环起来，实现人民币的国际支付、计价、交易和储备职能。

三、为什么当前是资本账户双向开放的有利时机

一方面，新冠疫情使我国与大多数国家经济走势出现分化。我国上半年 GDP 同比仅下跌 1.6%，第二季度更是实现了 3.2% 的正增长。而发达经济体普遍陷入技术性经济衰退，第二季度美国环比下跌 9.5%，英国下跌 20.4%，日本下跌 7.8%，德法等欧洲大国均萎缩 10% 以上。标普最新报告显示，截至 8 月 9 日，美国 2020 年已有 424 家大型公司申请破产，超过了自 2010 年以来任何一年的同期水平。其中，工业和能源行业近 100 家，负债超过 10 亿美元的达 21 家。这为中资企业海外直接投资和收购资源能源提供了契机。

同时，"一带一路"作为我国联通国内国际的重要合作平台，已成为对外直接投资的新增长点。2019 年我国企业对沿线国家进行非金融类直接投资达

到总规模的 13.6%；2020 年上半年提高至 15.8%，为历史最高。在此基础上推动资本项目双向开放，有利于培育人民币国际化的战略支点。

另一方面，全球货币增发，我国与主要国家利差较大，是资本项目双向开放的好机会。2015 年 10 月，我国正处于物价下行的降息周期，为放开对商业银行和农村合作金融机构等的存款利率浮动上限创造了改革良机。因为放开上限可能会导致某些利率定价上升，但配合降息就可以部分对冲甚至完全对冲短期利率上升的压力。

当前我国再次迎来类似的时间窗口。受疫情影响，各国普遍通过若干非常规的财政和货币政策持续支持就业、救助企业、支撑金融市场，全球央行一方面大幅扩表，另一方面大幅降息，并表示至少要将低利率延续至 2022 年，非常规政策已向"常规化"转变。截至 2020 年 7 月末，美联储资产负债表已扩张至 6.95 万亿美元，英、欧、日等央行分别扩表至 7000 亿英镑、6 万亿欧元和 600 万亿日元，是 2008 年末全球金融危机最高峰时规模的 3～10 倍。当年的救市经验证明，超大规模的增量货币推高了全球资产价格，造成了新兴经济体的普遍通胀，各国国内的对冲成本极高。2020 年第二季度以来，随着美元流动性恢复，美元开启了弱周期，增量资金开始在全球寻找新的高收益货币。而我国货币政策保持正常，央行资产负债表规模与 2016 年时相当，利率水平远高于主要经济体，输入性通胀风险加大。此时推动资本账户双向开放，虽然会出现资本流出现象，但内外利差决定了资金流出的规模将十分有限；同时也能对冲掉"以邻为壑"的大水漫灌，有利于调节、平衡中短期资本流动，减少国内未来的政策成本。

四、资本账户双向开放的条件基本成熟

新冠疫情对全球经济和各国的金融市场带来巨大冲击，却是我国多年以来金融改革效果的一块试金石。当前我国金融市场总体稳定，资本项目开放的条件基本成熟。

一是利率市场化改革稳步推进。此次疫情后我国坚持实施正常的货币政策，在三次降低法定准备金率、开展中期借贷便利（MLF）操作和再贷款、再贴现基础上，灵活开展公开市场操作，通过 LPR 下降推动降低企业贷款利率，降低社会融资成本。2020 年 8 月 13 日，我国五大行明确将个人住房贷款统一调整为 LPR 定价方式，进一步推动了金融系统向实体经济让利，"MLF 利率→

LPR→贷款利率"的利率传导机制得到充分体现。

二是汇率形成机制日趋成熟。以前，我国外汇市场的突出问题主要体现在干预过多与国内外资源配置效率的矛盾上。[①] 2015—2017 年，我国外汇储备减少了 8000 亿美元以防止人民币过度贬值。最近一年来，人民银行没有运用逆周期调节因子，基本退出了对汇率的常态化干预，通过发挥市场供求在汇率形成中的决定性作用，使人民币汇率弹性增强。截至 2020 年 8 月 20 日，人民币对美元中间价为 6.9274，较上年底升值 0.7%，是唯一对美元升值的新兴经济体货币，并已成为新兴经济体货币的风向标，充分反映了我国经济"V 形"反弹的事实，套利资金流动难以对汇率形成决定性影响。

三是我国外汇储备规模稳中有升。外汇储备是调节国际收支的重要保障。2020 年 1—7 月，由于进出口贸易逆势增长，北向资金净流入，叠加美元走弱的汇率折算，截至 7 月末，我国外汇储备增至 31544 亿美元，较 2019 年末增加 465 亿美元。同时，2015 年以来，外汇储备结构逐渐优化，美元储备占比已降至 50% 上下。

值得指出的是，资本账户开放是一项长期的制度安排，推动资本账户双向开放并不意味着放弃对短期资本流动的监控与管理。从主要新兴经济体实现资本账户开放的经验来看，推动资本账户双向开放，反而有利于让之前游离于非正规渠道的资本项下的资金通过正规统计登记渠道被监测。我国应完善跨境资本流动监管体系，遵循反洗钱、反恐怖融资、反逃税的原则，对流动规模、期限结构、流经渠道和流向领域进行全过程监测，特别关注和识别具有较强投机性的短期流动资金，以及投资海外房地产或高价值艺术品等大额资金。同时，借助多边化协议加强与"一带一路"沿线各国之间的区域金融合作。

总之，我国目前推动资本账户双向开放，是为了从资金层面支持配合国内大循环为主体、国内国际双循环相互促进的国家战略，使我国经济进一步融入世界经济体系，避免实体经济脱钩。同时，资本账户稳步开放是一项长期制度安排，在这个过程中，需要做好各项风险防范。

---

① 盛松成，刘西. 金融改革协调推进论 [M]. 北京：中信出版社，2015.

资本账户双向开放与防范资本流动风险
并不矛盾①

2020年8月20日，笔者在第一财经发表《推动资本账户双向开放，避免实体经济脱钩》一文，提出目前我国又迎来了资本账户双向开放的窗口期。拙文引起了较多讨论。对资本外流的担忧及如何防范风险，是讨论中涉及的问题之一。我们认为资本账户双向开放与防范资本流动风险并不矛盾。

一、当前资本加速流入我国的趋势正在形成

受益于率先控制疫情蔓延，我国2020年上半年经济实现"V形"复苏，货币政策保持稳健，国际资本从货物贸易、直接投资和证券投资三个主要渠道流入，使外汇储备余额连续4个月正增长。尤其在证券投资方面，第二季度外资净增持境内上市证券规模逾600亿美元，7月份同比增加140%，处于历史较高水平，显示人民币资产具有较强的吸引力。

笔者认为，未来我国资本流入规模将进一步扩大。第一，货物贸易有望继续复苏，世界贸易组织（WTO）《货物贸易晴雨表》最新数据显示，第三季度世界贸易和产出将出现局部上升。第二，由于我国社会稳定，营商环境继续改善，外商直接投资（FDI）流入将稳中有升。世界银行《2020年营商环境报告》显示，我国总体排名比上年上升15位，达第31位；英国伦敦金融城的国际金融中心指数（GFCI 27）显示，上海已位列全球第4，2020年1—7月，上海举行了三次外资项目集体签约，总项目达183个，总投资额为319亿美元，新增跨国公司地区总部26家、研发中心10家。第三，根据中美第一阶段协议，中美双方将在金融服务领域提供更多机会。2020年以来，我国已大幅降低对美资进入保险、证券、基金和期货服务领域的限制，对金融资产管理

---

① 本文作者为盛松成、孙丹，发表于《第一财经》，2020 – 08 – 26。

（不良债务）服务也将予以国民待遇。近日，全球最大不良资产投资机构Oaktree（橡树资本）成为我国资产管理市场（AMC）首家外资机构。可见，在全球贸易投资大幅萎缩的情况下，国际资本正在"用脚投票"，进入我国这个"避风港"。

二、当前资本账户双向开放有助于缓解"双顺差"压力

我国曾长期保持国际收支"双顺差"格局。自1994年至今，经常账户持续顺差，并带动非储备性质金融账户出现了长达20年的顺差，外向型经济特征凸显。2008年全球金融危机后，经常账户顺差与GDP之比（季度）从最高10.23%回落至1%附近的合理区间，2020年上半年稳定在1.3%。2014年以来，随着利率市场化、汇率形成机制改革和资本账户开放协调推进，跨境资本由持续净流入转变为双向流动，非储备性质金融账户开始持续逆差。在2016年末再次实行"宽进严出"的外汇管制措施后，2017—2019年该账户又持续顺差。2020年第一季度，受疫情冲击，我国首次出现经常账户逆差、资本和金融账户顺差，第二季度转为经常账户顺差、资本和金融账户逆差。

在当前资本加速流入的趋势下，我国很可能再次出现"双顺差"。"双顺差"本质上是国际收支失衡的表现，这在以前我国对外汇市场进行常态干预时是利大于弊的。"双顺差"增加了外汇储备，使我国具有较强的国际收支支付和外债偿还能力，经受住了三次外部冲击：1997年亚洲金融危机、2008年全球金融危机和2014—2016年美国货币政策转向。但近年来，人民银行逐渐退出汇市常态化干预，人民币汇率弹性显著增强，利率市场化也取得明显进展，我们未必需要持续"双顺差"。"双顺差"甚至会带来三个方面的不利影响。

一是使人民币过快升值。在贸易保护主义盛行和疫情冲击下，我国的出口复苏十分不易，人民币过快升值将冲击出口行业，经常项目顺差将缩窄，甚至可能再次出现2020年第一季度"经常账户逆差、资本和金融账户顺差"的国际收支结构。

二是输入性通胀压力加大。目前发达经济体货币当局持续扩表、货币超发，尤其是美元开启弱周期。我国市场利率较高，可能吸引大规模的热钱流入，甚至离岸人民币回流套利，并将推高我国国内资产价格形成资产泡沫，侵蚀我国稳健的货币政策。

三是不利于人民币国际化。面对美国在金融层面的"脱钩"威胁，我国

需要稳步推进人民币国际化。当前以跨境贸易渠道输出的人民币规模仍十分有限。2019年，我国贸易总额约占全球国际贸易总额的11%，而以人民币支付的金额在全球范围还不到2%；以人民币结算的进出口额为6万亿元，仅占我国总进出口额的20%。可见，仅依赖跨境贸易扩大人民币的国际使用是远远不够的。通过跨境资本渠道，尤其是以对外直接投资方式输出人民币，将显著扩充离岸人民币资金池。

作为发展中国家，我国应维持经常账户顺差、资本和金融账户小幅逆差的相对平衡的国际收支结构。经常账户逆差、资本和金融账户顺差也能实现国际收支基本平衡，但这不符合我国国情。稳步推动资本项目双向开放，有助于缓解资本加速流入的压力，改变"双顺差"格局。

三、资本账户双向开放具有两大长远影响

稳步推进资本账户双向开放，在当前的国际形势下，还具有两大长远影响。

一是有利于消除跨国公司对资金进出的疑虑。来自跨国公司的长期资本主要通过新建投资、跨国并购和利润留存三种途径流入。经济合作与发展组织（OECD）研究认为，我国对FDI限制程度仍较高，主要体现在对外国股本、外资分支机构、资本汇出等的限制。疫情使世界经济不确定性增加，跨国公司较以往更加关心资本流出和利润汇回。此时推动资本账户双向开放，使我国的营商环境更加友好，通过损失小规模的利润留存吸引大规模的长期资本，保持跨国公司基于我国超大市场的"消费地生产"模式，支持我国经济的国内循环。

二是有利于我国主导新一轮贸易自由化。当前逆全球化趋势加剧，双边或区域贸易投资协定成为各国参与世界经济的主要形式，其中，服务贸易自由化是新一轮贸易自由化的主要内容，这就要求放宽对某些资本流动的限制。从跨太平洋伙伴关系全面进展协定（CPTPP）、新美加墨协定等近年来主要国际贸易协定的条款看，开放资本账户是服务贸易合作的一个基本要求。"货币政策、汇率政策或国际收支困难"等例外条款也说明开放是有弹性和调整空间的。我们应看到资本账户开放在贸易协定中的积极意义。尤其是即将在2020年底签署的区域全面经济伙伴关系协定（RCEP），涵盖大多数"一带一路"国家。中欧双边投资协定谈判也正在积极推动中。合理推动资本账户双向开放，对我国提高未来国际贸易话语权非常重要。

四、资本账户双向开放与防范资本流动风险并不矛盾

资本账户双向开放作为一项长期制度安排，并不意味着对资本流动毫无管制。2008年至今，仍有大量国家实施不同程度和内容的资本管制。根据国际货币基金组织（IMF）最新公布的2019年全球资本流动管制措施分类，发达经济体主要通过征收印花税的方式限制资本流入房地产，如澳大利亚、加拿大、新加坡、中国香港等，韩国则通过对外资银行收取高额外汇衍生品交易手续费限制资本流入外汇市场；发展中国家主要在银行外汇交易头寸、金融机构海外投资、银行持有央行票据比例等方面限制资本外流。

但同时也要看到，资本管制效率实际上是在不断下降的。从我国国际收支结构可以看到，2015—2019年，我国净误差与遗漏项的规模一直维持在2000亿美元规模，并没有因为2016年后收紧对外投资而改变。不少资金可能绕过资本管制，通过金融工具创新而流出。这也是各国的资本管制工具数量寥寥可数的原因。

资本账户双向开放并不意味着对短期资本流动不采取风险防范措施。通过对资本流动进行测度（包括标准法、百分比法和阈值法），可以观察到跨境资本短期"激增"、"外逃"和"撤回"等异常状态，从而采取多种政策措施防范风险。例如，针对资本流入短期激增的状况，冰岛曾在2016年对部分流入外资收取高达75%的无息准备金，储蓄1年后降至40%。这一政策在2017年收紧，2018年放松，2019年5月将准备金率降至0。韩国在2011年开始对银行非存款外汇负债收取"宏观审慎税"，时间越长，税率越低。负债不到6个月，税率提高至1%。

当前市场对我国资本账户双向开放风险的担忧主要来自三个方面。

一是担心如果资本流动渠道扩大，短期资本会加速流入，热钱可能"激增"。对此，可以考虑实施上述"托宾税"或"宏观审慎税"，来限制资金快进快出的套利。

二是担心资本外逃。简单地说，资本外逃是来自特定国家或地区的大量资产或资本外流。从传统的投资组合理论看，资本外流是一个中性词。一旦其他国家利率大幅高于国内利率，资金就会流向海外，以获取更高回报。如果国内通胀上升、国内外利差扩大、恐慌指数提高等，资本外流可能转变为资本外逃。可见，资本外逃的根本原因是国内经济金融基本面恶化。

三是担心资本流出后再返回冲击我国金融市场。如上所述，受外资冲击的根本原因在于本国经济基本面而非资本是否管制。在1997年亚洲金融危机爆

发之前，东南亚国家已出现了经济过热，泰国尤为明显。由于日本经济衰退，美元对日元的汇率持续上升，泰铢又与美元挂钩，泰国贸易账户由此受到较大冲击，严重影响了泰国经济。同时，泰国房地产市场泡沫和银行坏账十分突出，这才为国际资本攻击泰铢提供了机会。

我国当前经济总体平稳运行。继续实施积极的财政政策和稳健的货币政策，支持实体经济发展，坚持"房住不炒"、稳定房地产价格，同时防范输入性通胀，这些才是避免资本外逃以及国际资本冲击的有效举措。进一步协调推进利率市场化、汇率形成机制改革和资本账户双向开放，有利于实现这一目标。

第三章

商业银行的改革与发展

◎对我国股份制中小银行发展若干问题的思考

◎商业银行的筛选功能与宏观调控

◎中外商业银行贷存比变动差异：原因及启示

◎我国银行利润哪来的，哪去了？

◎上海金融业征信体系现状与建议

对我国股份制中小银行发展若干问题的思考[①]

摘要：大力发展股份制中小银行是适应我国经济结构的变化，建立能满足多种所有制形式和不同经济规模需要的多层次、多样化商业银行体系的必然要求。发展股份制中小银行会遇到一系列问题，其中有：是以发展大规模银行为主，还是以发展小规模银行为主？是以中小企业为主要服务对象，还是以大企业为主要服务对象？如何处理好与国有商业银行改革的关系？如何应对我国加入世界贸易组织（WTO）的挑战？这些问题关系到发展股份制中小银行的路径选择，本文就以上几个关系到股份制中小银行发展方向的问题进行了分析，提出了相应的政策建议。

大力发展股份制中小银行是适应我国经济结构变化，建立能满足多种所有制形式和不同经济规模需要的多层次、多样化商业银行体系的必然要求。从20世纪90年代初以来，我国已经先后建立起了10家股份制中小银行，经过多年的发展，这些银行已经成为我国金融体系中不可忽视的力量。但是，目前股份制中小银行的发展遇到了一系列的问题，如：规模上是走大规模银行之路，还是保持目前的中小规模？是以中小企业为主要服务对象，还是以大企业为主要服务对象？如何处理好与国有商业银行改革的关系？如何应对我国加入WTO的挑战？等等。这些问题都关系到股份制中小银行未来发展的走向。

一、在规模上是选择大银行还是小银行

（一）商业银行规模越大越好吗

单纯从理论上分析，银行的经营规模似乎越大越好。这是因为：首先，银行是以货币资金为经营对象的。因此，银行的规模越大，其可能吸收到的资金

---

① 本文作者盛松成、王维强，发表于《金融研究》，2000年第10期。

越多，就越有条件对资金需求者进行选择，将资金投放于最有效益的行业或地区，以获得利润最大化。其次，银行借贷资金的单位成本（存款利率）和单位收益（贷款利率）在一定时期、一定业务品种范围内具有相对固定性，因此，银行的规模越大，用于每单位资金的总成本（利率＋固定资产的分摊成本＋劳务工资费用＋各种业务费分摊）就越低，所获利润就越高，就越能取得规模经济效益。最后，银行的经营规模越大，业务开拓能力越强，客户群分布越广泛，其抵御风险的能力就越强，经营的安全性也相对越高。

然而，银行规模大小不仅取决于其自身因素，还要取决于经济和社会环境等外部因素。具体地说，银行规模至少要受三种外部因素制约：（1）必须与国家或地区的经济发展水平相适应，不能脱离它所服务的经济。例如，我国有些地区经济并不发达，银行却遍地开花，不仅形不成规模效益，反而造成资源浪费。（2）必须以能够降低银行的经营成本为前提。规模的设置应以达到最佳盈利点为目标。规模过大，会造成管理成本上升，反而不利于经营。（3）银行规模还受到政府有关法令、规定的限制。鉴于银行经营对整个经济的巨大影响力，各国无不颁布各种法令、政策以严厉约束银行经营活动，从银行的开设、营业、合并到破产清算，都有严格的规定。如美国实行单一银行制，其国内中小银行数量较多，而英国实行总分行制，其银行规模相对较大。所以，从某种意义上讲，银行规模也是政府法令的产物。

总之，理论的分析并不能得出银行规模越大越好的结论。如同其他企业一样，银行的规模也应是适度的，以能够产生最佳规模经济效益为原则。

（二）银行购并浪潮是银行规模越大越好的佐证吗

20世纪90年代以来，国际银行界掀起了一股合并浪潮，其数量之多，规模之大，乃史所罕见。这似乎表明，在现代金融竞争日益白热化的条件下，发展超大规模的商业银行是一种趋势。然而仔细分析这一现象深层次原因，就不难发现，西方银行业合并的本质在于，业务上优势互补，增强整体竞争力，提高整体经济效益。尽管合并造就了一批超规模银行，但不意味着规模越大越好。如果单纯就规模而论，许多银行合并的结果实际是 1＋1＜2。合并后，许多银行的资产规模扩大了，但分支机构少了，人员数量少了，更多地体现出集约的性质，与以往那种单纯扩大资产规模、扩大机构网络、扩大员工数量的粗放型竞争方式有了本质的区别。如美国汉华银行和大通曼哈顿银行合并后，原有的7.5万名雇员要裁掉1.2万名；合并后的日本东京三菱银行，分支机构总和减少了近1/5。可见，银行合并主要是为了取得最佳规模经济效益，而不是单纯追求规模上的"世界冠军"。并且，超级银行的出现并没有导致商业银行的集中和限制竞争，相反，中小银行在不同的银行制度中都广泛存在。如：美国约有1.5万家商业银行，其中10家最大的银行仅持有国内存款总额的17%。日本拥有数量众多的地方银行，其存款总额约占全国存款总额的30%，贷款总额约占20%。可见，超大规模银行的存在并没有使小规模银行消失。

近年来，西方银行业还正经历着以缩小银行规模为核心的另一场变革——银行再造。英国皇家银行家学会主席菲利浦·查尔顿（Philip Tartan）曾经指出："商业银行在弄清顾客的需求以后，承担服务的义务，缩小机构的规模，是成功的关键。"这场变革主要围绕两个"R"展开，即重组分支机构网络（restructuring of branch networks）和重新设计业务流程（re - engineering of business process）。近年来出现的电话银行、工厂式银行和以顾客为中心的银行结构等都是这一变革的结果。这说明银行业已由传统的粗放式经营走向集约式经营，银行规模的大小已经不再是银行竞争力的象征了。相反，灵活的市场营销机制，优质、快捷的金融服务，积极的金融创新，以及信息技术的应用，将会使中小银行如虎添翼，保持强大的竞争实力。

（三）为区域经济服务，以效益为核心决定银行规模

从我国的现实情况看，股份制中小银行有着广阔的发展前景。我国各地经济发展很不平衡，发展股份制中小银行有利于促进各地经济发展、满足各地不同的金融需求、增强区域经济联合。从世界各国的银行制度看，区域性商业银行的建立和发展几乎是一种普遍现象。在日本，区域性商业银行几乎是都市银行的6倍，前者向大的上市公司提供14%的短期贷款，向中小企业提供的贷款更多。在美国，15000多家银行中，州银行占70%以上。即使在实行分支行制的英国，地方性银行也占有重要地位。区域性商业银行的建立，可以发挥一方金融服务一方经济的优势，更能体现规模效益。我国的股份制中小银行，除交通银行、光大银行、华夏银行、民生银行是全国性银行外，其余的在成立之初都定位为区域性商业银行。这些区域性银行虽然在全国银行总资产中所占比重较低，但其机构和业务主要集中于沿海地区和中心城市，且又不同于城市商业银行的功能定位，为促进这些地区的经济发展，推动横向经济联合，打破区域条块分割发挥了重要作用。近年来，股份制中小银行在发展过程中，纷纷将发展目标定位为全国性商业银行。虽然股份制中小银行向全国乃至海外的扩张

是其自身发展的必然趋势，是规模扩张的必由之路，但股份制中小银行短时期内似不应太急于搞外延扩张，而应把重点放在为区域经济服务上，应先区域而后全国，做到渐次推进，稳步发展。当然，规模是动态的，任何新生事物都有一个由小而大的渐进发展过程。将来，股份制中小银行的规模必然要扩大，但是不管规模大小如何，关键要有经济效益。大规模低效益，还不如小规模高效益。

二、服务对象上是以中小企业为主，还是以大企业为主

确定以什么样的客户群为服务对象，即进行准确的市场定位，是关系股份制中小银行生存发展的重要问题。股份制中小银行一般规模较小，不像大银行那样具有雄厚的资金实力、广泛的客户群体和众多的分支机构，在业务拓展中会遇到更多的困难和更大的风险，如受资金实力限制而无力开办以大企业、大项目为客户的银行批发业务，只能以从事零售业务为主。因为规模太小，业务分散，客户多，它们的抗风险能力也较低。这些问题迫使股份制中小银行在进行市场定位时十分审慎，既要考虑自身实力，充分发挥小规模商业银行的优势，又要充分估计各种风险，力争使收益最大，风险最小。

（一）从风险收益的角度：股份制中小银行服务中小企业

从风险收益的角度分析，股份制中小银行应以中小企业为主要服务对象。理由是：首先，股份制中小银行的规模一般都较小，资金实力薄弱，无力单独承担较大项目融资和满足较大型企业的信贷资金需求。截至1998年底的数据表明，我国的股份制中小银行中，规模最大的中信实业银行的存款余额只有791亿元，贷款也仅460亿元，而规模最小的民生银行，其存款只有161亿元，贷款99亿元。显然，以如此小规模的资金实力是无法以大企业作为主要客户的。

其次，股份制中小银行的长处决定了它能够较好地为中小企业提供良好的金融服务。股份制中小银行尽管存在规模上的欠缺，但是其长处颇多。如股份制中小银行一般管理层次较少，与地方经济联系密切，信息反馈灵活，金融交易成本低，因而更适合以中小企业为服务对象，为其提供优质的金融服务和零售业务，在支持地方经济发展方面能发挥国有大银行不可替代的作用。再如股份制中小银行可以凭借机制灵活、人员素质高和电子化水平较高等优势，进行技术、业务、管理、市场开拓等方面的创新；进行市场细化，针对中小企业的

不同需要设计不同的金融服务种类，如投资咨询、财务顾问、信息调研、结算便利等。这不仅能帮助股份制中小银行吸引客户，扩大市场份额，还能带来可观的非利息收入。

再次，从降低风险的角度分析，股份制中小银行选择以中小企业为主要服务对象能更好地分散风险。一般而言，在提供金融服务方面应遵循大金融大服务，小金融小服务的规律。股份制中小银行若以较小的资金规模为较大的项目提供信贷服务，尽管能够起到所谓的杠杆效应，但所蕴含的市场风险也是显而易见的。从维护金融稳定、促进经济发展的角度出发，只有把股份制中小银行的市场定位在为中小企业提供金融服务上，才不至于因金融服务目标与功能错位而诱发经营风险。

最后，以中小企业为主要服务对象也有利于股份制中小银行迎接我国加入WTO的挑战。在我国的企业群中，中小企业是最具活力和成长性的，它们有着体制、机制、管理等方面的优势，并且许多又是高科技型的企业，可以判断，在我国加入WTO以后，这类企业将最富有活力和最具有竞争力，因此股份制中小银行以中小企业为主要客户群，能够大大增强其应对我国加入WTO挑战的能力。

（二）从发展中小企业的角度：为股份制中小银行提供生存基础

我国数量众多的中小企业是股份制中小银行赖以生存和发展壮大的基础。但目前中小企业获得的金融支持与其对经济的贡献度极不相称。据统计，1999年我国银行信贷总量约80%流向了国有企业，而只有20%的银行信贷在支撑占经济总量70%以上的中小企业的发展。金融支持的不足严重阻碍了中小企业的发展，迫使中小企业为寻求自身发展而转向民间借贷、高息借贷等其他途径，形成所谓的"灰色金融现象"，增加了金融风险度。中小企业巨大的金融需求说明其市场潜力很大，股份制中小银行在为中小企业服务方面大有可为，再考虑到中小企业在发展过程中可能出现的资产重组、兼并收购等现象，股份制中小银行的获益更将不可估量。

股份制中小银行以中小企业为主要客户群的意义还在于，支持中小企业发展实际上就是支持区域经济的发展，这符合股份制中小银行的功能定位。中小企业是我国地方经济发展的支柱。实践表明，哪个地方的中小企业兴旺发达了，哪个地方的经济就会生机勃勃。著名的苏锡常地区经济之所以发达，其背后的支撑就是以乡镇、私营企业为主体的中小企业群。股份制中小银行为中小企业提供金融服务，不仅可以促进中小企业的发展，带动一方经济腾飞，而且将促进不同地区间的资金、信息、技术甚至人才的交流，促进区域内产业结构的调整，实现产业结构的合理布局，最终达到促进区域经济发展的目的。

当然，我国目前的中小企业发展还存在一些不尽如人意的地方，如中小企业信用等级低、存在较大经营风险等。最近一段时间以来，国家采取了一系列政策措施支持中小企业发展，如鼓励银行加大对中小企业的信贷支持、扩大对中小企业贷款利率浮动幅度、建立中小企业贷款担保基金等，这些措施将在一定程度上提高中小企业的信用等级，减少中小企业的风险度，从而增强股份制中小银行支持中小企业发展的信心。从国际经验来看，广大中小企业的存在一直是小规模商业银行赖以存在的基础。在美国、日本、西欧诸国等西方经济发达国家，都有大量的中小商业银行为数量众多的中小企业提供金融服务。我国台湾是中小企业发展比较成功的地区，有遍布全岛的中小银行为中小企业发展提供融资支持。可以说，中小企业与股份制中小银行的发展是息息相关，互为基础的。

（三）从改善金融服务角度：改变信贷结构与经济结构扭曲的格局

我国已初步形成了金融多元化格局，但是商业银行体系的所有制结构仍比较单一，公有制银行，包括国有和集体（合作）金融机构占据垄断地位，非公有制银行（含混合所有制银行）则数量少，规模小。而国家经济结构则发生了巨大变化，一个以公有制为主体、多种经济成分并存的多元经济格局已初步形成。其中，中小企业发展最引人关注。据统计，截至20世纪90年代末，我国中小企业数量占企业总量的99%左右，吸收了我国年新增就业人口的85%以上，并已成为促进经济增长的主要力量，但是它们得到的信贷支持却很少，导致我国经济结构和信贷结构间不合理的扭曲现象。而发展股份制中小银行，发挥这些银行在为中小企业服务方面的特有作用，既能大力扶持有良好发展前景的中小企业，又能使信贷资金按照市场分配原则得到优化配置，从而逐步改变信贷结构与经济结构相扭曲的局面。

三、发展股份制中小银行与国有银行改革的关系：促进竞争与经验借鉴

我国股份制中小银行是在国有银行改革尚未完成的制度背景下发展起来的，发展股份制中小银行，应处理好与国有银行改革的关系。目前，国有银行

改革已进入攻坚阶段，正面临一系列难点问题，如化解不良资产、进行产权结构调整、解决冗员过多问题等。这些问题因存量积淀已久，且涉及方方面面的利益关系，不可能一下子解决，而发展股份制中小银行则可以从外部促进国有银行的改革。

1. 股份制中小银行的发展壮大，有利于打破国有银行的垄断格局，促进银行业竞争，提高银行业经营效率。通过多主体的市场竞争，在外部给国有银行增加经营压力，能够促使其加快自身变革进程，并且，由于竞争机制的形成，势必会给传统的管理体制、用人机制等造成强烈冲击，加速银行从业人员的行际自由流动，这有利于形成新的用人机制，通过竞争加快人员更新与淘汰。另外，大力发展股份制中小银行，打破国有银行的"寡头式"垄断，也有利于增强央行的货币政策效果。因为国有银行垄断信贷市场份额意味着它们有足够的力量阻滞货币政策的有效传导，可以通过与央行"讨价还价"获取自身利益，降低货币政策的有效性。

2. 发展股份制中小银行可为国有银行改革提供有益的经验和载体。目前我国商业银行的产权结构具有双重性特征：国有独资的单一产权形式和以股份制为主要特征的多元化产权形式共存。依据现代产权理论，产权结构作为一种制度安排，其产权边界具有事先给定的性质，产权的单一和不可交易容易使财产责任不清，降低经营效率。国有银行的单一产权结构容易导致其实际产权主体缺位，形成所有权虚置，使经营权无法落实，影响经济效益。而要进行产权多元化改革，首先应是股份制，因为根据产权理论，股份制能使国有银行产权关系明晰化、具体化和多元化，将终极所有权和法人所有权严格区分，把市场机制下的抽象的产权关系变化为具体的市场活动，使银行的经营活动是向股东大会负责而不是向政府负责，向金融市场作出预期而不是向政府作出预期。这样不仅能有效解决政府干预问题，而且能真正落实经营自主权。所以，对国有银行进行股份制改造是其改革的大方向。而股份制中小银行的股份化改制可以为国有银行提供许多可资借鉴的经验，甚至可以成为国有银行股份化改造的载体。具体而言就是，在股份制中小银行成为上市公司，并规范运作一段时间后，国有银行可以以出资控股或收购的方式将某一家股份制中小银行变成自己的全资或控股子公司，然后再通过资本市场运作扩大其股本规模，逐步增加注资规模，最终实现全行股份化，完成产权的多元化、体制股份化改造。这样，既可以有效解决我国资本市场容量和国有银行规模不相适应，国有银行难以上市的矛盾，又能使国有银行在较短时间内开始股份化改造，加速改革进程。当然，这只是国有银行股份化改造的可能选择之一，而对股份制中小银行而言，这却是其发展壮大的一条有效途径，并且这也有利于国内银行业资源的优化配置，有利于扩大我国资本市场规模。

四、发展股份制中小银行与迎接我国加入 WTO 的挑战：规范、创新与合作

我国加入 WTO 以后，国内银行业的竞争格局势必发生新的变化，竞争态势将日趋激烈。股份制中小银行要想在未来的竞争中立于不败之地，就必须采取正确的发展策略，进行合理的市场定位。结合我国股份制中小银行现状，笔者认为走规范、创新与合作之路是股份制中小银行应对我国加入 WTO 挑战的策略：

1. 进行制度规范，为股份制中小银行迎接挑战创造制度基础。在市场经济条件下，商业银行是否实行了规范的股份制、完善的企业管理制度、健全的法人治理结构，是决定其竞争力大小的根本。我国股份制中小银行的产权组织形式还不规范，有企业全资附属、有限责任公司、上市公司等多种形式，这必然导致银行内部管理机制不完善和法人治理结构存在缺陷，不利于股份制中小银行业务开拓和风险防范，不利于商业银行竞争方式由外延扩张型向内在集约型的转变，更不利于市场机制对银行管理的有效监督。因此，应尽快对股份制中小银行进行规范的股份化改造，变有限责任公司性质的商业银行为股份有限公司性质的商业银行，吸收社会公众入股，实现股权多元化，建立起完善的法人治理结构，通过产权组织形式的变化促使其转变运行机制和经营管理方式。制度规范是股份制中小银行发展的前提和基础，在此基础上还应当进行规范化的管理和经营，特别是规范化的风险管理。风险管理是国际银行界一个永恒的话题，处在成长阶段的股份制中小银行更应该注重防范风险，要建立起严密、先进的风险防范体系，同时还要培养具有风险管理理念的银行家队伍。

2. 加快业务创新，为股份制中小银行迎接挑战开辟新途径。1999 年底，美国通过了旨在取消分业经营的《现代金融服务法案》，这意味着综合经营将成为未来金融业发展的方向。因此，应当允许股份制中小银行进行综合经营探索，加快业务国际化进程，提高开拓国际市场的能力。如：增加对国外有价证券的投资，采取收购、控股、合并等形式拓展海外业务，增加海外分支机构，

拓宽国外业务领域等，以促使其在经营机制、管理方式、财会制度等方面逐步与国际接轨。股份制中小银行赖以生存和发展的基础是市场的差异化，而要在差异化的市场上寻求竞争优势，只有进行创新，用新的金融产品和服务满足特定客户的需求，发现新的市场空间，形成特色，才能与国内外大银行相抗衡。所以应鼓励股份制中小银行进行业务创新，促进业务经营多元化，充分发挥体制优势，根据市场需要和自身状况，开发新的市场资源，开辟新的融资和投资渠道，提高市场竞争力。

3. 鼓励同业合作，增强股份制中小银行的竞争实力。股份制中小银行的规模较小，可以探索进行各种形式的同业合作。通过合作，既提高竞争力，拓展业务范围，又可以在合作中学习新的管理经验和技术，改善业务管理水平。这种合作应当形式多样，如业务合作、股权参与，甚至与国外银行的合作等，而不一定非要搞兼并，尤其是靠行政命令推动的"拉郎配"式的兼并和重组。在我国目前市场经济体制还很不完善的条件下，大力发展股份制中小银行不仅有利于促进银行业的竞争，满足不同层次的融资需求，提高竞争效率，而且从提高资源配置的角度看，也有利于提高整个国民经济的运行效率。如果单单为了迎接 WTO 的挑战，而硬性把股份制中小银行"撮合"在一起，反而会使股份制中小银行丧失其本来的优势和特色，会使它们失去通过市场竞争发展壮大，进行优化组合的良机。国外中小银行发展的经验告诉我们，不管未来竞争如何激烈，只要存在消费者需求的多元化，就会存在中小银行的市场空间，中小银行就不会无立身之地。我国加入 WTO 以后，市场的开放会带来更多的商机，股份制中小银行的发展空间将不是缩小了，而是更加宽广了。

参考文献

[1] 肖宝荣. 西方银行大兼并的最新趋势与特点 [J]. 经济学动态，1996（10）.

[2] 王元龙. 国际银行业发展的新潮流与我国的抉择 [J]. 经济学动态，1999（11）.

[3] 陈飞翔，吴建伟，陆宝群，等. 国外中小银行的发展分析 [J]. 金融参考，1999（9）.

[4] 胡继之. 关于银行规模问题的研究 [J]. 金融研究，1997（3）.

[5] 张军. 现代产权经济学 [M]. 上海：三联出版社，1995.

［6］金大健．中国商业银行发展探索［M］．上海：华东师范大学出版社，1995.

［7］雷蒙德·W．戈德史密斯．金融结构与金融发展［M］．上海：上海三联出版社，1990.

［8］Thomas Mayer，1987："Money Banking and the Economy"，W. W. Norton & Company，New York London，Third Edition.

商业银行的筛选功能与宏观调控[①]

摘要：经济波动大、周期短、调控频繁是我国经济发展的特征之一，行政手段一直在我国发挥着重要的调控作用。本文指出，这种情况与我国商业银行没有充分发挥筛选功能密切相关。长期利益导向的商业银行具有筛选功能，能够发挥对经济的自调节功能。而在规模导向或短期利益导向的商业银行体系中，商业银行具有更为强烈的顺周期倾向，对市场信号反应不灵敏，不能有效发挥筛选功能，商业银行信贷行为本身就是经济波动的原因之一。因而，要提高我国市场调控效率，减小经济波动，尤其需要深化银行体制改革，充分发挥商业银行的筛选功能和自调节功能。

经济波动大、周期短、调控频繁是我国经济发展的特征之一。即使在市场化程度相对较高的最近一轮宏观调控中，行政手段仍发挥了重要的作用。导致这种情况的原因是多方面的，而商业银行没有充分发挥筛选功能和自调节功能则是原因之一。我国的中资商业银行具有强烈的顺周期倾向，贷款的波动较大，信贷行为本身是经济波动的原因之一，商业银行的筛选功能和自调节功能没有得到充分发挥。

一、关于商业银行的筛选功能

理论界对银行等金融中介机构功能的探讨颇多。亚当·斯密、大卫·李嘉图和约翰·穆勒等古典经济学家认为银行的基本作用在于信用媒介，而另一些经济学家如约翰·劳、熊彼特等则认为银行的基本功能是信用创造。今天，商业银行的信用媒介和信用创造功能已被经济学家所广泛认识。而随着制度经济学和信息经济学的发展，经济学家还认识到商业银行等金融中介机构还是一种

[①] 本文作者盛松成，发表于《金融研究》，2006 年第 4 期。

能够节约信息费用和交易费用的制度装置。同时，基于银行的规模优势和信息优势，银行作为储蓄者和投资者的中介还能分摊风险（托马斯·梅耶、詹姆斯·S. 杜森贝里、罗伯特·Z. 阿利伯，1987）。而 Robert C. Merton （1959）在一篇经典性的论文中，将金融中介概括为六大核心功能，即支付功能、融资功能、资源配置功能、提供信息功能、解决信息不对称与激励问题的功能，并认为资源配置功能是其中的核心功能。

毋庸置疑，商业银行作为金融中介机构的主体，具有金融中介机构的一般功能。或许基于上述认识，经济学家对商业银行具有哪些不同于非商业银行金融中介机构的功能的研究相对较少。一些经济学家认为，商业银行与其他金融中介机构的共同功能是融通盈余单位与不敷单位之间的资金供求，也就是信用媒介功能，而它与其他金融中介机构的最大区别在于它的信用创造功能（饶余庆，1983）。这无疑指出了商业银行区别于其他金融中介机构的核心内容。但与其他金融中介机构相比，商业银行还具有一个容易被人忽视的功能，即筛选功能。

所谓筛选功能，指的是商业银行基于自身的经济利益或利润最大化的要求，对贷款项目进行评估和选择的过程，这个过程的实质是发现企业价值以决定信贷配给。贷款市场的信息不对称决定了信贷配给是一种常见现象。商业银行需要根据自己对企业与项目的价值评估来决定信贷配给的额度、期限以及是否需要发放贷款。在这里，筛选功能不同于资源配置功能。资源配置更多地指信用媒介。在计划经济条件下，商业银行的资源配置功能主要基于国家的发展战略和统筹安排，而非自身的经济利益。在市场经济条件下，商业银行的资源配置功能主要强调通过信贷配给，实现资源在经济各部门间的合理分配，而不是强调银行自身的经济利益。筛选功能是商业银行区别于其他金融中介机构的一个重要功能。比如，政策性银行主要服从于国家的社会发展战略；企业集团内部的财务公司主要服从于企业集团的发展需要；信托投资公司基本根据客户的要求选择贷款项目。上述非商业银行机构对贷款项目的筛选受到较多条件的制约，不具备完整意义上的筛选功能。

在信用媒介、信用创造和筛选这三种商业银行的主要功能中，信用媒介和信用创造是直接的、有形的功能，而筛选功能是延伸的、不为人所注意的功能。一定程度上，筛选功能是在信用媒介和信用创造过程中产生的，正因为如此，商业银行的筛选功能经常被人忽视。而且，具有信用媒介和信用创造功能的银行并不一定具有筛选功能，比如，计划经济条件下的银行具有信用媒介和信用创造功能，但并未发挥筛选功能。经济越发展、市场化程度越高，商业银行的筛选功能越能显现。

商业银行能够发挥筛选功能的关键在于它具有信息生产与信息利用的优势。由于贷款市场上存在逆向选择问题，这就要求银行将风险小的项目从风险大的项目中筛选出来，将收益大的项目从收益小的项目中筛选出来。为进行有效的筛选，银行必须收集每一位借款人的可靠信息。有效地收集信息构成商业银行信用风险管理的一项重要内容。在某种程度上，"银行的工作就是生产信息"（米什金，1995）。由于企业大部分收支活动都通过商业银行体系完成，因此，银行体系能较充分地掌握企业的经营活动。同时，商业银行具有垄断信息和持续利用信息的优势，所以商业银行具有通过各种渠道生产信息的能力，包括对企业及项目实际调查所获得的信息、通过中介机构审计的财务报表和征信系统获得的企业历史信用记录以及对国家政策和经济、产业的研究等。其中，以账务信息最重要，因为账务信息最具体、最直接、最真实地反映了企业经营活动的全貌，这也是商业银行相对于其他金融中介所具有的最大的信息生产优势。

收集信息仅是商业银行筛选项目的一个基础，关键还在于利用信息。分散的信息需要进行整合和综合分析，进而形成商业银行可以直接用于决策的信息。信息的利用，一是需要商业银行的经验判断，二是需要利用商业银行内部的风险评价技术，三是需要信用中介机构的信用评价。在一定程度上，信息利用效率对商业银行筛选功能的发挥更为重要。

二、商业银行的筛选功能与宏观调控

无论金融业如何发展，商业银行依然是当今最重要的金融中介组织，是工商企业最重要的外源融资来源（米什金，1995）。在我国以间接融资为主的金融体系中，商业银行的重要性更是不言而喻。2004年，我国金融机构贷款余额与 GDP 的比例已达到 137.7%。实证研究表明，银行贷款与经济增长之间有着显著的相关关系（石汉祥，2004）。在 1998 年发生通货紧缩以后，我国学者对银行信贷与宏观经济的关系给予了前所未有的关注，相当部分经济学家认为"银行惜贷"是我国经济疲软的重要原因。托宾、费雪等人关于通货紧缩与银行信贷关系的理论受到了理论界的较高重视。这一理论的要点是揭示了银行信贷的顺周期行为，即在经济高涨时，银行纷纷扩大贷款发放；而在经济趋向萧条时，银行为控制风险，倾向于压缩贷款规模。

实践表明，商业银行不仅是经济体系的重要组成部分，为经济发展提供资金，而且是经济金融稳定的基础，是宏观调控的手段和对象。商业银行与宏观调控的关系不仅通过其信用创造功能体现，更重要的是通过筛选功能来体现。商业银行利用其掌握的信息来决定其对企业和项目的资金支持程度。通过这种筛选，优势企业得到支持，劣质企业被淘汰，于是商业银行能够发挥经济稳定器和调节器的作用。筛选功能实际上就是经济的自调节功能。商业银行的自调节功能不是商业银行的主动行为，而是在其经营过程中通过对优势项目和优势企业的筛选，客观上起到了调节作用，达到了宏观调控的目的和要求。所谓宏观调控实质上就是调控那些短期高效益而长期高风险的项目，调控那些容易引起经济波动、妨碍经济长期发展的项目和产业。

众多商业银行的自觉筛选行为能在一定程度上保证产业的均衡发展和总量平衡。一个健康的商业银行体系，必然存在众多信息生产和利用能力不同的商业银行。这些银行信息生产和利用的比较优势不同，一些银行可能对贸易融资较为熟悉，而另一些银行则对房地产业贷款较有心得，于是，不同的银行对某一产业的支持力度可能不同。这种互补的结果促进了各产业的均衡发展。因而，众多商业银行的筛选行为一般不会或较少犯群体错误，从而降低了某一产品供给过剩或供给不足的可能性。

必须指出的是，商业银行发挥筛选功能的前提是，它是一个以利润最大化为导向、追求长期利润、规避长期风险的真正的企业。商业银行作为一个企业，其目标应该是效益（利润）最大化，而且主要是长期（而不是短期）效益最大化。同时，作为一个特殊的企业，商业银行的资产负债率极高，基本在90%以上，其主要业务是将借入的资金贷给他人投资。因而，商业银行实质上经营的是风险。作为经营风险的企业，商业银行按照风险与收益相匹配的原则，只接受那些可以控制的风险，而且这个风险不仅指短期风险还指长期风险。只有商业银行成为追求长期效益而规避长期风险的真正的企业，它们才会支持长期效益大而长期风险小的项目，而淘汰那些短期效益大而长期风险也大的项目，从而使商业银行的自主调节符合市场化方向，减小经济波动。

与长期利润导向的商业银行相反，在以规模导向或短期效益导向的商业银行体系中，商业银行具有更强烈的顺周期倾向。图1模拟了规模或短期效益导向商业银行与长期效益导向商业银行贷款增长的周期变化情况。当经济或某个行业趋于繁荣时，为在短期内扩张规模和尽可能多地获取利润，规模或短期效益导向商业银行容易放松贷款筛选条件，其发放贷款的冲动更为强烈。相反，当经济趋于萧条，或国家为控制过热的经济而实施宏观调控时，规模或短期效益导向的商业银行为控制短期风险对贷款项目的筛选标准又过于严格，其贷款收缩得更快，贷款规模急剧下降。与长期效益导向的商业银行相比，规模或短期效益导向的商业银行，其贷款项目的筛选标准变化较大，贷款增长的波动更大，从而对宏观经济波动的影响也更大。

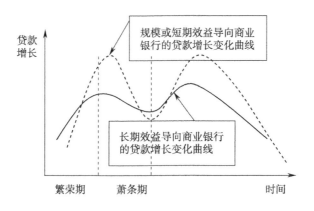

图1　模拟的商业银行贷款增长周期变化曲线

三、商业银行筛选功能的缺失与行政性调控

改革开放以来，我国的宏观调控体系逐步从以行政调控为主转向以市场调控为主，调控的市场化程度日益提高。但毋庸置疑，时至今日，我国的宏观调控仍离不开行政手段。图2显示，1980年以来，我国经济波动的频率和幅度均趋于减小，但主要经济指标如经济增速、货币供应量以及居民消费价格指数（CPI）等的波动仍较大。经济周期短、波动大、调控频繁是我国经济运行的特征之一。导致经济波动大的原因之一是我国的中资商业银行还不是真正的商业银行，它们未能有效发挥筛选功能和自调节功能。一些不该支持的项目获得了支持，而一些应该得到支持的项目却没有获得支持。

目前，中资商业银行普遍不注重信息的生产和利用。首先是缺乏利用和处理信息的必要技术和手段，数据支持系统不能满足银行业务发展的需要，对银行所掌握的企业信息没有很好地分析利用，也不重视对国家政策和产业、行业

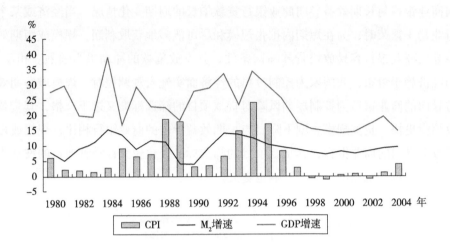

图 2　1980 年以来我国主要经济指标变化情况

（资料来源：中国人民银行《2005 年第一季度中国货币政策执行报告》）

的研究分析。其次是由于现行的信贷征信体系的激励约束机制不健全，没有有效解决商业银行在信息生产上的"搭便车"行为，银行对建立完善信贷征信体系缺乏积极性，对该录入的信贷信息不能按时录入，降低了信贷征信系统的真实性和有用性。最后是商业银行为控制短期风险，对基层机构控制过严，基层机构几乎没有任何贷款权限，而这些基层机构才是真正贴近市场、了解企业的。同时，由于考核机制的不健全，信贷员缺乏深入了解企业情况和发展前景的积极性。银行未能正确判断企业的真实情况，当然说不上合理筛选了，其结果是一些发展前景很好的企业被筛选掉，而一些资质较差的企业却得到了信贷支持。而且，由于中资商业银行信息生产和利用的能力基本相近，极易产生类似于股市上的"跟风"和"博傻"行为，表现为各银行信贷结构趋同和部分产业支持过度，甲银行将房地产业贷款作为贷款重点，乙银行也立马跟进。从长期看，这种结果显然和市场发展要求不相符合。当矛盾积累到一定程度，就需要国家进行调控。

目前我国商业银行不重视信息生产和利用的根本原因在于它还不是真正的商业银行。虽然经过多年改革，商业银行比以前更重视效益了，但这种效益更多的是短期效益。银行管理层的任命制度、职业银行家的缺乏和传统的官本位管理文化，使国有银行甚至包括目前的股份制银行仍然有较强的官本位意识，潜意识里仍十分看重规模扩张和市场份额，存在着严重的短期效应问题。从根本上说，现在的大部分中资商业银行仍是规模导向型的，不管是大银行还是小银行都想"做大做强"，在贷款行为上表现为"一放就乱、一收就死"。

中资商业银行相对于成熟的商业银行具有更强烈的顺周期倾向。一个例子是近年来上海市中外资银行贷款增长态势的差异。2003 年 8 月末，上海市中资金融机构贷款增速曾达32%，而至2004 年 8 月末骤降至11.5%，2005 年 5 月末进一步降至8.5%。而2002 年、2003 年上海市外资银行贷款扩张并不快。2003 年上海市外资金融机构贷款增加 155 亿元，占上海市各项贷款增加额的 6%。而在中资银行贷款放缓以后，外资银行贷款扩张却较为迅猛。2004 年上海市外资金融机构贷款增加 502 亿元，占上海市贷款增加额的 1/4。同时，外资银行贷款发放较为均匀。2005 年 1—6 月，上海外资金融机构各项贷款分别增加 42 亿元、35 亿元、78 亿元、48 亿元、66 亿元和 25 亿元元，年初、季末冲高现象不明显；而同期上海市中资金融机构分别增加 137 亿元、105 亿元、235 亿元、92 亿元、8 亿元和 319 亿元，波幅达 311 亿元，季末冲高现象较为突出（见图3）。

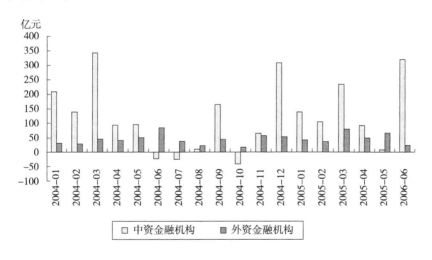

图3　上海市中外资金融机构本外币贷款月度增加额

（资料来源：中国人民银行上海分行）

从风险控制角度看，中资商业银行出于短期利益考虑只注重规避短期风险而不注重规避长期风险。在项目的筛选上表现出极度厌恶短期风险。"贷长、贷大、贷垄断"是普遍现象，热衷于政府性项目和房地产等中长期项目。中资商业银行信贷出现了种种奇特现象。比如年初集中放款现象。2004 年，上海市中资金融机构第一季度发放的贷款相当于全年的40%。再比如，中长期贷款膨胀问题。上海市中资金融机构中长期贷款占比已由 2003 年 5 月末的 40% 上升至 2005 年 6 月末的 55%，中长期贷款的增长速度远远快于短期贷款。而外资银行的贷款则以短期为主。2005 年 6 月末，上海市外资金融机构本外币贷款中，短期贷款（含票据融资）占 60.5%，而同期中资金融机构短期贷款（含票据融资）占 41.5%，两者相差近 20 个百分点。由于中资银行没有充分发挥筛选功能，或者说没有真正按照市场原则筛选项目，在短期低风险、高效益的思想指导下，那些长期低风险、高效益的项目往往得不到支持，而短期效益好的项目和行业则成了支持重点。最终造成这些行业的供给过剩，即形成所谓重复建设，进而形成长期风险。于是，国家不得不进行宏观调控。

同时，由于中资商业银行不重视信息生产和信息利用，不重视长期效益和规避长期风险，缺乏根据风险程度给资产定价的能力和动力，进而对价格、市场利率等市场信号反应迟钝，市场调节效率往往较低，国家不得已动用行政手段。由于我国的商业银行还不是真正的商业银行，没能有效发挥筛选功能和自调节功能，就需要不断地进行国家调控甚至是行政调控。当前的宏观调控主要就是调节短期效益大而长期风险也大的项目和行业，比如钢铁、房地产业等。

宏观调控尤其是行政调控的主要弊端是一刀切，该切的切了，但不该切的也切了。宏观调控是全国性的总量政策，很难区别区域差异、部门差异和产业差异。我国地域广大，经济发展的区域差别大，往往是一些地区的经济已出现过热迹象，而另一些地区可能还未走出通货紧缩状态。因此，充分发挥商业银行的筛选功能对于实现区域经济协调发展尤为重要。因为商业银行贴近市场，可以根据当地经济发展实际对项目进行筛选。同时，正确的宏观调控的前提是对经济形势的正确判断。由于经济的复杂性和决策者远离市场等，决策者很容易误判形势，因而宏观调控本身也存在着风险。最近，我国理论界对当前的宏观经济存在较大争议，有人认为拐点已经出现、通货紧缩即将来临，而有人则认为当前仍应以防范通货膨胀为主。一旦对经济形势产生误判，就会造成经济的更大波动。而众多成熟商业银行发生群体误判的可能性则很低，其自发的筛选行为本身就是最好的宏观调控。

四、结论与政策建议

一个追求长期效益、规避长期风险的商业银行具有筛选功能，而这一功能常为传统的理论所忽视。商业银行能够通过信息生产和利用的比较优势，对项目进行筛选，发挥优胜劣汰作用。利益导向尤其是长期利益导向是商业银行发挥筛选功能的前提条件，只有此时，商业银行的筛选功能才与市场发展要求相一致，从而发挥对经济的自调节功能。而在规模导向或短期利益导向的商业银行体系中，商业银行没有充分发挥筛选功能，往往具有更为强烈的顺周期倾向，银行信贷行为本身就是经济波动的原因之一。同时，在规模导向的银行体系中，商业银行对市场信号反应不灵敏，国家需要频繁动用行政手段调节经济。可以说，商业银行未能有效发挥筛选功能是我国经济需要频繁调控尤其是行政调控的一个重要原因。当前，理论界更多的是从金融风险角度看待银行改革问题，而较少从发挥银行的筛选和自调节功能角度认识银行改革的必要性。事实上，银行体制改革不仅是为了解决银行风险集聚和效率低下问题，而且是为了促进经济的长期平稳和协调发展。可见，当前迫切需要深化银行体制改革。

首先是要把银行改造成为真正的商业银行。邓小平同志指出，要"把银行真正办成银行"（邓小平，1986）。所谓真正的商业银行，笔者以为就是追求长期利益、规避长期风险、能够充分发挥筛选功能的商业银行。商业银行不仅应以利润极大化为首要经营目标（马德伦，2001），而且应以长期利润极大化为目标。在推进产权和股份制改革的基础上，改进对国有银行的考核机制，努力形成注重长期效益的经营机制。要给予商业银行的基层机构一定的审批权限，强化贷前调查。监管部门要鼓励商业银行大力发展内部数据支持系统和内部评级技术，建立一套在经济繁荣和萧条期间基本一致的贷款筛选标准和框架，提高中资商业银行信息生产和信息利用的能力，减小贷款增长的波动。

其次要塑造银行家文化，努力建立有利于培养职业银行家的激励约束机制。国有银行或国有资本控股的银行要努力改变当前对银行经理层的官员制任命方式，聘任和培养一批有职业素养的银行家。商业银行尤其是目前的股份制银行要改变频繁调动银行管理人员的做法，因为银行管理人员任期过短有利于产生短期效应而不利于树立长期经营理念。建立和完善有利于培养银行家树立长期经营理念的薪酬制度和责任追究制度，废除对银行分支机构和信贷人员"零不良贷款"的考核制度，允许信贷人员审批发放的贷款可以有一定比例的不良贷款。监管部门要建立动态的对银行高管人员任职资格的管理机制，防止高管人员通过岗位流动规避贷款损失责任。

最后要大力发展中介体系和征信体系。规范发展信用评级公司、会计师事务所等中介机构，建立商业银行查询企业纳税信息的渠道，减少商业银行获取企业真实信息的成本。逐步实现信贷征信系统的市场化运作，建立征信体系建设的激励约束机制，拓宽银行信息生产和利用的渠道。商业银行应加强对国家宏观政策和产业、行业发展情况的研究分析，以使其贷款筛选行为符合宏观调控的要求和国家发展战略。

参考文献

［1］邓小平．邓小平文选（第3卷）［M］．北京：人民出版社，1994.

［2］马德伦．利润极大化应为国有商业银行的首要经营目标——兼析国有商业银行追求利润与贯彻政府宏观经济政策之间的关系［J］．金融研究，2001（1）.

［3］米什金．货币金融学（第四版）［M］．中译本．北京：中国人民大学出版社，1998.

［4］饶余庆．现代货币银行学［M］．北京：中国社会科学出版社，1983.

［5］Robert C. Mertn D. 金融中介功能观（中译文）［M］//北京奥尔多投资研究中心．风险、不确定性与秩序．北京：中国财政经济出版社，2001.

［6］石汉祥．国有商业银行风险与通货紧缩的效应分析［J］．金融研究，2004（10）.

［7］托马斯·梅耶，詹姆斯·S. 杜森贝里，罗伯特·Z. 阿利伯．货币、银行与经济［M］．中译本．上海：上海三联书店、上海人民出版社，1994.

中外商业银行贷存比变动差异：原因及启示[①]

摘要： 近年来我国商业银行存差规模快速扩大、贷存比不断下降引起了社会各方的广泛关注。本文通过考察发达国家商业银行贷存比的变动情况，详细分析了中外商业银行贷存比出现显著差异的原因。本文认为，中外商业银行在资产多元化的同时，负债结构呈现明显差异化是导致二者贷存比不同的直接原因，而深层原因在于我国和发达国家在金融市场发展、金融工具创新、商业银行经营等方面的差距。

1995 年后，我国金融机构存差规模快速扩大，贷存比不断下降已成为一个不争的事实，理论界对该现象的形成原因也已进行了深入探讨。本文从全球视角考察其他国家商业银行贷存比的变动情况及主要原因，试图通过国际比较来揭示贷存比现象背后的深层矛盾，为形成合理有效的政策建议提供有益借鉴。

一、中外商业银行贷存比变动的差异性[②]

1. 美国商业银行贷存比和存差的变动情况。如图 1 所示，近 10 年来，美国商业银行的贷存比与存差总体较为稳定。1995—2005 年间，贷存比基本保持在 90% ~ 100%；除 2000 年为贷差外，其余年份均为存差。2005 年末，美国全部商业银行的贷存比为 95.1%，比 1995 年末下降 2.1 个百分点，贷存比的下降趋势不明显。

2. 日本商业银行贷存比和存差的变动情况。如图 2 所示，日本银行业贷

---

① 本文作者盛松成，发表于《西安金融》，2006 年第 7 期。

② 由于各国金融统计制度的差异，各国对贷款与存款的定义有所不同。因而，本文在使用国外数据时，根据各国金融机构资产负债表的明细内容和中央银行的注释，对各国金融机构（商业银行）存贷款数据进行了适当调整，在一定程度上保证了贷存比指标的可比性。

存比由 1982 年的 79.2% 逐步上升至 1997 年的 103.1%，之后逐步下降至 2002 年的 83.8%。1982 年后日本商业银行的存差规模逐步扩大，1989 年达到最高的 123.4 万亿日元后快速减少，1995—1998 年出现贷差，1999 年后转为存差，并且数额快速扩大。

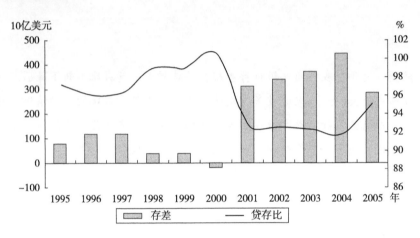

图 1　美国商业银行贷存比和存差变动情况

（资料来源：http：//www.federalreserve.gov/releases/，表 H.8（510）*Assets and Liabilities of Commercial Banks in the United States*，表中数据未进行季节性调整）

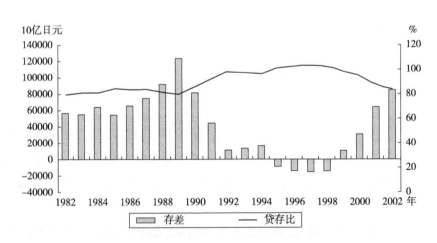

图 2　日本商业银行贷存比和存差变动情况

（资料来源：日本银行银行监管部 2004 年公布的 *Financial Statements of Japanese Banks*）

3. 英国商业银行贷存比和存差的变动情况。如图 3 所示，2000 年以来，英国商业银行一直呈现"贷差"格局，2000 年末贷差为 1689 亿英镑，2006 年第一季度末贷差为 3508 亿英镑，增加了 1 倍多，呈现加剧扩大的势头；商业银行贷存比从 2000 年末的 120.1% 提高到 2006 年第一季度末的 126%，2002—2004 年甚至达到 130% 以上，贷存比维持在高位。

4. 中国商业银行贷存比和存差的变动情况。如图 4 所示，1995 年以后，我国金融机构开始出现存差，且数额快速扩大。截至 2005 年 12 月末，金融机构人民币存差达到 9.2 万亿元。1997 年之后，贷存比呈现不断下降的态势，从 1997 年 12 月末的 90.9% 下降到 2005 年的 67.8%。

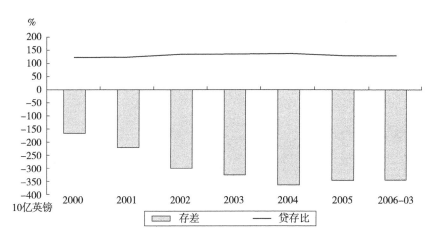

图 3　英国商业银行贷存比和存差变动情况

（资料来源：英格兰银行《英国居民存款和贷款分析》（2000—2004））

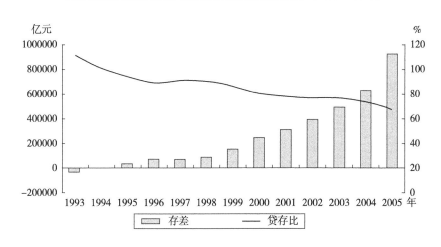

图 4　我国商业银行贷存比和存差变动情况

（资料来源：1993—2005 年金融机构人民币信贷收支表）

通过对美、日、英及中国商业银行贷存比情况的比较，可以得出以下几点结论：

一是从总体上看发达国家商业银行贷存比较高。美国近 10 年来贷存比均在 90% 以上，日本多数年份在 80% ~ 90%，英国近年来几乎维持在 120% 左右的高水平。

二是没有证据表明商业银行贷存比（或存差）存在必然上升（减少）或下降（增加）的规律，经济发展也不必然导致贷存比下降。近一二十年来发达国家的经验表明，不存在贷存比（或存差）单向变动的规律。而中国近年来贷存比出现明显的单边下行趋势，其原因值得进一步探究。

三是由贷存比高低来推断金融对经济的支持力度是不正确的。有的观点认为贷存比越高，金融对经济的支持力度越大，反之越小，这种观点其实是不准确的。日本 20 世纪 90 年代初泡沫经济破灭后，国内信贷和经济紧缩，金融体系问题频发，而银行贷存比却在该时期处于历史高位。同样，我国 90 年代之后恰恰是国民经济快速发展、金融体系不断健全、金融改革力度较大的时期，因而不能因贷存比下降就得出金融对经济支持力度削弱的结论。

二、中外商业银行贷存比差异背后的深层原因

从银行资产负债角度分析，中外商业银行在资产多元化的同时，负债结构呈现明显差异化是导致二者贷存比高低不同的直接原因。近年来，资产多元化成为中外商业银行的共同趋势：国外商业银行非信贷资产运用十分广泛，包括债券投资、股权投资、商品期货、金融期货等多种工具，例如花旗集团债券投资种类就包括国债、市政债、公司债、资产支持证券（ABS）、国外债券等多个品种，其中公司债、ABS 的投资占债券总投资的 30%；中国商业银行近年来资金运用方式也日益多元化，其中国有商业银行证券投资占总资产的比例已与发达国家商业银行相近，介于 20% ~ 30%。但发达国家在资产多元化的同时，负债同样也呈多元化，存款在资金来源中的比重不断降低。2004 年末，美国商业银行存款占总负债的比重已降到 60% 左右，其中摩根大通银行和美洲银行存款占比分别为 45.1% 和 55.7%；债券发行、大额定期存款、商业票据、同业借款等在资金来源中的占比提高，2004 年末，摩根大通银行购入联邦基金和回购、交易负债、长期债务、其他借入资金占总负债的 33.3%，美洲银行购入联邦基金和回购、长期债务、商业票据及其他短期借款和交易负债

占资金来源的31%。发达国家商业银行资产和负债的同步多元化使其贷存比相对较高。

而中国商业银行在资产日益多元化的同时，负债结构仍然单一化，存款仍然在资金来源中占绝对主导地位，其他资金来源渠道狭窄。2005年6月末，我国国有商业银行和股份制商业银行存款占总负债的比例分别为82.9%和77.3%，而个别银行存款占总负债的比例接近90%。我国银行在资产多元化的同时负债仍然单一化，导致贷存比不断降低。

通过进一步分析还可以看出，中外商业银行在资产负债结构上的差异实际上反映了我国和发达国家在金融市场发展、金融工具创新、商业银行经营等方面的差距。

首先，中国金融市场欠发达，难以为商业银行提供多元化的融资方式。发达国家金融市场层次丰富，商业银行可通过金融市场运用债券发行、大额定期存款、商业票据、同业借款等多种渠道融通资金，而且可以通过普通股、次级债等较为便捷地获取资本金。国外商业银行的资本充足率一般在12%左右，其次级债券占权益资本的30%以上。融资方式的多元化降低了存款在资金来源中的相对重要性。而中国金融市场发展相对滞后，制约了商业银行融资方式的选择范围，资本补充渠道狭窄，次级债规模仍偏小，已发行次级债的商业银行其附属资本充足率仍多在3%以下，资金来源方式仍过度依赖存款。

其次，金融工具缺乏，无法为投资者提供多样化的投资渠道。20世纪80年代以后，发达国家掀起金融自由化浪潮，金融创新非常活跃，新兴金融工具层出不穷，为投资者提供了多样化的投资工具。而中国由于政策限制严格以及金融机构创新能力薄弱，金融产品较少，且产品同质性明显，投资者尤其是居民只能以银行存款作为投资的主要方式。

再次，市场化运作机制尚未完全建立，制约了商业银行资产负债管理能力的提高。发达国家商业银行是完全市场化的主体，以利润最大化作为首要目标，具有实行主动负债管理的天然激励。而中国商业银行市场化改革时间较短，市场化运营模式尚不健全，接受主动负债的理念较晚。尽管少数商业银行，如渤海银行开始尝试限制存款，如将储蓄存款门槛提高至5000元，对小额存款实行零利率甚至收费等，但大多数银行"存款立行"的观念根深蒂固，不愿主动下调存款利率，仍然被动接受储蓄存款。

最后，国际收支失衡导致了基础货币的大量投放，加剧了存款的快速增长。国际收支失衡和中国目前所处的国际分工地位密切相关。随着发达国家国内产业向外转移，中国凭借劳动力资源优势日益成为全球制造业中心，一方面吸引了大量外商直接投资（2005 年达到 603.3 亿美元），另一方面出口扩张不断加快，2005 年出口增长 28.4%，比进口快 10.8 个百分点。中国目前的国际分工角色导致了经常和资本项目的"双顺差"扩大，外汇储备不断增加，2005 年末外汇储备达到 8189 亿美元，当年新增 2089 亿美元。而在 2005 年7 月人民币汇率形成机制改革前，中国汇率制度缺乏弹性，国际收支顺差迫使央行为购买外汇而投放的外汇占款快速增加，成为推动近年来我国货币供应增加的主要因素。在外汇占款持续投放下，货币供应快速增长，主要体现为银行存款快速膨胀，导致各项存款和贷款增长的"喇叭口"现象日益明显。2005年末各项存款增长 19%，各项贷款增长 13%，存款增速高于贷款增速约 6 个百分点（见图 5）。存款增速持续高于贷款增速导致商业银行贷存比不断降低。

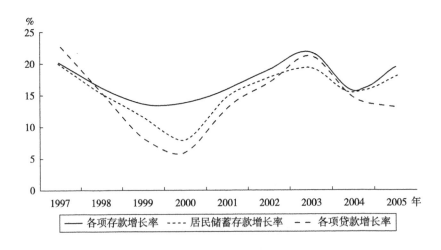

图 5　中国金融机构存贷款增速变化

（资料来源：1997—2005 年金融机构人民币信贷收支表）

三、启示和建议

1. 加快汇率形成机制改革，完善各项政策配套措施。现阶段，外汇占款的被动投放已成为全社会货币供应过快增长、银行体系流动性过剩的首要因素。未来一段时期内，要坚持人民币汇率自主、双向、逐步爬升的方针舒缓人民币升值压力，同时加快相关配套措施的改革，如发展国内外汇交易市场、推动外汇交易品种创新、增加外汇交易主体、建立做市商制度等，将流入外汇分散到各个交易主体，减缓央行的基础货币供应压力，维护货币政策独立性。加强外汇流入的管理，当前要尽快出台措施，限制外资对国内不动产的大量购买；同时合理安排外汇使用结构，提高外汇利用效率。

2. 大力发展金融市场，增加居民、企业和商业银行的投资渠道。针对目前资本市场发展滞后的现状，要大力发展股票、债券、黄金、期货市场，特别是在继续推动短期融资券市场规模稳步扩大的同时，加快企业中长期债券市场的发展。推动黄金市场交易主体的多样化，不断丰富黄金交易品种，研究开发黄金衍生产品，进一步扩大居民个人参与黄金市场投资的渠道，适度降低参与黄金市场投资的门槛。继续推动商业银行资金通过基金管理公司等方式进入资本市场；鼓励商业银行通过发展资产证券化、证券承销与托管、银团贷款安排、债券票据发行担保等方式推进传统商业银行业务和投资银行业务相融合，使商业银行更多地参与到资本市场发展过程中。

3. 推动利率市场化，鼓励商业银行下浮存款利率。尽管目前商业银行实行存款利率下浮已无政策障碍，但各商业银行出于市场份额、企业形象等因素考虑对存款利率下浮尚存顾忌，只能被动吸收企业与居民存款。未来应明确鼓励商业银行实施存款利率下浮，鼓励商业银行对账户管理等服务合理收费，引导居民合理使用银行账户资源，优化商业银行账户结构。

4. 鼓励商业银行进行产品创新，实施主动负债。进一步扩大商业银行发行次级债的范围，鼓励资质较好的非上市银行和城市商业银行发行次级债，扩大中小商业银行资本金的补充渠道。支持商业银行在证券交易所和银行间债券市场发行金融债券，并在投资人选择权债券、发行人选择权债券、本息分离债券等新业务、新产品上不断创新，拓展商业银行负债管理的多样性，提高负债管理的主动性。尽快修改《公司法》，创设优先股制度，允许商业银行发行优先股。

我国银行利润哪来的，哪去了？[①]

2010 年、2011 年我国商业银行净利润高速增长，增速达到 36% 左右，2012 年下降至 19%。近年来的盈利增长，使银行业不仅能计提大量资产减值损失准备，提高风险抵补能力，而且能留存较多利润以补充资本，为满足实体经济融资需求创造有利条件。目前，银行业在经营管理效率、风险管控能力、盈利能力等方面取得了长足发展。长期来看，随着利率市场化和直接融资的发展，银行息差可能缩小，利润增速可能下降，未来银行业需要调整经营发展战略，拓展盈利空间。

银行业盈利增长是金融改革发展的成果，与宏观经济环境密切相关，也是金融持续支持经济发展的需要。要发展中小金融机构，增加小微企业金融服务，促进民间资本进入银行业，让更多的社会资本分享银行业发展成果。同时，要积极推进利率市场化，进一步发挥市场配置资金的作用，提高金融服务实体经济的能力。

一、银行业利润哪来的

（一）多重因素影响银行业盈利增速

2007—2012 年，我国商业银行每年的净利润从 3000 多亿元增长到 1.2 万亿元，年均增长 29.6%（见图 1），尤其是 2010 年、2011 年，增速达到 36% 左右。从净利润构成看，收入、成本、拨备等是影响银行业利润增速的主要因素。

1. 收入因素。利息收入和手续费净收入分别占商业银行营业收入的 80% 和 15% 左右。

首先，生息资产规模和净息差决定利息收入。利息收入是我国商业银行的

---

① 本文作者盛松成，发表于《中国金融》，2013 年第 9 期。

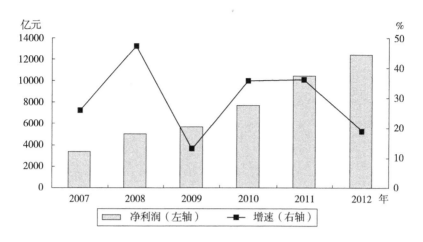

图1　商业银行净利率

主要营业收入，包括利息净收入和债券投资利息收入，两者分别占营业收入的60％和20％左右。以贷款和债券为主的生息资产规模和净息差决定利息收入。2010年、2011年较快的生息资产增长速度和稳定上升的净息差促成了利息收入的高增长。2010年、2011年上市银行利息收入增速高达28％和24％。2012年净息差相对平稳，但生息资产扩张速度有所放缓，导致利息收入增速回落。2012年，上市银行利息收入增速回落到15％左右。

其次，资本市场行情、监管层价格管理政策等因素影响手续费及佣金净收入。银行托管、基金代销等手续费及佣金收入受资本市场行情影响。2007年，资本市场行情较好，银行机构手续费及佣金净收入增速普遍较高。2009年，资本市场"由牛转熊"，手续费及佣金净收入增速有所回落。2010年、2011年在银行大力发展中间业务的推动下，手续费及佣金净收入增速有所回升。2012年，资本市场仍然相对低迷，监管层又规范银行服务收费，手续费及佣金净收入增速大幅下降，上市银行手续费及佣金净收入增速自2006年以来首次低于20％，工行、农行和建行等机构增速甚至低于10％。

2. 成本因素。除2009年外，商业银行成本收入比持续下降，银行业经营管理效率逐年提高，这也是近年来银行利润增长的因素之一。2007年、2008年、2010年、2011年、2012年，商业银行成本收入比分别比上年下降1.9个、2.4个、2.9个、1.9个和0.3个百分点。由于部分营业支出具有刚性，银行业成本收入比下降空间有限，2012年下降幅度有所减小。

3. 拨备因素。2007—2012年，商业银行资产减值准备金余额从6000亿元增长到1.5万亿元，拨备覆盖率从41%提高到296%。每年计提的资产减值损失规模主要受宏观经济形势及银行对未来资产质量变化趋势的判断的影响。2008年，我国经济受国际金融危机冲击明显下滑，银行业计提资产减值损失比上年显著增长。最近三年，银行业抵御风险能力逐步提高，整体信用风险得到有效控制。尽管2012年商业银行不良贷款出现反弹，但经济企稳缓解了不良贷款上升的压力。2010—2012年，资产减值损失准备稳定增长。

（二）间接融资为主的社会融资格局决定了银行收入结构

我国的社会融资以间接融资为主，利息收入也成为银行的主要收入。实体经济以银行贷款为主要融资渠道，银行则以经营存贷款为主要业务。尽管近年来我国直接融资快速发展，但目前间接融资占比仍高达75%以上，而发达国家这一比例一般不到50%。

我国金融业分业经营模式也是银行业收入来源比较单一的重要原因。欧美国家银行业非利息收入占营业收入的比重普遍高于30%。欧洲银行业混业经营，美国银行业有限混业经营。欧美国家银行不仅从事传统的存贷款业务，还从事资信评估、金融交易等大量综合性业务。我国非利息收入主要是手续费及佣金收入，而欧美银行业在手续费及佣金收入之外，还有大量金融交易收入和其他非利息收入。2009年，法国银行业金融交易净收入和其他非利息净收入合计占非利息收入的50%，占主营业务收入的29%；美国银行业除手续费及佣金外的其他非利息收入占非利息收入的58%，占主营业务收入的21%。可见，我国银行收入来源与欧美国家不同，不能简单类比。

近年来，我国银行业收入结构逐步改善，银行手续费及佣金净收入持续增长，占主营业务收入的比重逐年提高。2012年，上市银行手续费及佣金净收入比重达18%，其中部分国有大型银行已达20%左右，接近国际性大银行水平。

二、银行业利润哪去了

（一）用于计提资产减值损失准备，以丰补歉

银行业风险高，其效益与宏观经济形势正相关。在经济上升期银行需要增提拨备，为经济下行期弥补损失做准备。我国银行曾背负长期形成的政策性历史包袱，这些包袱主要通过国家政策和银行重组逐步消化。银行改制重组后，

需要依靠自身力量来应对经济周期波动，所以在经济形势相对较好的时期应增加拨备，以应对未来可能出现的不良贷款反弹和经济周期波动。2007—2012年，我国商业银行资产减值准备金余额从 6000 亿元增加到 1.5 万亿元，风险抵补能力大幅增强。以 A 股上市银行为例，2010 年和 2011 年，上市银行提取的资产减值损失占拨备前利润的 15%。

（二）用于所得税和投资者分红，其中很大部分用以支付银行改制成本

2010 年和 2011 年，上市银行缴纳的所得税占拨备前利润的 20%，占所有上市公司所得税总额的 44%。此外，银行在拨备前还需缴纳营业税及附加。2010 年和 2011 年，上市银行缴纳营业税及附加近 2500 亿元。

据测算，2010 年和 2011 年，上市银行对投资者分配的红利约占拨备前利润的 23%。国有股占银行业总股本的大部分，银行分配红利的很大部分也归国家所有。直接和间接归属于国家的红利占上市银行全部分红的 60% 以上。

所得税和国有股红利是国家在银行改制中大量投入的回报。2003—2009年陆续完成的工商银行、农业银行、中国银行、建设银行、交通银行、光大银行和中信银行 7 家银行财务重组中，国家先后剥离银行不良贷款 2 万亿元，注资约合 6546 亿元等值人民币。国家财政与改制银行、资产管理公司建立共管基金，购买剥离的银行不良资产。偿付共管基金的资金主要来源于改制银行的所得税和股权分红。此外，财政还发行特别国债，注资成立中投公司，该公司注资大型国有银行，并以这些银行的股权分红支付特别国债利息。

（三）用于留存利润，内源性补充资本

银行是高风险行业，需要充足的资本。2008 年的国际金融危机之所以如此严重，原因之一就在于银行缺乏充足的、高质量的资本。所以，巴塞尔资本协议——从巴塞尔协议Ⅰ到巴塞尔协议Ⅲ都特别强调银行的资本充足率。根据资本充足率要求，银行要不断增加贷款，就必须不断补充资本金。2008—2012年，我国金融机构本外币贷款新增 41 万亿元，按 10% 的资本充足率计算，就必须增加 4.1 万亿元的资本。

银行可以通过净利润留存、发行次级债和资本市场融资等方式补充资本，但过于依赖外部融资会冲击资本市场。来自净利润留存的内源性融资，是目前我国银行业补充核心资本的主要渠道。2010 年和 2011 年，上市银行增加的 1.5 万亿元核心资本中，近 1 万亿元来自净利润（包括未分配利润转增资本、

盈余公积和一般风险准备），占比60%以上。近1万亿元的净利润留存占同期上市银行拨备前利润的42%。内源性融资不仅为银行业持续支持实体经济提供了资本保障，也减轻了外部融资对资本市场的冲击。

三、对银行业盈利增长的几点认识

（一）银行业盈利增长是我国金融改革发展的成果

2003年开始，国家启动了银行业全面改革。对国有商业银行和部分股份制银行实行了资产损失核销、不良资产处置、资本金补充、公开发行上市等系列改革，极大改善了银行资产质量，提高了资本充足率。2003—2012年，商业银行不良贷款余额由2.1万亿元下降至4929亿元，不良贷款率由17.9%下降至0.95%；资本充足率由-3%提高至13.3%。同时，建立公司治理结构，引入战略投资者，全面提高了银行经营管理能力，构筑了风险防范机制。近年来，银行盈利水平逐步提高，改革成果不断显现。

（二）银行业盈利增长与宏观经济环境改善密切相关，与工业企业利润增长基本一致

近年来，银行业健康发展为实体经济提供了良好的融资环境；国民经济平稳较快发展，又为银行业利润增长创造了有利条件。随着经济发展和金融生态环境的改善，银行业务不断扩大，贷款质量不断改善，盈利能力不断提高。

银行业利润增长态势与工业企业基本一致。2007—2012年，规模以上工业企业利润年均增长21.6%，其中，私营企业年均增长36.7%。2011年，39个工业大类行业中，农副食品加工业、食品制造业和有色金属冶炼及压延加工业等14个行业利润增速高于商业银行。2012年，41个工业大类行业中，12个行业利润增速高于商业银行。

需要指出的是，银行的资本利润率不能简单与工业企业相比较，这主要是因为二者的资产结构和资本承担的风险很不相同。银行是经营货币、信用的特殊行业，面临较高的风险。且银行资产主要来自负债，资产/资本的比例往往超过10倍，远高于工业企业。银行资本承担的风险也远高于工业企业。所以，银行应有更高的资本回报，才能满足高风险经营的需要。此外，银行效益具有明显的周期性波动特点，应该从整个经济周期，甚至更长时期考察银行盈利水平，而不能只看某一时段的数据。1998年、1999年银行业整体亏损，资本利润率为负值。此后多年，资本利润率依然很低。

（三）目前我国银行整体利润率略高于部分欧美国家危机前水平，国有大型银行利润率与国际性大银行危机前水平相当

2008 年的国际金融危机对欧美日韩等国的银行业造成了很大冲击。2008年，法国、美国、瑞士、比利时、澳大利亚、日本和韩国等国家的银行业都出现了亏损，目前盈利能力也没有恢复到危机前水平。所以，不能简单地将中国银行业目前的盈利水平与国际银行业相比较，而应与危机前（2006 年）的国际银行业作比较。我们发现，中国银行业资产利润率高于法国、意大利、瑞士、日本等国家，与韩国和美国接近，低于俄罗斯；资本利润率高于美国、意大利、瑞士、日本和韩国，与俄罗斯、加拿大和法国接近，低于比利时。

2012 年，我国工商银行、农业银行、中国银行、建设银行、交通银行等大型国有商业银行资产利润率为 1.1% ~ 1.5%，资本利润率为 16% ~ 22%，与花旗银行、汇丰银行、美国银行、富国银行等国际性大银行危机前的水平接近（见表1、表2）。

表1　　　　　　　　部分国际性大银行资产利润率　　　　　　单位：%

银行	2002 年	2003 年	2004 年	2005 年	2006 年	2007 年	2008 年	2009 年	2010 年	2011 年
花旗银行	1.44	1.51	1.24	1.64	1.29	0.17	−1.32	−0.09	0.55	0.57
汇丰银行	0.86	0.98	1.02	1.09	0.94	0.91	0.23	0.24	0.55	0.67
美国银行	1.44	1.51	1.46	1.35	1.50	0.95	0.14	−0.10	−0.16	0.00
富国银行	1.68	1.66	1.71	1.72	1.73	1.53	0.32	0.63	0.94	1.18
摩根大通银行	0.22	0.86	0.47	0.72	1.11	1.03	0.25	0.42	0.75	0.79

资料来源：Ycharts.

表2　　　　　　　　部分国际性大银行资本利润率　　　　　　单位：%

银行	2002 年	2003 年	2004 年	2005 年	2006 年	2007 年	2008 年	2009 年	2010 年	2011 年
花旗银行	18.59	19.63	16.87	22.29	18.73	2.98	−27.50	−1.54	6.66	6.32
汇丰银行	12.68	13.83	14.70	16.85	15.73	16.18	5.17	5.26	9.54	10.96
美国银行	19.04	21.56	17.87	16.42	16.94	10.97	1.84	−1.23	−1.72	0.04
富国银行	18.87	19.56	19.67	19.76	19.78	17.40	4.57	9.09	10.34	11.99
摩根大通银行	3.92	15.42	6.35	8.01	13.00	12.52	3.66	6.00	9.72	10.14

资料来源：Ycharts.

（四）银行业盈利增长是金融持续支持经济发展的需要

现阶段，我国仍以间接融资为主。短期内，银行信贷增速不会明显放缓。为满足实体经济不断增长的贷款需求，银行必须获得持续的资本金补充。目前

内源性融资已占我国上市银行核心资本增加额的60%以上。用利润补充资本是银行业支持实体经济发展的必要条件。

假设我国2013年新增8.5万~9万亿元贷款，按12%的资本充足率简单估算，不考虑其他表内外风险资产增长，仅此一项需增加约1万亿元资本金；按照2010年、2011年上市银行资本补充的来源推算，2013年银行业需要实现净利润1万~1.1万亿元才能满足贷款增长对资本补充的需要。按照目前的盈利能力，我国银行业能够满足正常的贷款需求，并能够有效抵御未来可能发生的经营风险。2012年末，我国商业银行资本充足率为13.3%，高于巴塞尔协议的要求。

（五）长期来看，随着利率市场化和直接融资的发展，银行息差可能缩小，利润增速可能下降，未来银行业需要调整经营发展战略，拓展盈利空间

如果不改善业务结构，银行盈利增速可能下降。因此，银行业需要加快业务转型，发展金融市场业务，提高中间业务收入，以调整利润结构，拓展盈利空间。

发展中小金融机构，增加小微企业金融服务，促进民间资本进入银行业，让更多的社会资本分享银行业发展成果。

目前我国通过鼓励试点、放宽准入等措施，着力培养和发展中小金融机构，取得了积极进展。应继续探索解决中小金融机构的市场准入和退出、区域布局、风险防范等问题，鼓励、引导和规范民间资本进入银行业，增加小微企业金融服务。中小金融机构的发展和民间资本的进入，也将改善银行业组织结构，推动市场竞争，并让更多的社会资本分享银行业发展成果。

（六）积极推进利率市场化

当前，我国债券、商业票据、货币市场等领域的利率已实现市场化。2012年6月和7月，存贷款利率浮动区间扩大，利率市场化迈出重要一步。要进一步推进利率市场化，强化金融机构财务约束，增强市场配置资金作用，促进经济发展和经济结构转型。

上海金融业征信体系现状与建议[①]

一、上海金融业征信体系分散到相对统一的过程

征信体系，即征求信用的设施、方法、程序的总称。现代经济运行需要各经济主体最大限度地了解客体的信用状况，特别是商业银行向企业提供贷款或其他服务时，能否准确地把握与企业还款能力有关的信息和信用等级状况，是决定贷款资金能否及时收回或投资决策是否正确的基础条件。

改革开放以来，我国企业资金来源渠道逐渐从财政转到金融市场，企业对银行贷款资金需求所占比例逐年提高。由于单个商业银行（基本账户开户行）不可能满足企业对贷款资金的全部需求，企业在多家商业银行开户、多家贷款的现象十分普遍。在信用制度不健全、市场竞争激烈、"短缺"经济转向需求不足的 20 世纪 90 年代，商业银行贷款质量下降，不良贷款不断增加。上海几家商业银行分行为了更多地了解把握企业有关信息和信用状况，开始各自为政分散对企业进行信息归集、信用评级等征信体系的初建活动。

分散的征信体系主要有两种形式。一种是商业银行分支行信贷管理部门直接对开户贷款企业进行信息收集、信用等级评估；另一种方式是在商业银行内部成立相对独立的咨询或征信公司。商业银行分散的征信工作为贷款决策提供了一定的信息支持，但存在较大局限性：其一，内部信息数据库数据单薄难以满足信息对称性要求。其二，商业银行对企业进行的内部等级评估行为缺乏权威性和统一性，对信贷决策容易产生误导。企业多头开户借款，在不同的商业银行有不同的借款数额和信誉表现，从而使各商业银行对企业分散进行的信用等级评定对贷款决策失去了参考作用。分散征信体系的弊端日益明显，上海银行业要求建立相对统一的征信体系的呼声也越来越强烈。

---

① 本文作者盛松成、顾铭德，发表于《中国金融》，2002 年第 9 期。

1996 年起，人民银行上海分行开始试行建立相对统一的征信体系。该征信体系分为两大部分，一部分是贷款企业统一信息数据库的建设，又称贷款证信用制度，另一部分是贷款企业统一资信等级评估制度的建设。1999 年起，随着个人信贷的迅猛扩张，上海又开始试点个人信用联合征信体系的建设。

二、银行信贷登记咨询系统——统一征信体系的信息库

银行信贷登记咨询系统的雏形是 1996 年在上海试行的、供商业银行查询企业借贷信息的贷款证电子化管理系统。1997 年起，中国人民银行总行在考察国外相关系统和总结各地电子化贷款证制度管理经验的基础上，开始设计全国银行信贷登记咨询制度的总体方案和实施计划，并开发了该系统的操作软件。银行信贷登记咨询系统是对企事业单位的信贷业务进行登记并提供查询和监控的电子化管理系统，是以贷款卡为媒介，以城市为单位，登记信息日更新，使用现代化通信和计算机网络手段特别是互联网技术的咨询网络系统，也是全国联网实时查询系统。银行信贷登记咨询系统是一个大型数据库，其主要内容包括商业银行及其他金融机构向银行信贷登记咨询系统中心数据库报送的借款人信息内容、借款人信息查询内容和信贷监测。

（一）银行信贷登记咨询系统的管理模式

银行信贷登记咨询系统能否真正发挥对贷款企业的征信功能，能否稳定和提高金融机构的资产质量，在一定程度上化解金融风险，关键取决于该数据库信息的真实性、及时性以及各金融机构对该系统的依赖性和查询频率。人民银行上海分行要求上海各金融机构严格执行人民银行总行制定的关于该系统的操作规程，而且积极探索适合上海情况的管理模式，从而有效地发挥了该系统的征信功能。

第一，严格执行数据库登录制度，保证数据准确并及时上报到人民银行数据库。第二，对信贷数据进行清理输入，积极配合各家金融机构做好企业的配号和虚拟卡号的清理工作，保证了信贷数据质量的可靠性、稳定性。第三，健全查询制度，将查询系统作为对金融机构的一项考察指标，使各家金融机构充分认识到查询的重要性，避免了不少企业自保、连保、重复抵押、改名套贷等情况的发生，减少了金融机构的不良贷款。第四，坚持贷款卡年审制度，考核完善并及时更新贷款卡基本信息，纠正数据库中的不实记录，强化信贷登记咨询管理制度。第五，定期进行现场和非现场检查，加强对各金融机构的监管，

保证系统的正常运行。通过核对各金融机构上报的信贷统计报表与系统统计出的信贷业务数据、科技人员不定期去金融机构信贷网点抽查等形式，发现问题及时解决，不留隐患。

（二）银行信贷登记咨询系统的征信功能

银行信贷登记咨询系统已于 2002 年 7 月在全国 334 个城市联网，必将对上海金融机构防范化解金融风险发挥更积极的征信功能。

在系统"公告栏"中，我们把上海金融债务行长联席会议确定的"黑名单"登录其中，建立对逃废债企业和法人联手制裁机制，从而使金融机构尽可能做到事前掌握借款企业的信用状况。中小银行和信用社过去电子化程度比较低，信贷管理相对粗放，对贷款企业信息把握相对薄弱，如今它们依托全国联网的系统，实现了实时查询，在办理新的信贷业务时，提高了判断能力，有效防止了多头贷款和不良贷款产生。

全国推广实施银行信贷登记咨询系统以来，贷款卡已被企业接纳，并且已成为企业在金融系统的一张"身份证"。企业普遍反映系统数据资源的丰富和信息更换的快捷性，缩短了商业银行批贷时间，给企业提供了方便。该系统同时促使企业注重自己的信誉，对那些信用观念差、靠骗贷过日子的企业，系统已成为它们骗逃废债的一道坚实屏障。这就大大增强了借款企业的信用意识。

另外，这一系统为央行货币政策制定和金融监管提供了信息支持。系统中的信贷总量、信贷资产在产业部门的分布、各地区和大中小企业的信贷状况以及信贷资金流向等数据信息完全可以为央行制定货币政策及监测措施提供参考依据。另外，央行各监管处室、货币信贷处、外汇收支处等部门需要对有关金融机构具体的信贷资产或被监管的事件、项目进行调查时，都可以借助该系统的信息，进行更为有效的监管。

三、贷款企业资信等级评估——征信体系发展的高层阶段

（一）充分协商达成共识

市场经济发达国家的征信体系一般分为两大层次。一层是依靠规范的信息数据库，对征信客体有关的信息进行采集、加工、查询使用。人民银行开发的银行信贷登记咨询系统就属于这一类型。另一层次就是通过专业的评估机构对征信客体的资信等级进行评估。这一层次不仅需要占有征信客体的有关信息数

据，而且需要专业知识对其进行总体判断。

资信评估是以信用关系中的偿还能力及其可信度为中心，对征信客体进行公正审查和评价的过程。它是由资信评估机构根据规范的指标体系和科学的评估方法，以第三者的立场，对评估对象履行经济责任的承担能力及可信程度进行评价，并以一定的符号，如三等九级表示资信等级的一种有组织的活动。

对贷款企业实施资信评估制度是一个复杂的系统过程，涉及各方面的因素，例如商业银行的参与意愿、企业负担与配合情况、专业评估机构的市场准入等。对此，人民银行上海分行在 1996 年期间与各方面进行充分协商、研究与沟通，逐步达成如下共识：一是贷款企业资信等级评估业务必须从各商业银行各自为政、分散进行向相对统一的评估体制过渡；二是商业银行对贷款企业内部评级与专业评估机构的社会评级两者不可代替，需要互相结合；三是为了减少评估业不当竞争和乱收费、乱评估现象的发生，在评估业产生与发展的初期阶段，人民银行需要发挥相应的管理协调职能来推动该项工作的顺利进行。

（二）上海市贷款企业资信等级评估的基本做法

1. 内、外评审相结合。金融机构对贷款企业进行初评，专业评估机构对该企业进行复评，专家委员会进行终审。三方面评审结合的方法保证了评估质量的稳定性、公正性和权威性。

2. 实行"五统一"管理方式，即"统一管理、统一标准、统一程序、统一费率、统一登记"。"五统一"是上海贷款企业资信等级评估顺利实施的经验总结，是解决评估业无序竞争、企业多头评估的有效方式。同时，中国人民银行上海分行制定了《上海市贷款企业资信等级评估管理办法》，促进了上海贷款企业资信评估的规范运行。

3. 行政推动与市场评估相结合。专业评估机构对贷款企业实行资信等级评估，需要被评估企业缴纳相应的费用。在信用观念比较淡薄、信用等级价值不被重视的环境下，部分企业不愿意交费。为促进评信制度的起步试点，我们采取了行政推动与市场机制相结合的方式，规定贷款企业中极少数的贷款大户必须在专业评估机构进行资信等级评估。这些企业的信用状况对上海的金融资产安全、对金融机构防范风险来讲具有特别的重要性。随着社会信用制度的完善，企业信用等级与融资成本关联度越来越强，上海市主动要求进行信用评级的企业数量越来越多。

（三）效果与应用

在"五统一"管理模式下，上海贷款企业资信等级评估工作有效地改变了多家银行对一家企业重复评信、一家企业多个信用评级以及多头收费增加企业负担等混乱状况，业务发展顺利。"五统一"管理模式1997年开始试点，自1998年，参与资信等级评估的贷款企业逐年增多。1998年为143户，1999年为776户，2000年为916户，2001年为1285户。

由于坚持了内部和外部以及专家评审三结合方式，上海贷款企业资信等级评估质量稳定，评估结果呈"两头小，中间大"的格局，符合正态分布，正确地反映了上海贷款企业总体资信状况。

上海贷款企业资信等级评估业务是上海金融系统信用制度建设的重要组成部分，是建立上海"金融安全区"的重要手段，为经济发展创造了有利的信用环境。其积极效应在于：

一是相对降低了社会各方对贷款企业信息收集的成本。二是对于企业来说，其资信等级登录在银行信贷登记咨询系统和向社会媒体公告，成为企业改善经营管理的外在压力和内在动力。从资信机构专业和客观的评价中，企业可以看到自己在哪些方面存在不足，从而有的放矢地整改。高等级的信用能够吸引投资人与客户大胆放心地合作。企业也可以通过资信评估了解到竞争对手和合作伙伴的真实情况，降低企业的信息收集成本，有助于企业防范商业风险。三是对商业银行来讲，虽然信贷登记咨询系统提供了企业借款方面的信息，但在信息难以对称的环境下，商业银行不可能全面掌握企业的综合素质、财务偿债能力、经营前景等要素。商业银行借助于社会专业机构的资信评级，使贷款决策多了有价值的参考指标。近几年，上海的商业银行向企业提供贷款、票据贴现、信用保函等业务时，越来越重视专业机构对企业资信等级评估的结论。

四、个人信用联合征信——全国试点项目

个人信用联合征信即社会有关方面联合征求个人信用的工作，通过专业机构把分散在商业银行和社会有关方面的个人信用信息征集起来，形成个人信用信息数据库，为银行和社会有关方面了解个人信用状况提供服务，是个人信用制度建设的重要内容。

上海市个人信用联合征信服务系统作为全国的试点项目于2000年6月28日建成，7月1日正式向商业银行提供征信服务。

1. 这一系统的试点初步探索形成了开展个人信用联合征信业务的政策、法律框架。在国内没有形成相关法律法规的情况下，由上海市信息办和人民银行上海分行联合下发的《上海市个人信用联合征信试点办法》，作为国内第一部个人信用联合征信的政策性管理文件，为个人联合征信创造了初步的法律框架，它规定了个人信用信息采集的范围、整合的渠道、提供的对象及使用的权限，为该业务的良性发展奠定了基础。

2. 建立了一个翔实、有一定覆盖面的数据库。上海市个人信用联合征信数据库系统是目前国内最大的个人信用联合征信系统。截至2002年4月底，系统共汇集了全市约126.5万余张准贷记卡、70.4万笔个人贷款和约240万移动入网用户的个人信用信息，入库人数达275.5万人。深厚的数据沉淀为资信公司开展评估、咨询、认证等更高层次的征信服务奠定了必要的基础。

3. 建立了商业银行查询个人信用信息的机制。上海市个人信用联合征信服务系统已在全市范围内联通了约300个查询终端，系统运行至2002年4月底，共接受查询请求283339笔，出具信用报告约20万份，日平均查询量由最初的400人次增加到目前的1000人次左右，查得率接近80%。相当一部分商业银行在消费信贷的审批中将查询的个人信用报告列为必要的依据之一，查询系统与现有的银行信贷业务取得了较好的磨合，从制度上使金融风险得到了有效的规避。个人信用信息的共享，消除了商业银行的"信贷盲区"，多头冒领信用卡的现象得到遏制，对个人信用还款能力的判断更趋客观，使得同意或拒绝贷款申请的依据大大增强。

4. 跨出了同业征信向联合征信发展的步伐。2001年5月，上海市个人信用信息数据中心正式接纳了上海移动通信公司、中国联通上海分公司、农村信用合作社上海联社三家单位为新会员，这不但预示上海市个人信用联合征信项目完成了从"银行同业征信"向"社会联合征信"的过渡，也标志着联合征信试点业务的影响范围已辐射到了上海的农村和城乡结合地区，逐渐体现出项目的社会化服务特点。另外，上海公用事业的水、电、煤气、电话等公司也通过不同的渠道表示了合作意向。已有部分自来水、煤气公司等收费信息逐步输入个人信用数据库。汽车消费信贷、公安、法院等涉及个人信用有关的信息正在做各种准备，将逐步纳入上海市个人信用征信体系中。

5. 查询范围逐渐从商业银行向有关方面拓展。经过研究，我们率先向居民推出了查询本人信用报告的服务。根据国际惯例，消费者个人有权查询本人的信用报告，以了解或使他人了解自己的信用状况。为进一步规范试点业务，2001 年 6 月 28 日上海资信有限公司推出了"信用报告个人查询业务"，使已经拥有信用记录的 275 万户上海市市民可以查询到自己的信用报告。这一举措的初步建立，增加了市民对自身信用的了解监督机制，不仅为商业银行而且为租赁公司、人才市场、猎头公司、拍卖行等非银行单位查阅和使用信用报告提供了契机。

6. 征信方式正在从数据库向评估阶段发展。上海个人信用制度的试点思路逐步清晰，先从银行同业向社会联合征信发展，再从数据库信用即信用档案的方式逐渐向个人信用评估、评分阶段发展。上海资信公司正在与有关方面合作积极开发适应于中国国情的个人信用评估（评分）系统。

五、不足与建议

上海金融业征信体系从信贷登记咨询系统、贷款企业资信等级评估、个人信用联合征信三方面进行试点和推进，其积极的社会效应正在越来越充分地发挥。近年来，上海金融机构资产质量相对稳定与征信体系试点工作的相对领先具有一定的联系。从发展趋势看，上海金融业征信体系还不完善，有许多不足之处，需要社会有关方面进一步重视和参与。

1. 加快制定全国信用制度的法规条例。社会信用体系离不开健全的法律环境支撑。国外征信体系之所以能形成社会化的发展规模，在很大程度上受益于法律环境的营造。美国的《公平信用报告法》、《信息公平使用法》和《个人隐私法》等法案，为征信制度与机构业务搭建了良好的发展平台，不但有效地形成了具有针对性的征信业务监督管理机制，规范了有关的业务行为，也为相关企业的合理经营行为提供了法律依据和保障，为产业的整体发展创造了条件。而我国在这方面的建设工作还处于相对滞后状态。上海金融业征信体系三方面的工作都缺乏全国性法规条例支撑，系统的执行缺乏有效的制约规范能力。在操作方面，由于全国性的法规推出需要较长时间，可优先考虑推出全国统一的由国务院颁发的信用制度暂行条例，规定全国企业、个人征信体系的原则框架、管理机制、征信机构以及征信客体的权利义务等。由此，上海金融业征信体系才会从试点走向全面发展。

2. 迅速成立信用制度建设的管理机构。上海金融业征信体系三大组成部分的管理机构都不同。在金融业征信体系之外，地方政府其他部门也在关心和设计功能类似的征信项目，社会征信体系的试点形成遍地开花的局面。不同管理机构对征信项目的试点、发展要求不一样，由此会产生无序、混乱现象。为防止多头指挥、重复建设和资源浪费，当前非常重要的问题是全国要成立相对统一、相对权威的负责征信制度建设的管理机构。这个机构不仅能够管理金融业的征信体系项目，而且能够协调其他部门的征信项目，这样才能使金融业及其他行业征信项目顺利试点和普及发展。

3. 明确行业准入机制，规范各方运作行为。上海金融业征信体系三大组成部分的运作主体各不相同，由此产生的问题是，社会其他企业型的社会中介机构能否进入征信行业？进入行业的标准、资质由谁确定？我们的建议是，企业和个人征信体系数据库的承建主体需要政府或人民银行的直接参与或认可。这些数据库归集了企业和个人重要的信贷和其他不能公开的信息，其数量在一个地区（除特殊情况）只能设立一个。所以建设数据库、归集信息工作的市场准入需要信用管理机构根据法规条例特别核准或认可，不能让社会中介机构或其他企业通过市场竞争方式参与此项工作。征信工作的另一方面是对企业和个人进行资信等级评估业务。这项业务的承担主体应当是社会专业的中介机构。其市场准入可以逐步采取市场化竞争方式，由信用主管部门根据法规条例核准认可。

第四章

金融对实体经济的支持

◎创建长江金融合作带的研究报告

◎金融支持资源型城市经济转型的政策取向及措施

◎专访：防风险要与支持实体经济动态平衡，引导影子银行良性发展

◎绝大部分P2P平台已偏离信息中介方向，网贷应回归普惠金融本源

◎金融科技平台构筑起中小银行支小助微的开放通道

创建长江金融合作带的研究报告[①]

长江金融合作是一个跨世纪的大课题。要建设长江沿岸经济合作区，首先必须创建长江金融合作带。长江金融合作带的形成和运作，其功能将不仅仅在于它能有效地促进长江经济发展水平上一个新台阶，而且将为整个中国经济发展水平再上一个新台阶提供巨大推动力。长江金融合作再也不能只停留于理论规划的层面上了，必须借助于政策革新并落实于具体行动之上。

一、问题的提出：长江金融合作的意义

（一）确立跨世纪的长江金融发展战略

1996—2010 年是我国改革开放和社会主义现代化建设事业承前启后、继往开来的重要时期。《中华人民共和国国民经济和社会发展"九五"计划和2010 年远景目标纲要》提出了我国在发展社会主义市场经济条件下的第一个中长期国民经济与社会发展规划，确立了世纪转换期中国经济与社会发展的战略目标和战略方针。按照"集中力量、重点解决关系全局的重大问题"的原则并遵循"坚持区域经济协调发展"的方针，纲要提出了世纪转换期我国区域经济协调发展的明确目标，即：按照市场经济规律和经济内在联系以及地理自然特点，突破行政区划界限，在已有经济布局的基础上，以中心城市和交通要道为依托，逐步建立 7 个跨省区市的经济区域。它们分别是长江三角洲及沿江地区、环渤海地区、东南沿海地区、西南和华南部分省区、东北地区、中部五省地区和西北地区。长江沿岸经济合作区被摆在首要的位置，是由其通江达海并连接南北的地理位置与农业发达、工业基础雄厚以及技术水平较高的发展优势所决定的，是由浦东开发开放与三峡建设这两大跨世纪宏伟工程的巨大影响力所决定的。很明显，建设长江经济合作区，不仅仅有利于促进长江沿岸经

① 本文作者盛松成、顾铭德、马强、潘鹤泉、鱼建光，发表于《金融研究》，1997 年第 12 期。

济的协调发展，同时它也承担着引导并带动整体国民经济协调发展的任务。

建设长江经济合作区，必须创建长江金融合作带。因为，长江金融合作是长江经济合作的必要条件，长江综合经济带形成与运作的先决条件就在于长江经济与长江金融的联动发展与合轨运行。从而，对于既定的建设长江经济协作区的长远规划而言，必须确立相应的跨世纪的长江金融发展战略。跨世纪的长江金融发展战略的目标是，促进区域内资金的自由流动并缓和东西资金供求极端不平衡的矛盾，推动区域内金融资本同区域内产业资本的融合生长，实现区域内金融发展同区域内经济发展、区域内社会发展的合轨运行。

（二）加快中国金融对内开放的步伐

我国目前金融与经济关系的特点之一是，整体金融开放的进程落后于整体经济开放的进程，对内金融开放的步伐跟不上对外金融开放的要求。因此，我们的任务是双重的：要在理论上明确对内金融开放的重要意义，要在实践上采取积极可行的区域金融合作对策。

中国金融对内开放的意义包括四个方面：资金自由流动、市场统一有序、银企多方协作和政策灵活有力。如果以资金自由流动为目标，则"市场统一"为途径，"银企协作"为主体，"政策革新"为动力。目前首先要做的工作是，打破金融机构的条块分割并缓解金融市场的行政限制。为此，必须双管齐下，中央银行要施行区域金融组织制度的创新，地方政府要采取开放性的经济发展政策。

（三）构建以国际化为取向的长江金融市场

长江金融合作具有三个层次的发展目标，即，区域内金融市场一体化，区域间金融市场一体化或国内金融市场一体化，以及长江金融市场国际化。这三个目标不是相互孤立的，而是互相联系，逐步递进的。如果说创建长江金融合作带的初期目标是促成一个统一而健全的长江流域金融市场中心，那么第二目标则应是促成一个统一而完善的中国国内金融市场中心，并以此为基础把上海建设成为一个充分开放的、具有区域性国际金融辐射能力的亚洲金融市场中心。正是在这种意义上，长江金融市场建设的国际化取向应成为长江金融合作的战略取向。

二、对长江沿岸地区经济金融发展的梯度差异的实证分析

长江经济金融发展状态的总体不平衡性决定了加强长江金融合作、创建长江金融合作带的现实紧迫性。

（一）长江经济金融在全国经济金融中的地位

在某种意义上可以说，长江金融搞活了，中国金融也就活了；长江经济发展了，中国经济也相应会上一个新台阶。

第一，就概念而论，"长江经济金融"有广义和狭义之别。从广义上看，长江地区包括上海、浙江、江苏、安徽、江西、湖北、湖南、重庆与四川等七省二市，其总面积约为149万平方公里（占全国总面积的15%），有4.6亿人口（占全国总人口的38%）。从狭义而论，长江经济金融活动则是指东起上海而西止重庆，包括长江三角洲以及其他沿江地区34个左右中心城市范围内的经济金融活动。其面积约为35万平方公里，仅占全国面积的3.4%，占大长江地区面积的24%。其人口约2亿人，仅占全国的17%，占大长江地区人口的43%。

第二，从统计资料上看，根据1996年12月底的情况，长江地区经济金融活动的总量规模占全国的比重在33%，即1/3左右。其中，工业总产值所占比重为42.24%，银行存款余额所占比重为33.93%（见表1），分别超过了它们所占的2/5和1/3的全国比重。

表1　　　　　　　　　　长江经济金融规模占全国总量的比重

项目	工业总产值	社会消费品零售额	外贸出口值	财政收入	银行存款余额	银行现金收入
a. 全国（亿元）	65058	24614	12541	4716	49596	120263
b. 长江地区（亿元）	27482	9651	3779	802	16829	37168
b/a（%）	42.24	39.21	30.13	17.01	33.93	30.91

资料来源：《十三省市国民经济主要统计指标》。

（二）长江沿岸经济金融发展不平衡的特点

长江沿岸经济金融发展不平衡的特点表现在以下几个方面。第一，各省区之间经济金融发展的不平衡以及各市区之间经济金融发展的较大差距。长江地区省区间经济金融综合实力的最大差距为4.29倍，江西省的综合实力单位仅为江苏省的23.24%，其收入总量仅为后者的20.58%（见表2）。四川省地处西部，其经济金融投入比率最高而产出系数则最低。同时，长江沿岸中心城市之间的综合经济金融实力对比则更加悬殊。鄂州市的综合实力只是苏州市的9.5%，池州市为苏州市的10%，宣城市为苏州市的11%，攀枝花市为苏州市的15%（见表3）。第二，长江主干道地带与长江支流及内陆地带相比其差距是不言自明的，这种差距是城乡差距的集中表现。统计表明，长江沿岸34个中心城市的面积占整个长江流域地区面积的24%，工业总产值却占长江七省二市工业总产值的78%（占全国工业总产值的33%）。

表2   **长江沿岸省区综合经济金融实力比较**

（1997年7月）

项目	上海	江苏	浙江	安徽	江西	湖北	湖南	四川
a. 综合实力（亿元）	17963	24228	19280	8251	5642	13278	9491	11568
b. 支出水平（亿元）	6379	8569	7430	3294	2420	5686	3964	5090
c. 收入水平（亿元）	11584	11659	11850	4957	3222	7592	5527	6478
d. 投入比率 d = b:a（%）	35.51	35.57	38.54	39.92	42.89	42.82	41.77	44.00
e. 产出系数 e = c:b	1.816	1.827	1.595	1.550	1.331	1.335	1.394	1.273

资料来源：同表1。

表3   **长江沿岸中心城市综合经济金融实力比较**

（1996年12月）   单位：亿元

项目	常州	苏州	宣城	池州	鄂州	宜昌	涪陵	攀枝花
综合实力	5052	2966	567	506	481	1585	1024	769

资料来源：《长江沿岸中心城市金融横向联系网络资料汇编》。

第三，长江流域的经济金融发展格局呈现出东高西低的梯度不平衡形式，梯度差异是长江地区经济金融发展不平衡的基本特点（见表4）。

表4   **长江流域东西梯度差异情况（1996年5月，以上海为100）**

项目	上海	江苏	浙江	安徽	江西	湖北	湖南	四川
产业能级	1	2	3	3	3	2.5	3	3
工业总产值	100	188	92	53	29	65	38	70
人均工业总产值	100	36	29	12.1	9.8	15	8.1	8.5
出口值	100	80	62	12	10	14	15	17
人均出口值	100	16	20	2.7	3.39	3.40	3.41	2.1
财政收入	100	63	56	29	21	58	32	52
人均财政收入	100	12	18	6.2	6.8	14	6.9	6.2
银行存款余额	100	91	58	27	24	44	29	60
人均银行存款	100	17.6	18	6.17	8.22	10.5	6.19	7.27

资料来源：同表1。

第四，长江沿岸经济发展的不平衡同长江沿岸金融发展的不平衡之间具有明显的对应关系（见表5）。这具体是指，那些经济发展水平较高的省区或市区，其金融发展水平也较高，反之亦然。

表5　　　　　长江经济与长江金融的梯度对应关系（1995年度）　　　单位：元

地区	人均地区生产总值	人均居民储蓄	人均银行存款	人均银行贷款	人均银行现金收入
上海	18162	10295	20542	17605	22251
南京	11284	4450	10787	7858	15149
武汉	8671	2742	6823	7271	13338
重庆	4933	2033	3473	3747	6253

资料来源：《长江沿岸中心城市金融横向联系网络资料汇编》。

（三）长江沿岸经济金融发展不平衡的原因分析

第一，省区之间的产业能级高低不同。参看表4，上海的产业能级如为1，则江苏为2，湖北为2.5，其他各省只相当于3。产业能级是根据综合经济金融实力情况与整体生产技术水平状况所作出的一种评估，不同的产业能级既决定了不同省区和市区之间经济水平的不同，也同时引致了不同省区和市区之间金融实力的差距。

第二，资金市场不统一以及资金流通渠道不畅是引致长江流域经济发展不平衡的一个重要因素。资金市场不统一首先同中央宏观金融管理体制有关，这一问题目前已得到初步解决。而资金流通渠道不畅则同地方行政干预分不开，这一问题比较严重，其缓和进程因所受阻力很大而起色较小。

第三，经济金融管理水平差距较大是造成长江流域经济金融发展不平衡的原因之一。撇开东部资金宽松而西部资金紧缺这一问题不谈，长江沿岸欠发达地区的金融管理水平相对较差是一个客观事实。不良贷款的大量增加、信贷资金周转的缓延迟滞以及银行经营效益日益下降等问题首先归根于金融管理水平的低下。

三、长江金融合作的对策建议

（一）长江金融合作的总体思路

长江金融合作涉及的方面很广且关系复杂。长江金融合作的主要关系是东西资金供求不平衡这一矛盾关系。与此直接对应的是长江经济带范围内的市场统一问题，即东、中、西金融市场的构成与统一，区域内商品市场与区域内资金市场的交叉及共融。这些问题又可以表述为区域内金融联动问题、区域内经济联动问题，以及区域内经济金融联动问题。目前看来，经济金融联动关系的基点是银企关系，银企关系的调整既同宏观金融体制改革有关，又同宏观经济体制的改革有关。这是一个关节点。从区域金融合作本身看，如果以区域内金融市场的统一为轴线，所涉问题又将触及区域内人民银行省市分行间的关系问题、四大国有商行省市分行间的关系问题以及区域内非银行金融机构的设立与并购问题。很明显，长江金融合作直接要求的是中观金融制度创新。这也是一个关节点。因为，在金融分业管理的前提下，区域金融合作要求打破旧有的宏观金融管理体制的条块分割形式。同时在"走向"区域合作、"实现"区域合作、"加强"区域合作与"深化"区域合作中，它们作为区域合作的不同发展阶段是有区别的。换言之，区域金融合作的松散性是不符合区域金融合作的高级化（即区域金融市场一体化）这一深层次发展要求的。

因此，长江金融合作的总体思路可以表述如下：（1）把东部资金引向中、西部，通过区域内资金流量的东西调整，缩小区域内资金存量的东西差异。（2）以中央银行为主导，以商业银行为骨干，通过地方政府的观念转变与政策支持来推动长江金融合作。（3）通过宏观金融管理体制的改革而促成区域金融管理制度的创新，以此来调整区域内人民银行各省市分行间的相互关系，调整区域内四大国有商业银行各省市分行间的相互关系，改变区域内非银行金融机构的业务分散性并加强其专业性。（4）促进上海金融中心从资本集聚型向资金辐射型的转变，在起步阶段以上海为中心加强长江三角洲的金融合作，首先促进长江三角洲金融市场一体化。（5）通过以上海为中心的长江三角洲金融合作带动、促进并深化华东地区和长江沿岸中心城市间的金融合作，以长江沿岸中心城市的金融市场一体化带动、促进并深化长江流域及其相关区域的金融合作，推动全国金融市场一体化进程。（6）以长江三角洲的货币市场一体化为基础，带动并促成长江流域货币市场一体化以及全国货币市场一体化。以长江流域的货币市场一体化带动并促成长江流域的资本市场一体化。（7）以长江流域的资金流动促进长江流域的商品流通、技术合作与人才交流。（8）以长江金融开放促进并深化长江经济开放，以长江金融合作促进并深化长江经济合作，以长江金融联动带动长江经济联动，以长江金融资本与长江产业资本的融合促成长江金融经济的形成与发展。

长江金融合作的原则是：以资金流动带动市场统一，以货币市场支撑资本市场，以制度创新引导金融发展，以金融联动促进经济联动，以产融结合形成结构优化。

（二）以长江金融龙头的资金优势带动长江金融合作

目前，长江流域资金流动的特点是资金由西向东流，东西资金供求不平衡。长江金融合作要改变这种资金流向趋势与资金供求状况，必须以上海为龙头，以长江三角洲为基点。

从资金流向情况看。首先，虽然全国资金拆借市场已经统一，但资金拆借仍然集中在长江三角洲及长江沿岸少数中心城市。其次，上海作为华东以及长江的金融中心吸纳了大量的中西部资金以及长江闲散资金。上海证券交易所在全国股市与债市交易中的地位对于长江甚至全国的资金流向有着巨大的吸引力。最后，中国人民银行货币政策手段的市场化转向，在短期内难以消除资金供求不均与资金流通不畅的局面。因为，央行公开市场操作在国债吞吐上的直接影响虽然是针对沿海发达地区的资金流量的，却难以改变资金向金融市场发达地区集中这一趋势。而在提高准备金率的政策措施下，中西部资金更加紧张。

从资金供求状况看，长江三角洲资金的供大于求状况与长江中西部资金供不应求情形形成鲜明对比（见表6）。

表6　　　　　　长江流域资金供求的东西差异（1997年6月）　　单位：亿元

地区	全国	长江流域	华东地区	长江三角洲	长江中西部			
地区存贷差	+7271	+2438	+4633	+3681	-1243			
省市	上海	江苏	浙江	安徽	江西	湖北	湖南	四川
省市存贷差	+1721	+1042	+918	-185	-70	-491	-292	-206

资料来源：同表1及《华东地区经济金融简报》。

换一个角度，长江流域东西资金供求严重不平衡的形势又从正面反映了加强长江金融合作的紧迫性与可能性。根据表6，长江金融龙头的资金存差优势占全国的33.53%，占华东地区的52.62%，这说明长江流域东西资金回流互补是完全有条件的。

（三）长江金融合作的对策建议

长江金融合作要从宏观上着眼，从中观上起步，从微观上呼应。从宏观上着眼，就是要从中央银行宏观金融管理体制上进行突破。从中观上起步，就是要从长江区域金融的现实基础上寻求起点并开辟道路。从微观上呼应，就是需要各种经济实体与各家金融机构团结合作、积极投入。长江金融合作要攻克资金流动问题、机构设置问题、市场统一问题、制度创新问题与政策协调问题等五个难点。

1. 组建中国人民银行长江流域跨省市分行，实行宏观金融管理体制改革，确立中观金融监控力度。以长江沿岸中心城市为纽带，组建中国人民银行华东分行并设于上海、组建中国人民银行华中分行并设于武汉和组建中国人民银行西南分行并设于重庆。三大区域中国人民银行分行的设立，有利于加强长江金融龙头、金融龙身与金融龙尾相互间的协调与配合，有利于长江金融发展的宏观监控与市场统一。

2. 组建长江开发银行或改建浦东发展银行，其性质为股份制合作商业银行。以长江流域重大基础设施建设、交通枢纽工程建设和长江中上游资源开发与综合利用等大项目为投资主要对象，发挥其调剂东西资金余缺的作用，并为长江开发基金或长江开发公司进行投资项目融资。

3. 扩大现有商业银行如光大银行、中信实业银行、招商银行等的发展空间或活动范围，促进资金沿江横向流动。

4. 改建四大国有商业银行，按照华东、华中、西南三区中国人民银行分行的设置情况，增设相关区域性商业银行分行，加强各商业银行区域分行在建设长江金融一体化市场中的地位，为缓解长江流域城市金融市场在供求失衡方面的矛盾，为缓和东、中、西资金供求矛盾而发挥更大作用。

5. 率先在长江地区组建中外合资商业银行并享受国民待遇，以此提高长江金融市场的对外开放度，增强外资在长江地区的投资开发力度。同时，允许已在上海经营人民币业务的各外资银行将其范围扩大到长江沿岸各中心城市，以此加快长江经济开发步伐。

6. 加快长江地区金融机构多元化发展步伐，对信托投资公司、财务公司、保险公司、证券公司与基金公司在业务活动地域范围上的限制要逐步放宽，同时，要理顺区域内非银行金融机构的发展秩序，积极支持相关金融机构的规模扩张及其资产重组。

7. 在已经形成的全国统一资金拆借市场基础上，加强长江沿岸中心城市之间在资金流动、国债交易、外汇交易等方面的市场紧密性协调步伐。

8. 率先在长江地区加快发展票据贴现市场与票据买卖市场，以此支持长江金融市场的基础建设。

9. 以长江流域经济金融信息联系网络为基础，提高长江流域各省市在经济发展战略规划方面的协调力度，并逐步推进经济开发政策一体化、基础设施建设一体化和沿岸商贸市场一体化，以实现资源共享、交通顺畅、通信发达与市场繁荣基础上的经济金融联动发展。

金融支持资源型城市经济转型的政策取向及措施[①]

为了促进资源型城市可持续发展，党中央、国务院近年来陆续制定和实施了一系列扶持性政策，为资源型城市经济转型创造了良好条件。尤其是 2007 年 12 月出台的《国务院关于促进资源型城市可持续发展的若干意见》（国发〔2007〕38 号），在整合前期扶持政策的基础上，进一步丰富了政策内容，完善了政策体系，标志着国家有关资源型城市经济转型的政策基本成熟。

然而，大家可能也已经注意到，在这个政策体系中金融支持政策比较少，仅提出"鼓励金融机构在防范风险的前提下，设立促进资源型城市可持续发展专项贷款"，与资源型城市的普遍期望差距比较大。对此，我想指出，这与党中央、国务院在资源型城市经济转型问题上坚持市场导向的原则是密切相关的，反映出党中央、国务院对资源型城市经济转型规律的深刻认识和准确把握，也充分体现了资源型城市经济转型过程中金融支持政策的市场化定位和取向。

当然，强调在资源型城市经济转型过程中坚持金融支持的市场化原则和取向，并不意味着我们没有必要去研究和制定具体的金融支持政策。只不过这些政策不能直接干预甚至取代市场化金融的资源配置机制。这一点，应该成为我们研究和制定金融支持资源型城市经济转型政策的基本共识。

综合考虑资源型城市当前面临的主要矛盾、所处的宏观经济背景以及资源型城市中制约市场化金融发挥作用的关键因素等，我认为研究和制定金融支持资源型城市经济转型具体政策，必须先行确立三个最重要支柱：一是反金融锁定的有效安排，二是突破金融约束的合适模式，三是建设良好地区金融生态的

---

① 本文作者盛松成，发表于《金融时报》，2008 - 10 - 20。本文系作者任中国人民银行沈阳分行（东北大区行）行长期间对东北资源型城市经济转型的思考。

完整制度框架。所有基于市场化原则的资源型城市经济转型具体金融政策，都须围绕和依托于这三个支柱，并形成相互配合、相互支持的完善体系。

一、必须考虑一定的反锁定安排，突破因产业锁定而形成的金融锁定

所谓产业锁定，就是指在资源型城市发展过程中，以开采业为主的第二产业占有绝对比重，投资和产出高度集中于某一主导产业甚至企业。比如辽宁省盘锦市就具有典型的产业锁定特征：2002—2007 年，油气采掘业在盘锦市地区生产总值中的占比始终在 50% 左右；2007 年，油田板块形成的地方财政收入占比高达 67%；2008 年第一季度，全市工业增长中油田的贡献达到 65%。由于产业锁定，资源型城市经济发展始终面临着资源价格波动、其他地区产业替代和资源枯竭等多重系统性风险。这从根本上提出了资源型城市进行经济转型的迫切要求。而任何资源型城市的经济转型，本质上都是对产业锁定的突破。

对产业锁定的突破无疑离不开大规模的金融支持。但是，产业锁定也直接导致了金融锁定，即资源型城市的金融资源和服务向主导产业高度集中。同样以盘锦市为例。自 1984 年盘锦建市以来，金融机构累计向辽河油田、华锦集团等主导企业投放的信贷资金占信贷投放总量的 70% 左右。这种金融锁定一旦形成，就会形成与产业锁定相互依存的格局，并反过来加强产业锁定。其具体表现是金融机构对主导产业、主导企业之外的产业和企业支持严重不足，导致其他产业、企业生存发展困难，资源型城市产业结构单一、经济结构严重失衡的情况因此很难改变。比如，2008 年以来盘锦市城市商业银行新增贷款中，对小企业的贷款占比只有 2.59%，远低于全省 12 家城市商业银行 55.72% 的平均水平。同时，金融锁定还具有惯性效应。由于原有主导产业、企业的信贷资金占用规模大、占用时间长甚至已经形成不良贷款性质的沉淀，以及由于金融机构营销新客户、新领域可能产生较高初始成本，这样即便在政府主动培育新产业、推动经济转型的情况下，金融机构也无力或不愿主动对新产业给予足够的关注和必要的资金支持，最终使得金融锁定成为资源型城市突破产业锁定、实现经济转型的直接障碍。另一方面，金融锁定对金融业自身的发展也十分不利。因为金融锁定不但限定了金融业的市场拓展空间，而且使金融资产配置所必需的风险分散条件难以得到有效满足，形成金融业与主导产业或企业一

荣俱荣、一损俱损的紧密关联。

金融锁定对资源型城市经济转型以及对金融业发展的这种影响具有深刻的政策含义。它表明，资源型城市金融业本身的转型就是经济转型的重要组成部分。而且，金融业转型必须先于城市经济转型。这就需要作出一定的反金融锁定安排。可以考虑根据原有主导产业的发展情况和新产业发展目标，以城市为单位制定存量信贷资金产业投向调整和替代规划，用于指导当地金融机构制定相应的分阶段退出进入计划。同时，建立促进增量信贷资金投向转移的激励机制，对增量资金运用中用于支持新产业发展超过一定比例的金融机构实行奖励措施，等等。

二、必须考虑选择合适的模式，突破资源型城市经济转型面临的不同金融约束

金融约束通常是指因金融资源的供给与需求不匹配而形成对经济发展资金支持不足的情况。产生金融约束的原因，可能是由于经济体内储蓄不足，也可能是有效金融需求不足造成的，即金融需求只是一种并不符合银行信贷经营盈利和安全原则以及国家产业政策要求等的主观需求。这两种金融约束性质不同，用于突破金融约束的模式选择也不同。前者需要从外部"输血"着手，而后者更注重对金融需求的事前筛选。

现在，资源型城市在经济转型过程中普遍感到转型产业和项目从银行获得信贷资金支持比较困难，金融约束比较强烈。其中，有的资源型城市因主导产业衰退较为严重、企业效益普遍较差以及居民收入增长较慢等影响，当地可动员的金融资源规模与经济转型的需要相比十分有限。这类城市面临的金融约束属于典型的金融供给不足性质。比如辽宁省阜新市就是这种情况。2008 年 6 月末，阜新市金融机构余额存贷比达到 70.3%，已经接近银行业监管标准所允许的上限。与阜新市相比，盘锦市当地可动员金融资源较为丰富，主要的问题是运用不充分。2008 年 6 月末，盘锦全市金融机构余额存贷比只有 40.9%，比全省平均低 25.8 个百分点；上半年，全市新增存贷比只有 17.9%，比全省平均低 29.8 个百分点。金融机构的实际信贷投放规模与潜在信贷供给能力极不匹配，显示其金融约束的性质主要是有效需求不足。

然而，供给不足性质的金融约束与有效需求不足性质的金融约束往往又是一个硬币的两个侧面，并最终可以归结为有效需求不足。因为从外部"输血"

也需要以有效需求为前提和条件。特别是从我国目前情况看，由于受近年来国际收支持续"双顺差"等因素的影响，银行体系整体仍处于流动性过剩状态，商业银行的贷款扩张冲动十分强烈，供给不足性质的金融约束基本不存在。在这种情况下，一个地区因当地金融供给不足形成的金融约束，完全有可能通过培育有效需求，在更大的地理范围内实现突破。比如，在 2008 年上半年实行从紧货币政策的背景下，辽宁全省新增本外币贷款保持了同比多增势头，与同期全国同比少增近 900 亿元形成了鲜明对比。其主要原因之一，就是近年来辽宁省委、省政府十分注重科学发展问题，注重对各地方和企业的引导，使得越来越多的企业、项目被纳入宏观调控"有保有压"中"保"的范围，相关金融需求属于有效需求，因而获得了商业银行特别是全国性商业银行的普遍青睐，全国性商业银行因此给予了辽宁倾斜性的信贷支持。2008 年 6 月末，全国性商业银行在辽宁省的分支机构新增本外币贷款 691 亿元，同比多增超过 200 亿元，新增贷款占同期全部金融机构新增贷款的 67.9%，较上年同期提高 12.6 个百分点。其中，国有商业银行、政策性银行和股份制商业银行新增贷款整体都实现了同比多增。而且，贷款投向集中在基本建设和技术改造领域。上半年，全省全国性商业银行新增基本建设和技术改造贷款 355 亿元，占此类银行同期新增各项贷款的 2/3 以上，同比多增超过 200 亿元。

从当前情况及未来趋势看，由于科学发展理念和政策的不断强化，衡量有效金融需求的标准也在不断提高。比如，2007 年人民银行出台了《关于改进和加强节能环保领域金融服务工作的指导意见》，银监会印发了《节能减排授信工作指导意见》，2008 年 7 月人民银行、银监会又联合印发了《金融支持节约集约利用土地的指导意见》，分别从不同角度对商业银行按照落实科学发展观要求严格信贷标准提出了明确要求。按照这些意见精神，目前许多商业银行已经提出并实施了"绿色信贷"标准，高污染、高耗能、高排放等企业基本已不再有获得银行贷款的可能性，资源型企业的资金需求在商业银行贷款投向选择的优先级排序上也越来越靠后。据此，资源型城市经济转型的方向、产业选择乃至具体项目的确定，对于突破有效需求不足性质的金融约束几乎已经成为决定性的因素。因此，需要建立一个由金融机构参与并提供明确决策意见的资源型城市经济转型项目评估机制，通过这个评估机制事前筛选出可能获得银行信贷资金支持的项目，从而有效避免不顾金融约束、盲目上项目的情况发生。

三、必须着力建设以改善金融生态为核心的基础工程

2007 年 12 月出台的《国务院关于促进资源型城市可持续发展的若干意见》明确提出，"以市场为导向，以企业为主体，大力培育发展接续替代产业"，强调了培育发展接续替代产业的市场化原则。但市场原则本身也包含合理的风险分担要求。资源型城市培育发展接续替代产业，面临很大风险，金融机构在起始阶段往往不愿或不敢介入。而金融机构不愿或不敢介入，又会使培育发展接续替代产业因资金不足陷入停顿。这是一个必须解决的矛盾。解决这个矛盾的一个思路是，在经济转型前期，要采取适当措施对支持新产业的金融机构进行一定的风险补偿。具体的机制设计可以因地制宜，基本原则是应形成对金融机构的足够激励。

但是，由于资源型城市政府往往财力有限，这种政策很可能难以形成长效机制。而近几年辽宁和全国其他地区的实践经验都证明，对金融机构最有效的激励还是一个地区的良好金融生态。金融生态在银行向各地区配置信贷资源决策中已经成为一个越来越重要的考虑因素。一个地区能否获得较多的信贷支持，很大程度上取决于该地区的金融生态状况。

所谓金融生态，简单说就是指微观层面的金融环境，包括法律、社会信用体系、会计与审计准则、中介服务体系、企业改革的进展及银企关系、金融机构的资产质量平均水平等方面的内容。而改善金融生态，主要就是要建立有利于金融机构债权保护的良好的司法和执法体系，建立有利于金融机构识别和规避信用风险的完善的社会信用体系，以及有利于降低金融机构交易成本的中介机构专业化服务体系，等等；其作用机理和客观效果，既涵盖了反金融锁定方面的内容，又包括了突破金融约束的内容。

这几年，辽宁的金融生态建设取得了明显成效，并因此导致了全国性商业银行分支机构在各自总行的综合排名位次的整体前移，以及以往对辽宁地区"增存限贷"政策的明显转变。比如，工商银行辽宁省分行从 2006 年以前贷款余额的连续下降，转变为此后的连续大幅递增，2006 年至 2008 年上半年两年半间已经累计新增人民币贷款超过 300 亿元，2008 年 6 月末贷款余额比 2006 年末增长了 30% 以上；建设银行也已经决定在"十一五"期间为辽宁省提供首批 1000 亿元的信贷额度。

受历史因素影响，资源型城市金融生态普遍比较差。因此，资源型城市一

定要把金融生态作为一项基础性工程抓紧、做好。现在看，一些地方的金融生态建设还停留在概念和口号阶段，地方政府对其重视程度以及在其中发挥的主导作用还远远不够。这就需要把金融生态建设目标明确化、工作内容制度化、评价指标数量化以及考核约束硬性化。

专访：防风险要与支持实体经济动态平衡，引导影子银行良性发展①

2017 年中国宏观杠杆率增速明显放缓，企业杠杆率首降，影子银行资产端增速几乎停滞。在去杠杆已取得显著成效、当前经济运行稳中有变、外部环境发生明显变化的背景下，进一步疏通货币政策传导机制、增强金融服务实体经济能力越发重要。

近期，中国人民银行参事、调统司原司长盛松成接受了第一财经记者的独家专访。他称："过去资金空转、利率高企，把风险都留给了企业，这是不健康的；但是，受信用事件多发影响，尽管人民银行通过定向降准等方式支持小微企业融资和市场化债转股，目前银行的风险偏好已经大大降低。这恐怕也是近期货币市场的流动性宽松难以缓解实体经济资金紧张的一个原因。"早在 6 月前，盛松成就提出货币政策不应继续边际趋紧。

对于"影子银行"，盛松成认为其是一个中性词汇，且不应将其"赶尽杀绝"，但要引导其良性发展，因为银行贷款并不能满足企业所有的融资需求。他对记者表示，未来应该积极创造良好的货币金融环境，进一步有效防控金融风险，引导社会资金流向实体经济，更好地支持经济结构调整和转型升级。

一、结构性去杠杆取得明显成效

2018 年 7 月 31 日，中央政治局会议明确要求，把防范化解金融风险和服务实体经济更好结合起来，坚定做好去杠杆工作，把握好力度和节奏，协调好各项政策出台时机；近期，国务院金融稳定发展委员会召开第二次会议，重点研究进一步疏通货币政策传导机制、增强服务实体经济能力的问题。在流动性总量保持合理充裕的条件下，面对实体经济融资难、融资贵的问题，必须更加

---

① 本文系盛松成于 2018 年 8 月 5 日接受第一财经独家专访时的报道。

重视打通货币政策传导机制，提高服务实体经济的能力和水平。

盛松成认为，之所以从"去杠杆"向"稳杠杆"过渡，首先，我国宏观杠杆率上升速度明显放缓，2017 年全年上升 2.7 个百分点至 250.3%；企业和政府部门杠杆率有所下降。2017 年企业部门杠杆率为 159%，比上年下降 0.7 个百分点，是 2011 年以来首次下降，2012 年至 2016 年年均则增长 8.3 个百分点；政府部门杠杆率为 36.2%，比上年下降 0.5 个百分点，2012 年至 2016 年年均则增长 1.1 个百分点。此外，尽管居民部门杠杆率在 2017 年有所提高，从 2016 年的 51.1% 提高 4 个百分点至 55.1%，但增幅已经开始放缓，比 2012 年至 2016 年年均增幅略低 0.1 个百分点。

其次，金融去杠杆成效显著，影子银行风险得到初步治理。根据穆迪发布的《中国影子银行季度监测报告》，2017 年我国影子银行资产增长近乎停滞，年底时的总规模为人民币 65.6 万亿元，而 2016 年底为人民币 64.5 万亿元。值得一提的是，2017 年全年名义 GDP 增速自 2012 年以来首次超过影子银行资产增速，影子银行资产在 GDP 中的比例从 2016 年 86.7% 的峰值降至 79.3%。

他也对记者表示："未来我国宏观杠杆率有望进一步趋稳。未来随着地方政府举债的更加规范、透明，房地产和地方政府融资平台债务将得到有效抑制，这将进一步降低政府部门和企业的杠杆率。而继续严格调控房地产市场也有助于我国住户部门杠杆率趋于稳定。"

二、理性看待实体去杠杆

越发引起各界关注的是，金融去杠杆导致融资环境趋紧，原来还只是在金融市场上，但现在开始传导到实体经济，标志就是社会融资增量大降。

例如早前人民银行公布的 5 月金融数据显示，社会融资规模存量 182.14 万亿元，增速降至 10.3%。委托贷款、信托贷款和未贴现银行承兑汇票（影子银行）增量大降是关键因素。同时，在这一过程中，信用事件频发，金融机构风险承担的意愿大幅下降。

盛松成对记者表示，"在实体去杠杆过程中，信用事件的发生几乎是必然的，应理性看待，冷静应对"。在他看来，信用事件频发，既有企业的内部因素，也会受到融资环境变化的影响，甚至还有突发事件带来的不可控因素。由于企业自身经营不善导致的违约，是市场出清的正常过程。

但同时他也强调，应尽可能避免由于融资环境趋紧和银行风险偏好下降触发违约的风险。既要从严对待房地产加杠杆、区别对待地方政府融资平台债务，又要对企业正常的融资需求给予更多支持。

"尽管我国信贷供应向银行表内的回流帮助弥补了影子信贷供应的减少，但银行信贷承接影子信贷收缩的规模是有限的。因为银行面临自身资本和流动性的限制，同时银行贷款审批流程更为严格。很多信用状况较弱、对影子信贷依赖性较高的边际借款人在趋紧的信贷环境下，面临较大的再融资风险。"他称。

三、引导影子银行良性发展

盛松成也始终认为，不应该将影子银行"赶尽杀绝"，而应积极引导其向好的方向发展。

他分析称，从防范风险的角度看，银行贷款并不适合用于满足企业所有的融资需求。而近期人民银行发布的数据显示，上半年对实体经济发放的人民币贷款占同期社会融资规模增量的96.3%。这意味着在所有融资渠道中，实体经济仅能依靠人民币贷款融资，其他融资工具、融资渠道几乎没有得到有效利用。即便在21世纪初，上述占比也还不到92%。

尽管人民银行通过定向降准等方式支持小微企业融资和市场化债转股，"然而受信用事件多发影响，目前银行的风险偏好已经大大降低。这恐怕也是近期货币市场的流动性宽松难以缓解实体经济资金紧张的一个原因"。他告诉记者。

因而，盛松成认为，当务之急在于要正确理解表外融资与表内融资的关系，在符合监管要求和风险防控的前提下适当保留表外融资，增加企业（尤其是小微企业）的融资渠道。"当前未贴现银行承兑汇票大幅萎缩，而未贴现银行承兑汇票实际上就是银行为企业融资提供的担保，往往反映了企业的正常融资需求，尤其是小微企业的融资需求。"

在他看来，影子银行实际上是中性的。它是市场经济条件下的现实存在、现实反映，实际上不仅在中国有，在其他国家也都有。就我国而言，影子银行既是市场主动突破金融压抑的尝试，在满足实体经济的投融资需求、丰富金融产品供给、推动利率市场化等方面发挥了积极作用，又反映出我国金融发展面临的诸多困惑，因为伴随着影子银行业务发展产生的监管套利、业务运作不够规范、投资者适当性管理不到位、信息披露不充分等问题，道德风险和金融体系的脆弱性也加剧了。

"我们既要看到它的实际作用，也要看到它的风险所在，要积极引导影子银行向好的方向发展。"他称。

四、防风险应与服务实体动态平衡

下一步，盛松成认为重点在于金融防风险应与服务实体经济有机统一、动态平衡。

"去杠杆既需要控制债务增量，也需要企业、财政和居民收入的增长，而后者要求金融更好地为实体经济发展服务。如果金融不能服务好实体经济，最终自身的风险也无法避免。美国当年次贷危机的教训仍历历在目。"

他称，我国最近一轮房价上涨的一个突出特征就是房价增速与经济增长出现背离——GDP 增速从 2014 年 12 月的 7.2% 下降至 2016 年 3 月的 6.7%，而同期房价同比增速反而从 5.6% 上升至 18.3%。高房价使居民的购房负担加重，对居民消费产生挤出效应；房地产业的高回报率使资金向房地产业集中，实体企业融资困难，对实体企业产生挤出效应。

不过，目前我国宏观政策正朝着金融防风险与服务实体经济相统一的方向发展。

首先，日前中央政治局会议明确提出"下决心解决好房地产市场问题"，"坚决遏制房价上涨"。盛松成认为，中央对房地产调控的坚决态度，有助于资金配置脱虚向实。

其次，国务院金融稳定发展委员会第二次会议对进一步打通货币政策传导机制提出了具体工作要求，重点是处理好稳增长与防风险的关系，为实体经济创造新的动力和方向，增强金融机构服务实体经济特别是小微企业的内生动力。

再者，近期人民银行会同相关部门印发《关于进一步深化小微企业金融服务的意见》，明确要增加小微企业贷款户数，扩大小微企业贷款投放，适度降低小微企业贷款成本，建成为小微企业贷款的商业可持续长效机制。为此，人民银行安排增加支小、支农再贷款和再贴现限额各 500 亿元，合计 1500 亿元，同时将商业银行单户授信 500 万元以下的小微企业贷款纳入中期借贷便利的合格抵押品范围，支持盘活信贷资金 1000 亿元以上，将小微企业贷款资产支持证券基础资产由单户授信 100 万元以下放宽至 500 万元以下。

此外，盛松成也对记者表示，近日人民银行与银保监会、证监会共同研究制定了《关于进一步明确规范金融机构资产管理业务指导意见有关事项的通知》，明确公募产品在满足期限匹配、限额管理、信息披露的监管要求的前提下，可以适当投资非标资产，且过渡期内金融机构可以发行老产品投资新资产，优先满足国家重点领域和重大工程建设续建项目以及中小企业融资需求。此外，该通知在支持非标回表方面也做了相应安排：一是 MPA 考核时将合理调整有关参数，二是支持商业银行通过发行二级资本债补充资本解决占用资本问题。

下一步，金融机构应认真落实相应的政策措施，监管部门应密切关注、跟进评估政策实施效果，努力实现金融防风险与服务实体经济的有机统一和动态平衡。

绝大部分 P2P 平台已偏离信息中介方向，网贷应回归普惠金融本源[①]

金融的本质是资金的流通，金融机构在其中起着中介桥梁的作用。这个中介作用可以分为两类：一是信息中介，二是信用中介。所谓信息中介就是为资金的供需双方提供信息，解决信息不对称的问题。对金融的信息中介作用比较容易理解，大家也都能看到，所以也没有多少争议，而对金融的信用中介作用就未必都有深刻的认识，很多人甚至于都没有充分地意识到，而这恰恰是现代金融的核心所在。所谓信用中介就是金融中介机构在资金融通过程中，以自身信用为担保，保证出资人的本金和利息的安全，承担起了控制贷款风险的职责。

传统金融从一开始就同时具备信息中介和信用中介这两个职能，而且其信用中介的职能更为重要。所以现代银行发展了一系列的风险管理能力，包括风险识别、风险的评估定价、风险的控制和风险的补偿等具体的措施，它还要求借款人满足一定的抵押、担保等贷款条件；放款以后还有贷后监控措施；在贷款出现坏账时，还有拨备、资本弥补等风险补偿手段。大家可能已经注意到，现代银行的着力点恰恰就在于其信用中介职能的发挥上。银行经营的成果也主要反映在信用中介上。

而 P2P 等网贷的优势恰恰在于其信息中介职能方面。P2P 利用其大数据和网络平台优势，让资金供需双方直接对接，可以减少中间环节、提高效率、降低成本，由此弥补传统金融的不足。但在信用中介职能方面，P2P 目前还远远不如传统金融。首先是风险信息的不完备。大数据仅涵盖线上数据，线下数据的获取主要还得靠传统手段，而 P2P 所面对的贷款人往往都是个人或小微企

① 本文根据盛松成等自 2016 年至 2019 年关于互联网金融的系列文章整理而成，其中包括了盛松成于 2016 年 5 月 31 日在"中国金融创新论坛暨 2016 中国金融创新奖颁奖典礼"的演讲内容，此次演讲中首次提出信息中介与信用中介的概念及两者的区别。

业，针对这部分群体的征信体系还远未完善，经营效益、信用风险等关键信息难以获取。

其次是风险控制手段不如传统金融。目前大部分 P2P 风险控制所依靠的房产抵押、风险调查等手段与传统金融所采用的手段大同小异，而风险控制程度远不如传统金融，甚至有些平台将风险调查外包，这无疑加大了运营成本。

此外，P2P 平台的风险补偿能力严重不足。目前我国商业银行的贷款拨备率高于 3%，拨备覆盖率高于 150%，这些准备金来源于银行长期的税前利润积累。目前一些 P2P 平台所设立的风险保证金，比例一般为贷款金额的 1%，而平台的客户群信用风险远高于传统金融的客户群，其风险保证金远不足以覆盖风险。更何况保证金的到位情况还存在监管缺失的问题。由此可见，大量的 P2P 平台难以具备信用中介职能，但它们在信息中介方面的优势却能弥补传统金融的不足。

在 P2P 的原产地——英美等西方国家，P2P 就是摆脱信用中介职能，仅仅承担信息中介职能的纯粹中介机构，是专注于信息撮合的服务平台。但我国的大部分 P2P 已经偏离了这个方向，而向信用中介发展。

在我国，很多 P2P 平台承诺保障投资者的本息，这意味着平台将承担投资人的风险。目前不少平台变相非法集资、开展资金池业务、进行自融和担保等，还有些平台将融资项目期限错配或将资产打包，利用资金池直接或变相开展信贷和理财等金融业务，这些都容易造成平台风险不断积聚，最终导致资金链断裂。这些也是造成最近一年多来 P2P 平台大量停业跑路的主要原因。

经历前一阶段的迅猛发展，在风险频发、监管趋严的背景下，网贷行业将面临新一轮洗牌，平台数量会大幅减少。一些平台将回归信息中介职能，在更细分的市场上，如小额消费信贷等领域，寻求生存空间，这类似于欧美等国的 LendingClub 模式。我国目前大部分承担信用中介职能的平台将会被淘汰，仅有小部分承担一定信用中介职能的优势平台可能生存下来。需要指出的是，平台规模大小与其服务对象并无必然的联系。大平台一样能做小生意，一样能服务于小微企业和国民经济薄弱环节。

2019 年以来中小劣质网贷平台大规模出清，而头部平台加大向机构业务转型，经营逐渐趋稳，与 LendingClub 等国际主流模式逐步趋同，利于行业风险释放。作为一种补充金融，网贷应当以实现包容普惠为重任，致力于服务信用白户、小微、"三农"等次级群体的短期融资需求；充分利用平台化、信息化和科技化的优势，坚持小额分散的撮合机制和轻资产的运营模式。一些中小劣质平台却背向而行，继续开发大额集中型资产业务，开展资金池、自融资、隐性担保等违反信息中介定位的违规业务。只有这部分平台彻底市场出清，才能营造出更为健康的行业成长环境，使之回归科创与普惠的本位。

一段时期以来，金融科技和传统金融似乎互不相让。但实际上，它们可以相互补充，相互促进，共同进行价值创造，实现互惠互利。

从资金端来看，机构资金专业投资能力更强，风险承受能力更高，对风险的识别和干预均有丰富的经验。机构资金最佳的发掘对象是各类地方性城市商业银行和农村商业银行。这些银行客户下沉至乡镇，客群和网贷重叠，且拥有低廉的资金成本优势；但其技术实力相对薄弱，特别在信息系统的建设方面存在很大不足，可与金融科技企业实现优势互补。

从资产端看，可拓展现代服务业和智能制造业的各类小额短期贷款，为小微企业和个体工商户的双创服务，促进服务业和制造业高质量发展，符合宏观政策方针和监管导向。现代服务业信息化程度和科技含量高，不仅包含科教文卫等消费型支出，也包括机械维修、广告、设计、技能培训等生产性支出。智慧城市、智慧交通、智能家居等产业链上下游吸纳了很多的初创企业和中小企业（含个体工商户）。当前，我国小微企业法人约 2000 万家，个体工商户 6000 余万户。仅商业银行发放的小微企业贷款余额就超过 35 万亿元，其中普惠型贷款近 10 万亿元。但企业个体由于规模小、数量众多、营运资金压力仍然较大，恰恰是大有可为之地。相关产业的逐步发展，将会打开小额消费贷和经营贷的广阔市场，为网贷平台持续创造新的轻资产来源，并为其与持牌金融机构加强合作创造更大的空间。

综合来看，只有建立起适合于小微客群短期直接融资需求特征和机构化转型方向的新体系，互联网金融业务的创新发展才能更加规范有序，不至于继续野蛮生长对金融系统稳定性造成冲击，并有助于实现普惠金融的目标。

金融科技平台构筑起中小银行支小助微的开放通道[①]

金融科技能有效缓解银企之间的信息不对称,改进银企关系,实现金融业务模式的升级换代和普惠金融的破局。它一方面有助于银行提升经营效率和客户满意度、忠诚度,精确计量和控制风险暴露;另一方面也使更多的金融资源下沉至被排除在传统金融体系之外的"三农"、小微等客群,并降低其高昂的综合融资成本。

目前,主流的金融科技赋能方式有以银行为核心的开放银行模式和以科技企业为核心的金融科技开放平台模式两大类。部分资金和技术实力雄厚的银行会尝试自设金融科技子公司,自主发展信贷科技,以把握主动权。但大多数银行因缺乏相关资源禀赋,往往需要借助外力,与第三方的金融科技平台先行组建市场联盟,将引进的前沿技术和理念逐步内化为自身资源能力,从而实现弯道超车。

在小微金融领域,"中小银行 + 金融科技平台 + 小微企业"的三方模式逐渐得到市场认可,成为首选的金融科技赋能方式。它能帮助中小银行找准定位,回归主业,快速搭建起科技小微、智慧小微的基础设施,破解小微企业融资困局。

一、疫情冲击下小微企业融资需求变得更为迫切

近年来,小微企业和个体工商户数量和规模增长迅速,外部融资需求较为迫切,且对实体经济贡献突出,但所能获取的金融支持却往往相对不足。

中小企业约占各类规模企业总数的90%,贡献了近50%的税收,60%的GDP,70%的科技创新和80%的就业。第四次经济普查显示,2018年末,我

[①] 本文为2020年陆家嘴论坛约稿,刊《上海国际金融中心2020:新起点、新使命、新愿景》,作者盛松成、任小勋。

国有中小微企业法人单位 1807 万家，占全部规模企业法人单位的 99.8%；吸纳就业人员 2.3 亿人，在所有企业法人单位的就业占比达 79.4%。

以个体工商户为主体的地摊经济亦是各大城镇的风景线，也是吸纳流动人口就业的亮点，更是发展夜经济的重要着力点。据国家市场监督管理总局数据，同期，我国个体工商户为 7137.2 万户，从业人员为 1.5 亿人，相关贡献不逊于其他小微企业法人。

然而，相较于大中型企业，小微企业（包括个体工商户）融资难、融资贵问题尤为突出，外部融资需求往往难以得到满足。这一方面受制于小微企业自身的不足，如缺乏高质量的抵押资产，经营稳定性较差，异质化程度高，信息不完备等。另一方面也与金融体系的不完善密切相关，如多数银行仍依赖于重资产担保来控制风险，以及传统模式下高居不下的人力成本、漫长的审核周期等经营性因素。

特别是 2020 年以来，受新冠疫情影响，小微企业与银行同时遭遇系统性的外部冲击，经营不确定性加剧，融资环境显著恶化。疫情冲击下，多数小微企业入不敷出，现金短缺问题暴露，急需获得流动性支持。如果金融供给迟迟不到位，其日常经营将难以为继，进而对就业市场和经济增长造成巨大冲击。

当前，稳定小微企业等市场主体已经成为先于经济增长目标的首要任务，完善小微金融服务体系迫在眉睫。不久前中共中央政治局会议首次提出了"六保"，即保居民就业、保基本民生、保市场主体、保粮食能源安全、保产业链供应链稳定、保基层运转。其中，市场主体，如企业、个体工商户等，是经济运行最基本的单位。如果市场主体因为疫情冲击而"枯萎"，那么疫情对经济的影响就可能从短期发展为长期。我不久前还多次提出，"保市场主体"就是最大的保就业、保民生。

二、"银行 + 平台 + 企业"的金融科技三方模式应运而生

近期，中小金融机构 + 金融科技开放平台的融资 + 信息服务的新业态、新模式兴起，有助于解决上述问题。其相较于银企二元结构的传统信贷模式，有两大显著特点：

首先是信贷服务的普惠化。一是服务对象更为下沉。专注于小微企业和个体工商户。二是放贷主体大范围扩充。以中小银行，特别是遍及城镇乡村的各类城市和农村商业银行、信用社、村镇银行等为主。三是业务模式也更为亲

民。以解决短（期限短）、小（额度小）、频（频次高）、急（经营性、流动性）的个性化融资需求为目标。

其次是更为多元的企银生态。一是市场主体更为丰富。参与方往往不再限于金融机构和借款企业，还存在着一系列第三方的金融科技平台主体。二是专业分工更为细致。金融机构提供融资和风险管理服务，科技企业专注信息服务及场景、生态的开发和建设。

在引入第三方科技公司作为核心共享平台的同时，金融服务由传统的"信用中介＋信息中介"一体的内部融合形式，逐渐转化为"金融＋科技"相对分离的外部协作模式，实现了数字化的再造。金融与科技、信用与信息的业务边界将变得更为明晰，相互组合以实现交互赋能的方式也更为灵活，更能适应数字时代的需求和复杂多变的激烈竞争市场环境。且真正做到了以客户为导向，实现自动化快速审批和到账等的融资便利。

三、金融科技平台是金融机构作为信息中介的延伸

多方协作的金融科技开放平台模式实现了金融业务规模经济与范围经济的再平衡，也是风险与效率的再平衡。从而使金融科技平台能够专注于成为信息中介，而不过分跨界涉入信用中介职能，规避业务风险。

金融的本质是资金融通，金融机构在其中起中介桥梁作用。这个中介作用可划分为两类：一是信用中介，二是信息中介，笔者早在多年前就首次提及。

所谓信用中介就是金融机构在资金融通过程中，以自身作为信用的担保，保证出资人的本金和利息安全，承担起控制贷款风险的职责。而信息中介则是为资金供需双方提供信息，解决信息不对称问题。传统金融从一开始就同时具备信息中介和信用中介这两个职能。

金融科技平台是金融机构作为信息中介的延伸。在专业分工的基础上，金融科技有助于强化"信息中介"的职能，使金融机构能全面地了解客户信息，通过大数据和人工智能等技术更加精准、高效地进行风险识别、风险定价和风险控制。

金融科技平台并非局限于一类特定类型的互联网企业，而是金融科技生态链上的一系列科技企业组合。它可以是大型互联网企业持牌的类金融企业，如同属蚂蚁金服的阿里小贷等网络小贷；也可以是这些公司背靠的母体，如各类电商平台、社交平台、资讯平台等流量和数据平台；还包括那些曾经深度介入

互联网金融，但现在已转型科技业务的新型金融科技平台，如信也科技等金融科技企业。

四、金融科技平台可以弥补目前银行服务小微企业的不足

金融科技平台的兴起，源于目前的小微金融体系尚不完善，传统银行不足以自发地满足小微企业的广泛融资需求。对于服务小微，大银行往往动力不足，小银行则往往能力不足。大型银行客户广泛、资金和技术实力雄厚，还具有一定的市场垄断地位，从成本效益的角度考虑，往往缺乏动力去发掘小微企业这一客户群体。

而我国中小银行发展小微贷款，尤其是小微信用贷款，往往心有余而力不足。它们客户类型相对单一，可动用资源相对不足，技术研发、信息发掘和风险承受能力较弱。同时，传统的资产抵押、人工审核等风控手段带来的运营成本很高，限制了这些中小银行的受众范围、服务效率和质量。

"银行＋金融科技平台＋企业"的三方模式比较适合中小银行服务小微企业和个体工商户等客户。一是为中小银行弥补了其自身技术研发和数字基础设施的不足，大幅节约了中小银行服务小微企业的综合成本。二是减少了中小银行重复性的科技基础设施建设，大幅节约了前期投入和后续支出。三是通过金融科技平台汇聚各方资源，专门提供科技服务和大数据信息，实现了专业化分工，大幅降低了新系统、新模式的开发成本。

我国有约4000家中小银行，其资产总额也占到整个银行体系的1/4，数量多、分布广，能服务的小微企业是非常可观的。在金融科技平台的介入下，小微企业融资得到改善的空间也很大。

五、中小银行应在第三方赋能的同时增强自我造血能力

中小银行通过与第三方金融科技平台合作进行数字化再造，最终目标是在借助外部先进、成熟和风险可控的技术工具和商业模式的基础上，加快自身数字基础设施的建设和升级，逐步形成自我造血的能力。这一过程要从软硬件两方面同时入手，两手抓两手都要硬。

一是先行由第三方提供硬件层面的信息系统基础设施的外包承建或顾问服务，逐步积淀自主科技研发能力。大到贯穿整个信贷流程的一整套或关键信息系统，小到特定模块和具体应用软件（APP）等小型组件的开发和维护，都是

当前中小银行急需借助外力补充的痛点。通过引进来、消化掉，中小银行将逐步掌握大数据风控、自动化和智能化线上经营的前沿方法和技术。

二是引进和吸收软件层面的先进经营理念和商业模式，完全融入自身的生态体系。中小银行可以先行通过向金融科技平台学习某一个或某类特定环节的先进经验，逐步过渡到引进贯穿整个信贷流程的一整套生态系统建设理念，最后形成自发模式创新的新机制。目前，金融科技平台值得中小银行深入学习的内容既包括数据流量获取和分发、客户智能服务、创新信贷产品开发等特定理念，还包括从分期商城、软件即服务（SaaS）平台等消费和经营场景，到信用担保和跨平台支付等辅助工具，再到融资、财富中介等开放平台终端的一整套商业模式和生态架构。

六、对金融科技行业发展的几点建议

以开放平台为代表的金融科技在带来投、融资等生活便利的同时，也伴随着风险溢出、监管真空等新问题，给市场经营机构和监管部门带来挑战。为此，需要就实践中发现的各项不足和缺陷，及时采取介入措施加以解决。

首先，大家知道，目前不少的金融科技平台是由互联网金融公司进行科技业务转型而来。金融科技平台应结合自身实际，制定合理的战略，找准定位，坚持深耕算法、大数据应用，真正扮演好信息中介的角色，发挥金融科技平台在防范金融风险中的作用。

其次，需要加快探索出一条监管政策适合金融科技进步的新路径。一方面，推动金融科技企业继续稳健经营；另一方面，使金融科技的跨界经营在合理边界内进行，防止再度出现过去几年类似网贷行业的乱象。

最后，随着数字经济的范围和影响越来越大，有关部门应考虑规范用户信息保护和数字资产使用。金融科技平台掌握了海量数据，这些数据同时也是金融科技平台的核心资产。如何在与金融机构的合作中解决数据及其衍生产品的信息保护和安全，是金融科技平台与中小银行和小微企业合作所需要解决的主要问题之一。

总而言之，金融科技平台模式是相对有效且多方共赢的尝试。同时，这一模式在未来的发展中仍然面临不少有待探索和解决的问题。我认为，金融科技平台作为中小银行和小微企业之间的桥梁是大有可为的，可以作为金融科技发展的主要方向之一。